한 국
오순절 교회의
신앙과 신학

1판 1쇄 발행.	2005. 9. 10
2판 1쇄 발행.	2022. 4. 20
2판 2쇄 발행.	2024. 10. 30
발행처.	도서출판 하늘목장
발행인.	양재철
등록번호.	제 19-36호
등록일자.	1991. 4. 15

서울시 노원구 노해로 81길 22-26
저작권자 2024 양재철

이 책의 저작권은 저자에게 있습니다.
저자와 출판사의 허락 없이 내용의 일부를 인용하거나
발췌하는 것을 금합니다

COPYRIGHT 2022 by Yang Jae Chul
All rights reserved including the rights of
reproduction in whole or in part in any form.
Printed in Korea

값은 표지에 있습니다.
ISBN 979-11-89381-03-5 93230

kjc8961@hanmail.net

한 국
오순절 교회의
신앙과 신학

Acknowledgments

나는 행복한 사람이다. 하나님이 구원해 주신 것만도 감사한데 주의 종으로 일하도록 소명주시고 더구나 오순절 교단인 하나님의 성회에서 일할 수 있도록 해주셔서 더욱 감사하다. 또한 성령충만한 선후배와 동료들이 주위에 많은 것이 자랑스럽고 감사하다.

한국 내에 오순절 신학서에 대한 자료의 빈곤을 느끼던 중에 오랄로버츠 대학에서 신학 석사과정을 하면서 좋은 자료들을 많이 발견하고 이것들을 정리하여 출간하고 싶은 마음이 간절했다.

그래서 90년대 초 부터 모으기 시작한 자료를 바탕으로 2005년에 본서의 초판을 출간하였다. 20년 가까이 지난 지금 본문의 내용을 일부 수정한 개정본을 내어 놓게 되었다.

초판을 제작할 때와 마찬가지로 부족하다는 생각도 들지만, 이 책을 통해 많은 독자들이 오순절 신앙과 신학에 대해 올바르고 폭넓은 인식을 하게 되고 미래 오순절 성령운동의 주역이 되어주기를 기대한다.

이 책이 나오기까지 수고한 많은 분들에게 감사를 드린다. 여러 분들의 도움으로 이 책의 출판이 가능했다. 부족한 종을 위해서 40이 넘도록 한결같이 기도하며 후원해 준 광장교회에 감사한다. 또한 순복음 대학원 대학교 직원들에게도 감사한다.

끝으로 이 책을 읽는 모든 분들에게 성령의 놀라운 역사가 있기를 기원한다.

2024년 10월

양 재 철

Prologue

　세계 도처에 세워진 오순절 교회의 부흥은 경이적이라 할만 하다. 21세기에 들어선 현 시점에서 기독교 교회사를 돌이켜 볼 때, 가장 괄목할 만한 사실들 중의 하나는 현대 오순절 운동의 출현과 세계적인 확산이라고 할 수 있을 것이다.

　1996년 전체 기독교 인구 19억 5천여 명 가운데 24.5%인 4억 7천 9백만 명이 오순절파 교인들이었으며, 2000년도 통계에는 약 5억 3천만 명으로 전 세계 기독교인의 27.7%를 차지하고 있다. 다가오는 2025년에는 오순절파 교인들이 약 30억 명의 기독교 인구 가운데 37%인 11억 4천명으로 증가하게 됨으로써 세계 기독교의 중심세력이 될 것으로 전망되고 있다.[1]

　이 같은 놀라운 성장은 1900년 까지만 해도 전체 기독교 인구 중 약 0.66%에 불과했던 오순절 교단의 교세와 비교해 볼 때 괄목할 만한 증가라고 아니 할 수 없는데, 그 이유는 많은 핍박과 박해에도 불구하고 끊임없이 추진되어온 오순절 교회의 선교 및 부흥운동의 결과로 분석되고 있다.[2]

오순절 성령운동은 가히 세계적으로 일어나고 있는 부흥운동으로 오순절주의의 교세는 계속 확산 중에 있다. 마르시아 포드는 "새로운 성령의 갱신 운동이 특히 *1994년도부터 현재 전 세계에 확산되고 있다는 믿음이 많은 기독교 지도자들에게 임하고 있다*"고 말한다.

오순절 성령운동을 하는 교회는 세계 도처에서 급속히 성장하며 부흥하고 있다.

한국의 오순절 교회도 1953년에 설립된 기독교 대한 하나님의 성회 교단을 중심으로 지난 반세기 동안에 비약적인 성장을 이루어 왔다. 하나님의 성회 교단의 대표적 교회라고 할 수 있는 여의도 순복음교회는 2004년에 성도 75만 명의 세계 제일의 교회로 성장하였고, '*기하성*' 교단 역시 한국 교회에서 장로교, 감리교 다음으로 세 번째의 위치를 차지하는 교세로 성장하였다.

한국 오순절교회의 성장은 매우 경이적인 현상으로 평가된다. 한국 오순절교회는 성령의 놀라운 역사와 함께 지난 반세기 동안 비약적인 교회성장을 이룩하였고, 영적 활력소를 상실해가던 보수

Prologue

교단의 교회에도 적지 않은 영향을 끼쳐왔다. 그 동안 한국의 많은 교회가 교회성장을 위해 오순절적 신앙요소를 적극적으로 받아들였고, 교단을 초월해서 성령 충만, 열성적 기도, 역동적 예배, 뜨거운 영적 체험을 지향하는 교회들이 광범위하게 확산되었다.

하지만 한국 오순절교회는 비약적인 성장과 영향력에도 불구하고 몇 가지의 과제들을 안고 있다. 그 중의 하나는 오순절 신학의 정립과 발전일 것이다. 한국 오순절교회가 직면한 과제중의 하나인 오순절 신학의 정립과 발전은 모든 한국 오순절 교회들에 주어진 하나의 사명이 되었다. 오순절 신학자인 윌리엄 멘지스도 오순절 교회가 처한 가장 시급한 과제로 신학적인 도전을 들고 있다.

한국 오순절교회는 이제 오순절 운동이란 무엇인지, 오순절 신앙이란 무엇인지, 오순절 신학의 독특성은 무엇인지를 살펴보고, 이것을 체계적으로 정리하고 정립할 시기에 와 있다. 본 저자는 한국 오순절교회의 뿌리가 되는 오순절 운동의 성경적, 역사적 기원을 살펴보고, 한국 오순절교회의 신앙과 신학의 뿌리와 독특성과 정체성을 정리해 본 후에 21세기에 한국 오순절 교회가 나아가야 할 방향을 제시해 보고자 한다.

　이 책은 많은 한국 오순절교회의 목회자와 신학생, 그리고 교인들에게 한국 오순절교회의 신앙과 신학의 뿌리와 정체성이 무엇인지를 분명하게 심어주기 위해 저술하게 되었다. 그리하여 한국 오순절교회의 구성원으로서 더욱 분명한 정체성과 사명의식을 가지고, 미래에 오순절 운동의 주역들로 활동해 주기를 간절히 기원하는 마음으로 본서를 저술하게 된 것이다.

　한국에는 해외에서 전래되어 온 많은 오순절 교회들이 있고, 지금도 열심히 활동하고 있는 것으로 알려져 있다. 하지만 본서에서는 자료의 제약과 한계로 인하여 모든 한국의 오순절 교회들에 관해 기술흠을 아쉽게 생각하며, 한국 오순절 교회협의회에 가입된 교회들로 한정하여 그들의 설립역사를 간략하게 기술하려고 하며, 특히 저자가 소속된 *'기하성'* 교단을 중심으로 내용을 전개해 나아갈 것이다. 본서에서 앞으로 전개해 나아갈 내용들을 간략하게 소개하면 다음과 같다.

Prologue

본서의 제1장에서는 현대 오순절운동의 성서적, 역사적 배경을 통해 오순절 운동의 뿌리를 살펴볼 것이다. 현대 오순절운동이 성서적 배경을 살펴본 후에, 과거 교회사에 나타났던 성령의 은사, 표적과 기적 등과 관련된 역사적 사건들을 간략하게 소개할 것이다.

제2장에서는 현대 오순절운동에 대해 소개할 것이다. 현대 오순절운동 탄생이전의 배경과 태동, 그리고 확산과정을 살펴본 후에 최근 오순절 운동의 교세현황을 간략히 살펴보려고 한다.

제3장에서는 미국의 오순절교회의 역사를 약술해 보려고 한다. 현대 오순절운동의 주역인 미국 오순절교회의 역사를 살펴보는 것은 한국에 전래된 오순절 운동의 뿌리를 연구하는데 매우 중요한 고찰이 될 것이다.

제4장에서는 오순절 신학의 특징과 쟁점들을 다루려고 한다. 오순절 신학의 여러 특징을 살펴본 후에 오순절 신학의 쟁점들, 즉 성령세례, 방언, 은사, 신유, 축복과 번영신학, 성화, 종말론에 대해 고찰할 것이다.

제5장에서는 한국 오순절교회의 역사를 간략히 살펴보고, 제6장에서는 현재 오순절 운동의 교세현황과 전망을 소개한 후에 그 동안 전개 되었던 한국 오순절 운동에 대한 긍정적, 부정적 영향을 평가해 보고, 한국 오순절교회의 밝은 미래를 위해 21세기에 성취해야 할 도전을 제시해 보고자 한다. 한국 오순절교회가 나아가야 할 바람직한 21세기의 방향을 제시해 보는 것은 매우 중요하고, 의미 있는 도전이 될 것이다.

20세기 후반의 반세기 동안에 한국 오순절교회는 민족과 세계 복음화에 놀라운 공헌을 하였고, 이것은 앞으로도 지속적으로 추진 되어야 할 중요한 사명이다. 하지만 한국 교회는 현재 교회성장의 정체 혹은 감소의 위기에 직면해 있다. 이러한 위기상황을 극복하는 한 가지 대안으로 오순절 성령운동의 활성화를 제시하고 싶은 것이 저자의 솔직한 심정이다. 본 저자는 교회의 성장 둔화와 침체로 인해 새로운 방향성의 모색이 필요한 이 시대에 한국 교회가 오순절 운동에 대한 올바른 성경적, 역사적, 신학적 이해를 바탕으로 초대 교회의 오순절 성령운동을 현 시대에 다시 한 번 회복시켜 21세기의 미래를 희망차고, 힘차게, 능력 있게 그리고 성공적으로 개

Prologue

척해 나가기를 기대하는 마음으로 본서를 저술하였다. 저자는 한국 교회가 다시 한 번 성령의 역사하심 속에 신앙의 성숙을 이루며, 교회 성장을 가속화시켜 나가기를 간절히 기원한다.

    한국 오순절교회의 신앙과 신학을 소개하는 책이 빈약한 현 시점에서 본 저자는 개척자로서의 자세를 가지고, 개론서로서의 성격을 지닌 본서를 저술하게 되었다. 한국 오순절교회의 신앙과 신학을 올바로 제시하며 인식시키는 것이 요구되는 이 시대에 이 책이 한국 오순절교회의 신앙과 신학을 올바르게 소개하며 인식시키는 데 일익을 담당하기를 바라는 마음이다. 그리고 미래에 한국 오순절교회의 신앙과 신학을 좀 더 자세히 제시하며 알리는 많은 오순절 전문서들이 여러 오순절 신학자들에 의해 계속해서 집필되며 출간되기를 기대한다.

Contents

I. 오순절 운동의 성경적, 역사적 배경

1. 성경적 배경 ······ 30

A. 구약 ······ 31
1) 오순절의 유래 ······ 31
2) 오순절 성령강림의 약속 ······ 33

B. 신약 ······ 36
1) 오순절 성령강림 사건 ······ 36
2) 오순절 성령강림사건의 성격과 의미 ······ 37
3) 오순절 성령강림의 목적 ······ 39

2. 오순절 운동의 역사적 배경 ······ 41

A. 초기 소낙비 시대 (A.D 100-400) ······ 43
1) 이그나티우스 (A.D 35-107) ······ 43
2) 폴리캅 (A.D 69-155) ······ 44
3) 저스틴 (A.D 100-165) ······ 44
4) 몬타누스 (A.D 126-180) ······ 46
5) 이레니우스 (A.D 140-203) ······ 50
6) 파코미어스 ······ 50
7) 노바티언 (A.D 201-280) ······ 51
8) 힐러리 (A.D 291-371)와 암브로스 (A.D 339-397) ······ 51
9) 크리소스톰 (A.D 344-407) ······ 52

    10) 그리이스 정교회 ·· 53

    11) 어거스틴 (A.D 354-430) ································· 53

  B. 기나긴 가뭄 시대 (A.D 400-1650) ························· 55

    1) 버나드 (A.D 1090-1153) ································· 56

    2) 힐데가드 (A.D 1098-1179) ······························ 57

    3) 도미닉 (A.D 1170-1221) ································· 58

    4) 빈센트 패리에르 (A.D 1350-1419) ····················· 59

    5) 루터 (A.D 1483-1546) ···································· 61

    6) 재세례파 (A.D. 1527-) ································· 64

  C. 후기 소낙비 시대 (A.D 1650-1900) ······················ 65

    1) 퀘이커 교도 (A.D 1640~현재) ·························· 65

    2) 랜터 교도 ··· 66

    3) 시커 교도 ··· 66

    4) 위그노 교도 ··· 67

    5) 얀센주의자들 (A.D. 1731-) ····························· 69

    6) 모라비안 교도 (A.D. 18c-) ····························· 71

    7) 웨슬리 (A.D 1703-1791) ································· 71

    8) 쉐이커 교도 ··· 75

    9) 에드워드 어빙 (A.D 1792-1834) ························ 76

  D. '성령세례'교리의 등장과 발전 (18c~19c말) ············· 79

Contents

 E. 기타 영향들 ······ 85

II. 현대 오순절운동

 1. 현대 오순절운동의 배경 ······ 91
  A. 근본주의 운동 ······ 92
  B. 미국의 부흥운동 ······ 93
  C. 성결운동 ······ 96
  D. 케스윅 운동 ······ 100
  E. 전천년 종말신앙 ······ 104
  F. 회복주의와 신유운동 ······ 106
  G. 웨일즈의 부흥운동 ······ 108

 2. 현대 오순절운동의 태동 ······ 112
  A. 찰스 파함(Charles F. Parham, 1873-1929)의 토페카 부흥 ······ 113
  B. 윌리암 시무어(William J. Seymour, 1870-1922)의 아주사 거리 부흥 ······ 116

 3. 현대 오순절운동의 확산 ······ 120
  A. 정통 오순절운동 (The Classical Pentecostal Movement) ······ 121
  B. 은사주의 운동 (The Charismatic Movement) ······ 131
   1) 은사주의 운동의 배경 ······ 132
   2) 은사주의 운동의 태동과 확산 ······ 134
   3) 정통 오순절 운동과 은사주의 운동의 차이점 ······ 137

   C. 신은사주의 운동 (The Neocharismatic Movement) ··············· 138

      1) 신사도 운동 (New Apostolic Reformation) ··············· 147

      2) 신사도 운동의 확산 ··············· 150

III. 미국 오순절 교회의 역사

 1. 오순절 내부의 그룹들과 특징 ··············· 157

   A. 웨슬리 계열의 오순절 교회들 ··············· 157

   B. 비웨슬리 계열의 오순절 교회들 ··············· 160

   C. 유니테리언 오순절 교회들 ··············· 164

 2. 미국 오순절 교회사 ··············· 165

   A. 하나님의 성회 (Assemblies of God) ··············· 166

   B. 하나님의 교회 (Church of God: Cleveland, TN.) ··············· 176

   C. 예언 하나님의 교회 (Church of God of Prophecy) ··············· 178

   D. 그리스도 하나님의 교회 (Church of God in Christ) ··············· 180

   E. 국제 오순절성결교회 (International Pentecostal Holiness Church) ··············· 182

      1) 불세례 성결교회 (The Fire-Baptized Holiness Church) ··············· 183

      2) 노스캐롤라이나 성결교회 (The Holiness Church of North Carolina) 184

      3) 성막 오순절교회 (The Tabernacle Pentecostal Church) ··············· 185

   F. 국제 사중복음교회 (International Church of Foursquare Gospel) ··············· 187

   G. 세계 오순절성회 (Pentecostal Assemblies of the World) ··············· 190

Contents

  H. 국제 연합오순절교회 (International United Pentecostal Church) ········ 191

IV. 오순절 신학의 특징과 쟁점들

 1. 오순절 신학의 특징 ·· 199
  A. 비학구적 신학의 수용 ··· 201
  B. 체험적이고 적용적인 성서 해석 ······································ 203
  C. 교리적 배경인 성결운동 ·· 207
  D. 교회 일치와 토착화 신학 ·· 208

 2. 은사주의 신학의 기여 ·· 210

 3. 오순절 신학의 교리적 특징과 쟁점들 ·································· 212
  A. 성령세례 (Baptism of the Holy Spirit) ························· 212
   1) 성령세례의 의미 ··· 213
   2) 성령세례와 중생 ··· 217
   3) 성령세례의 증거와 방언 ··· 220
   4) 성령세례와 물세례 ··· 222
   5) 성령세례에 관한 제 견해 ·· 224
   6) 성령세례의 목적 ··· 238
  B. 방언 ·· 241
  C. 은사 ·· 244
  D. 신유 ·· 247

E. 부와 번영신학 ·· 255

F. 성화 ·· 263

G. 전천년주의 종말론 ··· 269

   1) 전천년주의(Premillennialism) ······················· 273

   2) 세대주의(Dispensationalism) ························ 273

   3) 전환란설 (Pretribulationism) ························ 277

   4) 도덕률 폐기론(Antinomianism) ···················· 278

V. 한국 오순절교회의 역사

1. 오순절 신앙전래 이전의 국내 배경 ···················· 284

  A. 1900년대의 부흥운동 ······································ 284

  B. 성령 운동의 주요 인물들 ································ 286

     1) 길선주 (1869-1935) ······································ 287

     2) 김익두 목사 (1874-1950) ··························· 289

     3) 이용도 목사 (1901-1933) ··························· 293

     4) 이성봉 목사 (1900-1965) ··························· 296

     5) 나운몽 장로 (1914-2009) ··························· 299

2. 오순절 신앙의 한국 전래와 확산 ······················· 302

  A. 조선 오순절교회 시대 (1928-1945) ············· 303

  B. 한국 오순절교회 (1945-1952) ······················ 304

Contents

    C. 조용기 목사의 성령운동 (1960년대) 307

    D. 복음전도 대형 집회 (1970년대) 310

    E. 성령운동의 확산 (1980년대~) 312

  3. 한국 오순절 교회들의 설립 314

    A. 한국 하나님의 성회 (Assemblies of God in Korea) 315

    B. 한국 하나님의 교회 (Church of God in Korea) 321

    C. 기독교 한국 성서 하나님의 교회 (Church of God of Prophecy in Korea) 324

    D. 대한 예수교 복음교회 (Church of the Foursquare Gospel in Korea) 324

    E. 한국 오순절 성결교회 (Korea Pentecostal Holiness Church) 326

    F. 예수교 사도의 신앙교회 (Apostolic Faith Mission in Korea) 328

    G. 기타 교회들 329

VI. 한국 오순절교회의 21세기의 도전

  1. 오순절 운동의 교세 현황과 전망 336

  2. 한국의 오순절 운동에 대한 평가 341

    A. 긍정적인 면 341

      1) 교회 성장 342

      2) 교회 갱신 343

      3) 기도운동 344

      4) 교회일치 운동 345

  5) 사회적 소외계층의 구원 ······ 346
 B. 부정적 영향과 문제점들 ······ 347
  1) 은사적 우월감 ······ 347
  2) 이기적 개인주의 신앙 ······ 349
  3) 사회와 역사에 대한 무관심 ······ 350
  4) 잘못된 신비주의 ······ 351
  5) 건전한 신학의 빈곤 ······ 352

3. 한국 오순절 교회의 21세기의 도전 ······ 354
 A. 오순절 교회의 독특성 강화 ······ 355
 B. 오순절 신학의 정립과 발전 ······ 356
 C. 교회일치 운동 ······ 358
 D. 사회 참여 ······ 358
 E. 건전한 기독교 윤리와 가치관 확립 ······ 359
 F. 교회성장의 지속 ······ 360
 G. 성숙한 오순절 신앙인의 양성 ······ 362

1장

오순절 운동의
성경적 역사적 배경

1. 성경적 배경
    A. 구약
    B. 신약

2. 오순절 운동의 역사적 배경
    A. 초기 소낙비 시대 (A.D. 100-400)
    B. 기나긴 가뭄 시대 (A.D. 400-1650)
    C. 후기 소낙비 시대 (A.D. 1650-1900)
    D. '성령세례'교리의 등장과 발전 (18c~19c말)
    E. 기타 영향들

한국 오순절 교회의 신앙과 신학

Pentecostal Churches in Korea

I. 오순절 운동의 성경적, 역사적 배경

한국 오순절교회는 미국의 현대 오순절 운동의 신앙을 선교사들로부터 전수받아 탄생되었다. 그러므로 한국 오순절교회의 신앙과 신학의 뿌리를 찾아보기 위해서는 미국에서 기원한 현대 오순절 운동사를 살펴보는 것이 필요하다. 현대 오순절 운동 역시 성경적, 역사적 배경을 가지고 탄생하였으므로 성경적, 역사적 배경을 살펴보는 것은 현대 오순절 운동의 이해에 많은 도움을 줄 것이다. 오순절 운동의 성경적, 역사적 배경을 살펴보기에 앞서, 먼저 오순절 운동이 무엇인가를 파악하는 것이 중요한 순서가 될 것이다. 먼저 오순절 운동의 정의, 특성과 성격을 간략히 기술한 후에 성경적 배경과 역사적 배경을 살펴보자고 한다.

오순절 운동이란 무엇인가? 오순절 운동을 정의하는데 유용한 용어들로는 회복주의 운동, 성령운동, 성령세례 운동, 은사운동, 신유운동, 종말론적 선교운동 등이 있다. 회복주의 운동(Restorationism)

이란 오순절 성령 강림의 역사로 시작된(행 2:1-4) 초대교회의 신앙을 오늘날에 재현시키고자 하는 성령운동을 말한다. 즉, 오순절적 성령체험이 시대를 초월하여 모든 성도들에게 가능하다는 사도적 신앙의 동시대성을 강조하면서, 사도교회의 생명력과 메시지를 오늘날 다시 회복시키려는 노력을 말한다.[3] 이런 면에서 오순절 운동은 새로운 종교혁신이 아니라 성경적 초대교회의 신앙으로 돌아가자는 회복주의 운동인 것이다.

또한 오순절 운동은 성령운동, 성령세례 운동, 은사운동, 신유운동 등으로 불리어진다. 이것은 오순절 운동이 교리적으로 성령론에 비중을 두고 강조한 데서 비롯된 것이다. 성령론 중에서 특히 성령세례와 방언, 신유, 기타 은사를 강조하는 데서 오는 명칭이라 할 수 있다. 모든 오순절파가 실질적으로 공유하고 있는 정의상의 신념이 하나 있는데, 그것은 그리스도께로의 회심에는 성령세례나 충만 같은 삶을 변화시키는 사건이 뒤따라야 한다는 것이다.[4] 전통적 오순절파는 성령세례의 증거로 방언을 주장한다. 다른 오순절주의자들(은사주의자들)은 성령세례의 증거로 고린도전서 12장과 14장에 묘사되고 있는 9가지 은사 중에 한 가지 이상이 드러나야 한다고 주장한다. 그래서 신유 등의 은사를 강조한다. 전 세계의 오순절주의 모든 교파는 성령세례가 기독교인의 진정한 승리의 삶을 여는 시발점이어야 한다는데 의견을 같이 하고 있다. 즉 성령의 초자연적 능력은 그의 백성 모두를 위한 하나님의 계획의 한 부분으로 중요시하는 것이다.

오순절 운동을 가리키는 가장 일반적 용어로 사용되는 것은 성령운동이다. 오순절 신학자인 윌리엄 멘지스는 오순절 운동을 다음과 같이 정의한다.

> "오순절운동은 사도행전 2장에 언급된 오순절의 사건 즉 교회 탄생을 알렸을 뿐만 아니라, 모든 시대의 신자들에게 가능한 성령체험을 설명한 사건을 믿는 기독교 종파들의 운동이다."

또 미국 오랄 로버츠 대학의 교수이며, 해박한 성령론으로 유명한 은사주의 신학자 하워드 어빈은 "오순절 운동이란 중생, 회심을 체험한 신자가 성령세례 또는 성령충만이라고 불리는 능력부여의 체험을 하게 되는 절대적 주권에 의한 영적 운동" 이라고 말한다. 즉 오순절 운동은 성경에 근거한 삼위일체 하나님의 제 삼위이신 성령님의 절대적 주권에 의한 영적 운동인 것이다.

또한 오순절 운동은 종말론적 선교운동이라 할 수 있다. 오순절 날에 성령충만을 입은 사도들은 성령의 능력을 힘입어 땅 끝까지 복음을 전해야 할 선교의 사명을 자각하고 실천할 수 있었다. 성령세례를 체험한 신앙인들은 세계 만민에게 복음을 전하라는 주님의 지상 명령을 능력있게 실천할 수 있는 것이다. 오순절주의자들의 선교적 열정은 세대주의적 전천년설에 근거한다. 전천년설의 종말론을 믿는 오순절파는 지금이 종말의 시대이며, 예수 그리스도의 재림이 임박했기에 한 영혼이라도 더 구원해야 한다는 급박감을 느끼고 있고, 이것이 전도와 선교의 열정으로 이끌어 주고 있는 것이다. 이런 종말론적 급박감이 그들로 하여금 *'땅 끝까지 선교'* 히려는 열정을 갖도록 촉진시키고 있다. 그 외에 오순절 운동은 교회갱신 운동, 교회성장 운동, 교회부흥 운동의 특징을 포함하고 있다.

오순절 운동은 시대적으로 정통 오순절운동과 신오순절 운동(은사주의), 그리고 신은사주의(제 3의 물결) 운동으로 크게 구분할 수 있다. 정통 오순절운동의 시작은 일반적으로 20세기 초에 미국 캔자스 주의 토페카 부흥에서 시작된 것으로 보고 있다. 1901년 1월 1일, 바로 20세기의 첫날 당시 30세의 신학생이었던 아그네스 오즈만 양은 마침내 오순절적인 체험을 하게 되었고, 동시에 방언을 말하기 시작하였다. 전 세계가 절실히 갈망하던 그것이 바로 이 젊은 자매에게 나타났고, 이것이 20세기 오순절 운동의 시작이 되었다.[5] 그리고 몇 날이 못 되어 파함 목사와 다른 학생 대부분도 오순절적 체험을 하게 되었다. 20세기 초에 시작된 현대 오순절 운동은 성령세례와 방언을 강조하며 급속하게 세계로 확산되었고, 이 운동이 미치는 곳마다 부흥의 불길이 타올랐다.

신오순절(은사주의) 운동은 1960년대에 캘리포니아 성공회의 성 마가교회를 담임하던 데니스 버넷(Dennis Bennett) 신부에 의해 시작되었다고 본다. 신오순절주의자는 오순절 교회 밖에서 오순절주의를 따르는 자들을 가리키는 명칭으로 처음에는 개신교도들이 참여했지만 몇 년 후에는 가톨릭교도들도 참여하게 되었다. 신오순절 운동은 점차적으로 '**카리스마 운동**'(은사주의 운동)이란 이름으로 불렸고, 오늘날에도 이 명칭을 널리 사용하고 있다. 신오순절주의자들은 감정적 흥분이나 열광적인 것을 피하고, 성령세례의 은사에 관심을 가지고 있다. 신오순절 운동은 개신교 목사들과 영적으로 고갈된 평신도들에게 영적생활의 능력이 카리스마적 증거를 수반하는 성령세례에서 발견될 수 있다고 주장하면서 급속히 확산된 운동이다. 오순절주의는 다양한 형태로 급속히 성장하면서 다양한 예배 형태, 문화적 태도, 교회 구조, 전도 방식 등을 가져왔다. 자생적(토착적) 신은사주의 그룹들이 발견되면서 영성과 신학의 형태의 다양성이 더욱 명확하게 드러나게 되었다.

'*신은사주의자들*'은 정통 오순절주의자나 은사주의자로 분류될 수 없는 전 세계 18,810개의 독립적, 토착적, 초교파적 교회나 그룹들로 구성되어 있다. 이들은 성령, 영적은사들, 오순절적 체험, 표적과 기사, 능력 대결을 공통적으로 강조한다. 그러나 실제적으로 이들은 그들 자신의 다양한 문화만큼이나 다양성을 나타내고 있다. 신은사주의자들로는 신사도 교회들(the New Apostolic Churches), 마리아의 군대(the Legion of Mary, 케냐에서 시작된 독립 카톨릭교회), 킴방귀스트 교회(the Kimbanguist church, 자이레)와 매나 이그레야 크리스타 교회(Mena Egreja christa, 포루투칼), 천국 그리스도 교회(the Celestial Church of Christ, 가나에서 시작된 토착교회) 등을 들 수 있다.

신은사주의 운동은 넓은 범주에서 미국에서 확산되고 있는 제3의 물결운동을 포함한다. 제3의 물결운동의 대표적인 예로는 신사도 교회, 빈야드교회 등을 들 수 있다. 제3의 물결 운동은 정통 오순절주의나 은사주의로 분류할 수 없는 수많은 독립적이고 자생적(토착적)인 교회들과 그룹들을 포함하고 있다는 점에서 넓은 범주에서 신은사주의운동의 일부로 볼 수 있다. '*제3의 물결*'이란 용어는 전통 오순절운동(제 1의 물결)과 은사주의 운동(제 2의 물결)과 유사하지만, 그 운동의 구성원들이 자신들을 위의 두 운동과는 구별되게 여기는 것을 묘사하기 위해 풀러 신학교의 피터 와그너가 붙인 명칭이다. 이 운동의 구성원들은 주로 복음주의적 그리스도인들로서 앞의 두 가지 물결운동의 성령의 역사를 환호하고 지지하지만, 그들과는 동일시하지 않는다.

즉 1980년대부터 성령세례를 받고 성령의 은사를 실천하면서도 자신들을 구별할 명칭을 붙이지 않은 채 주요 전통 교단에 머물러있는 많은 사람들이 생겨나게 되었는데, 이러한 물결을 가리켜 피터 와그너는 *"제3의 물결"* 이라고 불렀다. 제3의 물결은 존 윔버 목사를 통해 새로운 전기를 맞게 되는데, 그것이 바로 **'빈야드 운동'** 이다. 빈야드 운동은 자유로운 예배, 치유 사역, 능력 전도와 대결, 능력 목회 등을 특징으로 한다. *'제3의 물결'* 은 정통 오순절주의와 은사주의 운동을 계승한 것이라 할 수 있다. 이러한 새로운 물결은 성령세례를 받고, 성령의 은사들을 활용하면서도 주요 전통 교단 내에 남아있는 복음주의자들로 구성되어 있다.[6]

이처럼 오순절 운동은 정통 오순절운동, 은사주의 운동, 신은사주의(제3의 물결)운동을 시대적 특성으로 다 포함하는 운동이다. 앞에서는 오순절 운동의 정의와 성격, 그리고 시대적 특징을 간략히 살펴보았다. 다음에는 오순절 운동의 성경적 배경을 구약과 신약으로 나누어 고찰해보고, 역사적 배경을 초기 소낙비 시대(A.D 100-400), 기나긴 가뭄 시대(A.D 400-1650)와 후기 소낙비 시대(A.D 1650-1900)로 나누어 살펴보고자 한다.

1. 성경적 배경

오순절 운동은 사도행전 2장의 오순절 날의 성령강림에 성경적 기원을 두고 있다. 오순절 날의 성령강림 사건을 이해하기 위해 그 배경이 되는 구약의 오순절과 오순절 성령강림에 대한 구약의 예언을 살펴보는 것이 필요하다. 그리고 사도행전 2장의 오순절 성령강림 사건의 성격, 목적과 의미를 명확히 이해해야 한다. 구약과 신약에 나타난 오순절의 유래와 오순절 성령강림 사건의 예언과 성격과 그 의미를 살펴보자.

A. 구약

1) 오순절의 유래

구약에서 오순절은 맥추절 또는 칠칠절로 나타난다(출 34:22; 레 23:15; 신 16:19; 16:16). 이 기간은 곡물 추수의 절기에 관련되어 있으며, 첫 추수한 밀을 여호와께 드리며 이를 기념하는 행사이다(출 23:16). 맥추절은 히브리적 표현으로는 **"수확의 절기"**를 뜻한다. 신명기 16장 9절에 의해 절기를 산정한다면, 이 절기는 밀에 낫을 댄 날로부터 시작하여 7주 후가 된다. 그리고 이때 모든 헌물은 **"여호와께서 자신의 이름을 두시려 택하신 곳"**으로 가져와 드려야 했다.[7]

더 자세한 내용은 레위기에 나타난다. 레위기 23장 15절에서 "안식일 이튿날 곧 너희가 요제로 단을 가져온 날부터 세어서 칠 안식일의 수효를 채우고"라고 오순절을 산정하고 있다. 따라서 요제를 가져온 때부터 시작하여 7주를 세어서 50번째 날에 성회를 공포하였다. 이 때의 규례는 "에바 십분의 이로 만든 떡 두 개를 가져다가 흔들 찌니 이는 고운 가루에 누룩을 넣어서 구운 것이요, 이는 첫 요제로 여호와께 드리는 것이며... 일년 되고 흠 없는 어린양 일곱과 젊은 수소 하나와 수양 둘을 드리되 이들은 그 소제와 그 전제를 함께 여호와께 드려서 번제를 삼을 찌니 이는 화제라. 여호와께 향기로운 냄새며 또 수 염소 하나로 속죄제를 드리며 일년 된 어린 수양 둘을 화목제 희생으로 드릴 것이요"(레

23:17-19)라는 구절에 나타나 있다.

칠칠절이란 명칭은 밀 추수의 첫 열매를 하나님께 드리는 특별한 날로 그들은 여호와 하나님을 비와 풍작을 주관하시는 분으로 인정했으므로(렘 5:24), 이 기간은 이스라엘에서 특별히 성스러운 절기였다. 이 절기에는 안식일처럼 아무 노동도 하지 않고 쉬었으며 성회로 공포되었다(레 23:21, 민 28:26). 희랍의 유대인들은 이 절기를 오순절이라고 불렀는데, 이는 7주간의 추수기를 가리키는 것이었다. 그러나 이 절기는 유월절이나 무교절 또는 장막절에 비해 그 중요성이 덜 하였으며, 이스라엘인들의 삶에 있어 다른 절기들처럼 큰 역할을 하지는 않았다.[8]

구약의 절기를 헬라어로 표현한 오순절(Pentecost)은 50을 뜻하는데, 이 절기는 유월절 후, 50일째 되는 날이기 때문이다. 오순절은 장막절과 함께 유대인의 3대 절기 중 하나였다. 오순절은 추수의 절기로서 사람들은 그들의 첫 열매의 제물을 가져왔다. 레위기 23:15-21은 이 축제 기간에 준수되었던 제의를 가장 상세하게 제시하는 구절이다. 이날은 또한 성회(출 23:16)와 첫 열매의 날(민 28:26)로도 알려져 있다.

유대교적인 전통 속에서 오순절은 추수의 절기였다. 남자들은 추수한 제물을 바치기 위해 예루살렘 성전으로 갔으며, 그곳에서 오순절 제의가 행해졌다. 수확한 제물들은 레위인에게 전해지고, 이는 다시 제사장에게 전달되어 신명기 26장 3-10절의 신앙고백과 감사의 기도를 드렸다. 그러나 후기 유대교에서 오순절은 다른 절기인 유월절과 장막절에 비해 그 중요성이 작아졌으며, 제의에 참여하는 이도 점차 다른 절기보다 적어졌다. 니산월 16일에 첫 번째 수확한 곡물을 바침으로 추수의 절기가 시작되었으며, 유월절과 함께 시작된 축제는 오순절에 마치게 되었다. 이처럼 오순절은 그 독립적인 의미를 상실해 갔으며, 결국 유월절과 결부되어 그 의미를 지니게 되었다.[9]

출애굽과 광야 전승에 관련하여 구약에서 오순절은 순수한 추수의 절기와 관련되어 나타나고 있다. 그러나 후기 유대교에서는 이 날을 모세 시대에 있었던 사건들과 결부시키고 있음을 역대기(대하 8:13)에서 찾을 수가 있으며, 또한 부분적으로는 시내산에서의 율법수여를 기념하는 것과 연관시키고 있음을 알 수 있다. 오순절은 언약갱신의 절기로서 A.D 70년에 예루살렘 성전이 파괴된 후에 유대인들은 시내산에서 율법수여를 기념하기 위해 오순절을 지켰다.

2) 오순절 성령강림의 약속

오순절 성령강림에 관한 핵심적 예언은 요엘서 2장에 나타난다. 요엘 선지자는 *"시온의 자녀들아 너희는 너희 하나님 여호와로 인하여 기뻐하며 즐거워 할 지어다. 그가 너희를 위하여 비를 내리시되 이른 비를 너희에게 적당하게 주시리니 이른 비와 늦은 비가 전과 같을 것이라"* (욜 2:23)고 예언하였다.

이른 비와 늦은 비는 팔레스타인 지역에서는 매우 중요하다. 그 나라의 전체 농사와 경제가 전적으로 이 두 비에 달려있기 때문이다. 팔레스타인의 기후는 한국과는 반대여서 가을에 씨를 뿌리고 봄이 지나서 추수한다. 이 지방은 우기가 가을에 시작되어 봄까지 이르고, 두 차례의 주요시기에 비가 오는데 이른 비와 늦은 비가 바로 그것이다.

팔레스타인 지방에 내리는 이른 비는 밀농사의 파종을 위해 꼭 필요한 비이다. 이른 비는 9월 중순부터 11월 중순까지 씨를 뿌리는 계절인 가을에 꼭 필요한 비이다. 유대인들은 가을에 씨를 뿌려서 겨울 동안에 밀을 재배한다. 그래서 심은 밀이 싹이 나기 위해서는 이른 비가 꼭 필요했다. 이른 비는 땅을 부드럽게 해 주며, 씨를 움트게 해주며, 계속 성장하게 해준다. 이 비를 이스라엘 사람들은 **"야라"** 라고 부르는데, 이 말은 '먼저 내리는 비' 라는 뜻이다.[10]

이에 비해 늦은 비는 봄에 밀을 추수하기 직전인 3월 중순부터 5월 중순까지 내리는 비이다. 이 비가 꼭 필요한 이유는 밀이 추수하기 직전에 충분한 양의 물을 흡수해야 충실한 열매를 맺기 때문이다. 늦은 비는 밀을 완전히 자라게 해주고, 완전히 열매를 맺게 해주며 추수를 준비시켜 주는 비이다. 이 늦은 비가 없이는 풍성한 열매와 수확을 기대할 수가 없는 것이다. 이스라엘 사람들은 이 비를 **"말카시"** 라고 부르는데, 이 말은 '후에 내리는 비' 라는 뜻이다.[11]

늦은 비가 다 내리고 나면 풍요로운 추수가 보장되므로 사람들은 일년 내내 양식 걱정을 잊어버리게 되어 기쁨에 들뜬다. 그래서 밀을 모두 수확하고 나서 5월에 추수 감사제를 지내게 되는데 이것을 오순절이라 부른다. 이때가 유대인들에게 있어 가장 즐거운 기간이다. 이 기간에 사람들은 하나님께서 풍성한 수확물을 주신 것에 감사하며 기뻐하고, 들판에서 춤추고 노래하면서 즐거워한다.

성경은 이스라엘 지방에 내리는 이른 비와 늦은 비에 대해 단순한 자연적인 의미를 넘어 영적이며 예언적인 의미를 부여해 주고 있다. 이스라엘 지역에 내리는 이른 비는 씨를 뿌린 후에 파종을 위해 꼭 필요한 비인 것처럼, 이른 비 성령도 초대 교회 태동 이후에 유대인들과 이방인들에게 복음의 씨앗을 뿌린 후에 파종(결신)을 위해 내리게 되었다. 약 2천년 전의 오순절 날에 예루살렘 교회가 탄생했던 때가 *'이른 비'* 시기이다. 초대 교회에 임한 오순절 성령강림을 이른 비라고 해석 할 수 있다.

이스라엘 지역의 늦은 비는 풍요로운 추수를 위해 꼭 필요한 비인 것처럼, 늦은 비 성령의 역사도 주의 재림이 실현되기 직전까지 영혼 구원의 대 추수를 위해 성령의 늦은 비가 내리게 된 것이다. 현대의 오순절 운동을 *'늦은 비'* 라고 해석할 수가 있다. *'늦은 비'* 는 종말의 남은 교회에 성령이 풍성하게 부어지는 것을 의미한다. 그래서 오늘날 전 세계의 많은 성도들은 지금이 *'늦은 비'* 시대라고 믿고 있다. 주님의 재림을 앞두고 초대 교회의 성령의 모든 은사들이 다시 회복되었으며, 교회 역사상 전례없는 큰 기적들과 복음 승리의 역사가 나타나고 있는 것이다. 또한 종말에 일어날 큰 영적 부흥을 요엘은 다음과 같이 예언하였다.

"그 후에 내가 내 신을 만민에게 부어 주리니 너희 자녀들이 장래 일을 말할 것이며 너희 늙은이는 꿈을 꾸며 너희 젊은이는 이상을 볼 것이며, 그 때에 내가 또 내 신으로 남종과 여종에게 부어 줄 것이며" (욜 2:28, 29) 라고 예언하였던 것이다.

이 예언은 구약시대 소수의 선택받은 예언자나 지도자에게만 임했던 성령의 사역이 이제 그 범위를 소수의 선택받은 사람들에게서 벗어나 만민에게로 확대될 것임을 뜻하고 있다. 하나님의 영이 소수의 선택받은 예언자나 지도자에게만 국한되지 않고, 모든 인종, 성별, 연령, 계층을 초월하여 하나님의 백성 모두에게 주어질 것임을 말하고 있는 것이다.

일반적으로 구약에서는 하나님의 영이 소수의 특별한 사람에게만 임하는 것으로 나타난다. 구약에는 거의가 소수의 지도자들과 예언자들, 특정한 사람들에게만 성령이 임하는 것으로 나타나고 있다. 성령은 소수의 사람들에게 임하였다가 특별한 일을 한 후에 떠나갔다. 성령은 거의 모든 이스라엘 백성에게 임하는 것으로 나타나고 있지 않다.[12]

그런데 요엘 선지자는 성령의 사역이 소수의 선택된 자들의 범주에서 벗어나 만민에게로 확장될 것이라는 획기적인 전환을 예언하였던 것이다. 성령의 역사가 소수의 선택된 자들로부터 모든 하나님의 백성에게로 확장되고, 전 세계로 확대될 것임을 예언하고 있는 것이다. 이 예언은 오순절 성령강림으로 부분적으로 성취되었다. 사도 베드로는 오순절 날에 요엘의 말씀을 인용하여 이것을 증거하였다(행 2:17,18). 그리고 이 약속의 말씀은 궁극적으로는 그리스도의 재림 때 완성되게 될 것이다(겔 39:29).

B. 신약

1) 오순절 성령강림 사건

교회사의 출발점인 최초의 원시교회는 성령의 역사를 통해 시작되었다. 오순절은 구약시대부터 지켜오던 유대인의 3대 절기 중 하나였으므로 사도행전 2장에 다수의 경건한 유대인들이 오순절을 지키기 위해 각국으로부터 예루살렘으로 모여들었음을 볼 수 있다(행 2:5). 오순절 성령강림은 예수님이 약속하신 말씀을 기초로 하여 일어나게 된다. *"예루살렘을 떠나지 말고 내게 들은 바 아버지의 약속하신 것을 기다리라"*(행 1:4)는 예수님의 말씀에 순종하여 예수님의 제자들은 예루살렘으로 돌아와 마가의 다락방에 모여 마음을 같이 하여 전혀 기도에 힘썼던 것이다.

오순절 날이 되어 성령이 약 120명의 제자들에게 임하셨고, 거기에 모인 사람들은 다 성령의 충만함을 받고 방언으로 말하기를 시작하였다. 오순절의 성령강림은 제자들뿐만 아니라, 오순절을 지키려고 모였던 많은 사람들에게 놀랄만한 사건이었다(행 2:5-13).

오순절 날의 성령강림은 예수님의 말씀과 하나님 아버지의 약속의 성취였다. 요엘 선지자가 예언한 *"내가 내신을 만민에게 부어 주리니 너희 자녀들이 장래 일을 말할 것이며..."*(욜 2:28, 29)라는 말씀을 성취한 사건이며, 예수님의 약속의 말씀(눅 24:49; 행 1:4)을 성취한 사건이었다. 구약의 특정한 인물들에게만 나타났던 성령 하나님이 이제 모든 하나님의 백성에게 임하시기 시작하는 사건이었다.

2) 오순절 성령강림사건의 성격과 의미

예수님의 부활 후 50일째 되는 날에 일어난 오순절 성령강림은 오순절 운동의 표본이 된다. 오순절 성령강림 사건의 성격과 의미를 살펴보면 다음과 같다.

① 오순절 사건은 구약의 예언이 성취되는 사건이었다. 베드로

는 오순절 날의 성령강림을 성령을 부어주시는 것으로 묘사한다(행 2:23). 오순절 사건 이전에는 성령을 부어주신 일이 없었다. 이것은 구약의 요엘 선지자의 예언이 성취되는 사건이었다.

② 부활, 승천하신 후에 하나님의 우편에 앉아계신 예수께서 구원사역의 완성을 위해 성령을 보내신 사건이다. 오순절의 성령강림은 십자가에서 죽으시고, 부활하신 주 예수께로부터 비롯되었다. 예수께서 그의 십자가의 구속사역을 완성하신 후에 성령을 보내셔서 제자들에게 부어주셨던 것이다. 그리하여 성령이 제자들에게 임하여 그들이 권능을 받고, 유대와 사마리아와 땅끝까지 복음을 전할 수 있는 능력있는 전도자로 변모하는 사건이 되었다.

③ 오순절 성령강림은 오직 한 번으로 끝나는 단회적 사건이 아니라, 계속해서 반복될 성령세례의 시작이었다. 사도행전에 나타난 성령의 오심은 계속해서 반복되는 사건이었다. 오순절 날에 예루살렘에 임했던 성령강림은 계속해서 사마리아, 고넬료 가정, 에디오피아 내시, 에베소 교회에도 반복해서 일어나게 되었다.

④ 오순절 성령강림은 교회라는 새로운 공동체를 태동한 사건이다. 오순절 날의 성령강림으로 인해 이 지상에 예수 그리스도의 몸 된 교회가 탄생하였다. 예수 그리스도의 대위임령(마 28:18-20; 막 16:15)을 완수하기 위해 성령의 주도 하에 신약의 교회가 태동한 것이다.

⑤ 오순절 성령강림은 성령의 은사와 능력이 부여된 사건이었다. 오순절 날에 제자들은 *"다 성령의 충만함을 받고 성령의 말하게 하심을 따라 다른 방언으로 말하기 시작"* 하 였 다

(행 2:4). 오순절 사건은 근본적으로 성령체험의 사건으로 제자들은 회개한 이후에 오순절 날 성령충만을 받고 그 증거로서 처음에는 다른 방언으로 말하는 것이 나타났다. 성령세례 또는 성령충만의 사건은 중생과는 분명히 다른 것이며 구별되는 사건으로 성령세례의 증거로 먼저 방언이 나타났고, 여러 은사들이 나타났다. 그들은 성령세례를 통한 은사를 체험했던 것이다. 성령을 체험한 그들은 방언과 은사를 경험했으며, 또한 예수의 증인으로서의 능력을 부여받게 되었다. 그리하여 그들은 오순절 사건을 통해 성령의 은사를 체험했으며, 사역을 위한 능력을 부여받았고, 담대한 복음 전도자로 다시 태어날 수 있었다.

3) 오순절 성령강림의 목적

오순절 성령강림의 목적은 먼저 이 지상에 예수 그리스도의 몸 된 교회를 태동시키고, 그리스도의 대위임령(마 28:18-20; 막 16:15)을 신약의 교회가 완수하도록 능력을 부여하기 위한 것이다. 교회는 성령에 의해 새로운 피조물로 다시 태어났고, 그리스도와 그의 보내신 성령을 통해 하나님의 약속의 말씀이 성취된 능력부여의 사건을 체험했던 것이다. 오순절 사건은 예수의 탄생, 사역, 수난, 부활의 역사적 사건과 오늘의 교회를 연결해주는 사건이 된 것이다. 예수의 제자들은 예수의 부활, 승천 후에 오순절 성령강림을 통해 교회라는 새로운 공동체의 구성원들이 되었고, 능력있는 복음 증거자로 다시 태어날 수 있었다.

교회는 오순절 사건을 자신의 기원이자 능력부여의 체험으로 받아들이고, 세상에 나아가 하나님의 사역과 임무를 완수해야 한다.

그리스도의 몸으로서 교회는 만민을 위한 선교에 참여하도록 부름받은 공동체임을 항상 인식하고, 교회의 본질적 임무인 전도와 선교를 능력있게 계속 수행해야 하는 것이다.

교회가 이러한 사명과 사역을 능력있게 수행하기 위해서는 능력의 원천과 생명력 되시는 성령을 체험해야 한다. 교회는 성령의 능력과 생명력을 힘입어 이러한 사명을 성공적으로 완수할 수 있다. 오순절의 성령강림 사건은 교회가 이러한 사명을 능력있게 수행할 수 있는 근거를 제공한다. 성령세례는 권능을 받는 것을 의미한다. 사도행전 1장 8절에 **"오직 성령이 너희에게 임하시면 너희가 권능을 받고... 내 증인이 되리라"** 라고 예수님은 약속하셨다. 예수님의 이 약속은 섬김을 위한 권능의 약속이지 영생을 위한 중생의 약속이 아닌 것이다. 섬김을 위한 능력이 성령세례에 의해 주어지는 것이다. 성령세례는 그리스도를 신실하게 증거하기 위한 능력을 제공해 준다. 성령세례는 우리가 복음전파를 할 수 있게 하는 신적 준비요, 우리가 복음을 들고 세상 끝까지 나아갈 수 있는 동기와 긴급성과 능력을 제공해 준다. 즉 성령세례를 통해 우리는 복음전도의 권능을 부여받는 것이다.

거듭남으로 우리는 하나님의 자녀가 되고, 성령세례를 통해 우리는 능력있는 그리스도의 군사가 되는 것이다. 오순절 사건은 회심을 통해 중생한 신자가 성령세례 또는 성령충만으로 불리는 능력부여의 체험적 사건이었다. 오순절 사건은 그리스도께로 회심한 신자들이 성령세례나 성령충만 같은 삶을 변화시키는 체험이 필요함을 보여주는 사건이다. 오순절 사건은 제자들에게 성령의 능력을 부여하는 사건으로 오늘날에도 계속 일어나야 할 능력부여의 사건이 되는 것이다.

오순절은 예수 그리스도의 약속의 말씀의 성취로서 성령강림의 날로 교회에서 기념되고 있고, 전통적 기관으로서의 교회가 탄생한 날로 받아들이고 있다. 그래서 오순절 성령강림은 옛 체계의 예배가 끝나고, 새 체계의 예배가 시작되었음을 의미한다. 교회에 있어 오순절은 하나님의 성령의 은사를 부어주심을 기념하는 절기가 되었다.

오순절주의자들은 오순절 날의 사도들처럼 성령세례를 동일하게 체험할 수 있다는 것을 믿는 현대의 그리스도인을 뜻하게 되었다. 오순절 날의 성령강림으로 사도들이 능력있고 담대하게 복음을 전파한 것처럼, 오늘날의 오순절주의자들도 성령세례를 통한 권능에 힘입어 능력있고 담대하게 땅 끝까지 복음을 증거하는 사명을 잘 감당하며 완수해 나가야 할 것이다.

2. 오순절 운동의 역사적 배경

현대 오순절운동을 이해하기 위해 먼저 교회사를 통해 성령의 나타나심(manifestation)을 역사적으로 살펴보는 것이 필요하다. 20세기 초에 시작된 현대 오순절운동 이전의 역사적 배경을 살펴보는 것은 매우 중요하다. 왜냐하면 우리가 앞에서 살펴본 20세기 오순절, 은사주의 부흥에 나타났던 성령의 역사는 전혀 새로운 것이 아니며, 과거의 역사 속에 여러 가지 형태와 모양으로 나타났던 성령의 역사의 연속이기 때문이다. 특별히 성령의 나타나심이 과거역사

속에서 어떤 현상으로 표출되었고, 이러한 성령의 나타나심의 현상들이 그 내부 그룹과 외부 주류 교회(mainline churches)에 의해 어떻게 이해되고 받아들였는지를 살펴 볼 필요가 있다.

그런데 이러한 역사를 고찰하는데 한 가지 어려움은 이러한 주제로 교회사를 다룬 문헌이 거의 없다는 사실이다. 또한 이미 현존하는 역사 서적들이 종종 편견을 내포하는 경우가 많아 올바른 고찰을 할 수도 없다. 하지만 20세기 초에 일어났던 오순절 운동의 엄청난 성장과 그 영향력의 결과로 이 분야에 관한 관심이 증대되면서, 이러한 역사적 측면을 균형 있게 연구한 학자들이 점차로 등장하게 되었는데, 그 대표적인 인물들로는 몰튼 캘시(Morton T. Kelsey), 래리 하트(Larry D. Hart), 글랜 힌슨(E. Glenn Hinson) 등을 들 수 있다. 힌슨은 이러한 관점에서 교회사를 네 개의 시대로 구분하였는데, 이 구분이 매우 적합하다고 판단되기 때문에 본서에서도 이 구분을 사용하여 내용을 전개하고자 한다.[13]

본서의 시대 구분은 힌슨의 것과 약간의 연대적 차이가 나타나는데, 그것은 레덜리(H.I. Lederle)의 견해를 부분적으로 수용했기 때문이다. 힌슨은 성경의 이른 비와 늦은 비의 개념을 사용하여 성령의 나타남의 역사를 다음과 같이 네 시대로 구분하였다.

  (1) 초기 소낙비 시대 (A.D 100-400)
  (2) 기나긴 가뭄 시대 (A.D 400-1650)
  (3) 후기 소낙비 시대 (A.D 1650-1900)
  (4) 늦은 비 시대 (A.D 1900-)

늦은 비 시대인 현대 오순절 운동시대 이전에도 교회사를 통해 성령의 은사와 표적, 기사 등이 나타났다. 성령의 은사와 표적, 기사 등을 통해 나타난 성령의 역사를 교회사를 통해 간략히 살펴보자.

A. 초기 소낙비 시대 (A.D 100-400)

초대교회 시대를 이른 비 성령의 시대라고 정의할 때, 초기 소낙비 시대는 A.D 100-400년으로 잡을 수 있다. 이 시기에는 초대 교부들을 중심으로 성령의 역사가 나타났던 시기이다. 이 시기의 성령의 역사를 교부들을 중심으로 살펴보자.

1) 이그나티우스 (A.D 35-107)

마가복음의 끝 부분에서 예수님은 제자들에게 다음과 같이 말씀하셨다. 믿는 자들에게는 이런 표적이 따르리니 곧 저희가 내 이름으로 귀신을 쫓아내며 새 방언을 말하며 뱀을 집으며 무슨 독을 마실지라도 해를 받지 아니하며 병든 사람에게 손을 얹은즉 나으리라 (막 16:17-18). 2세기에도 여전히 이러한 성령의 역사를 받아들였다는 사실에 대한 증거가 있다. 켈시(Kelsey)의 말처럼 초대 교회는 성령의 특별한 은사들에 관해 그다지 많은 것을 기록하지는 않았다.[14] 그 당시 적대적인 이교도 문화를 극복하는 것이 교부들, 특별히 변증가들의 관심사였기 때문이다. 비합리적인 현상들에 대해 이미 편견을 가지고 있던 그 당시의 사회에 성령의 역사와 표적을 통해 기독교 사회를 소개하려고 하지는 않았을 것이다. 하지만 그런 상황에서도 우리는 성령의 역사에 관한 문헌을 2세기 초에 감독이었던 이그나티우스(Ignatius)가 빌라델피아인들에게 보낸 글에서 찾아 볼 수 있다. 이그나티우스는 다음과 같이 말했다.[15]

어떤 사람들이 육체를 따라 나를 속이려 했으나 성령은 속지 않으신다. 하나님께로부터 온 자로 내가 저희와 함께 있는 동안 나는 외쳤다. 나는 커다란 음성으로, 하나님의 음성으로 말했다.

이것은 분명 예언에 관한 언급으로 이그나티우스는 다른 곳에서도 **"하늘의 일들"** 을 이해할 수 있는 그의 특별한 능력과 그것을 억제하기 위해 겸손해야만 했던 것에 관해 언급하고 있다.[16] 열두 사도의 가르침인 디다케(Didache)에는 예언자들이 성령 안에서 말하였다는 것과 함께 잘못된 예언의 가능성에 대한 우려도 표현되어 있다. 성령의 역사는 2세기 초에 안디옥의 감독이었던 이그나티우스의 목회사역 속에서 기적과 예언과 신유를 동반하여 나타났다.

2) 폴리캅 (A.D 69-155)

폴리캅의 순교(Martyrdom of Polycarp)에서도 방언의 흔적을 찾아볼 수 있다. 네로 황제 시대부터 본격적으로 시작된 기독교 박해시대에 살았던 서머나 교회의 노감독이었던 폴리캅은 A.D 155년에 화형을 당할 때, 한 시간 동안 기도할 수 있도록 허락을 받았다. 그런데 그가 서서 기도했을 때 하나님의 은혜로 충만하여서 두 시간 동안 기도를 멈출 수가 없었으며, 그의 기도를 듣는 모든 사람을 놀라게 했다고 한다.[17] 물론 이것은 그가 방언을 했다는 결정적인 증거는 아니지만, 방언의 흔적을 엿볼 수는 있다. 사도 요한의 제자인 폴리캅은 초대 교회가 체험한 사도행전의 성령의 역사와 영적 은사들에 관해 자세히 알고 있었고, 그 영향 아래 살다가 순교의 길을 갔던 것으로 알려지고 있다.

3) 저스틴 (A.D 100-165)

복음을 변증하기 위해 철학을 사용했던 최초의 변증가인 순교자 저스틴(Justin Martyr)은 그의 시대에 예언자들이 있었으며, 하나님의 은사들을 소유한 남자들과 여자들이 있었다고 주장했다.[18] 저스틴 자신이 **"지금 우리 중에서 하나님의 영의 은사를 가진 남자와 여자들을 보는 것은 가능하다"** 라고 말함으로써, 2세기 중반에도 은사가 나타났음을 증거해 주고 있다. 그는 그리스도의 능력에 대해 언급하는 가운데 축사와 치유에 관해 쓰고 있다.

> 수많은 귀신들린 사람들이 세계 도처에, 그리고 당신의 도시에도 있는데, 본디오 빌라도의 치하에서 십자가에 못 박히신 예수 그리스도의 이름으로 우리 기독교인들 중 많은 사람들은 마술과 약을 사용하면서도 치유받지 못하는 사람들로부터 귀신을 내어 쫓음으로서 치유하고 있다.

저스틴의 기록들을 통해 당시 신유의 은사를 비롯하여 각종 은사가 성령의 역사 가운데 나타났음을 알 수 있다. 저스틴은 그의 저서 「트리포와의 대화」(Dialogue with Trypho)에서 영적인 은사의 활용에 대해 다음과 같이 언급하고 있는데, 2세기 교회에도 독특한 성령의 현상들이 빈번히 나타났던 그룹이 있었음을 보여준다.

> 예언의 은사는 오늘날에 이르러서도 우리에게 남아있다. 그리고 당신은 이전에는 당신네 나라에 있었던 이 은사가 오늘날엔 우리에게 옮겨져 와 있음을 알아야 한다... 전에도 말했지만 다시 말하건 데, 예수님이 승천하신 후부터 이 세상은 그 분에 의해 다스려질 것이라는 예언이 있었던 것이다. 즉, **"그는 높이 들림을 받으셨으며, 포로된 자를 풀어주고 사람들에게 은사를 주신다"** 는 것이다. 그리고 또 다른 예언에

는 "그리고 때가 이르리니 내 영을 남종과 여종에게 부어줄 것이며 그들은 예언하리라"고 되어있다. 그리고 지금 우리 주위에 이 같은 성령의 은사를 받은 사람들이 많이 있다.

4) 몬타누스 (A.D 126-180)

초대 교회에 오순절주의의 첫 전조라고 할 수 있는 운동이 몬타니즘(Montanism)이었다. 이 운동에 대해 교회사가인 곤잘레스(Justo Gonzalez)는 이렇게 표현하였다.

> 몬타누스(126-180)는 이교도 제사장으로서 A.D 155년경에 세례를 받고 기독교로 개종했을 것이라고 추측된다. 그 후에 그는 자신이 성령에 사로잡혔다고 말하며 성령을 의지해서 예언하기 시작했다. 곧 이어 두 여인(브리스길라와 막시밀라)도 예언하기 시작하였다. 이러한 모습은 그 자체가 새로운 것은 아니었다. 왜냐하면 당시 적어도 일부 교회들에서는 여자들이 예언하도록 허락되었기 때문이다. 새로운 심대한 의혹을 불러일으켰던 것은 몬타누스와 그의 추종자들이 그들의 운동은 새로운 시대의 시작이라고 주장한 것이었다. 그들은 예수 그리스도 안에서 새로운 시대가 도래했던 것처럼 성령의 부어주심으로 말미암아 훨씬 더 새로운 시대가 시작되고 있다고 주장하였다. 그들은 이 새로운 시대는 산상설교가 구약의 율법보다 더 도덕적인 삶을 요구했던 것처럼 더욱 엄격한 도덕적인 삶에 의해 특정지어질 것이라고 말했다.[19]

몬타누스주의자들은 예언에 대해 특별한 중요성을 부여했고, 몬타누스(126-180)를 그가 받은 예언적 은사로 인해 성령의 새로운 세대(dispensation)를 도래하게 하는 특별한 성령의 도구로 여겼다. 방언도 그들 가운데 나타나는 현상 중의 하나였다는 것은 너무나 분명하다. 몬타누스는 교회가 성령의 은사를 활용하고 금욕주의적인 삶을 살아야 한다고 장려하였다. 몬타누스주의는 성격상 묵시적 종말론주의로 그리스도의 천년왕국이 가까이 왔음을 가르쳤다. 흥미로운 것은 18세기 영국의 종교개혁가인 존 웨슬리(John Wesley)는 몬타누스를 그 당시의 최고의 사람으로 생각했고, 몬타누스주의자들을 참된 성경적 그리스도인들로 여겼다는 사실이다.[20]

그 당시에 관한 자료가 거의 없으므로 어떤 평가를 내리기는 어려운 일이다. 하지만 몬타누스주의자들의 후기 역사를 평가하는 데 한 가지 중요한 근거는 터툴리안이 이 운동을 지지했다는 사실이다. 터툴리안은 몬타누스 시대가 끝난 지 두 세대 후에 이 운동을 접하게 되었고, 오랜 숙고 끝에 몬타누스주의자가 되기로 결심했다. 터툴리안은 서구의 초기 기독교 교부들 가운데 중요한 역할을 담당했던 인물이다. 터툴리안은 마르시온(Marcion)과의 논쟁에서 자신처럼 마르시온의 추종자들 가운데 성령의 은사들을 소유한 자가 있다면 그 증거를 대라고 말하며 마르시온에게 도전하였다. 이 시대에 관한 대부분의 역사 자료들은 서구 교회에 초자연적 은사가 있었음에 대한 증거로 다음의 기록을 인용한다.

> 그렇다면 마르시온에게 그가 믿는 하나님의 은사들을 나타내 보이라고 해라. 인간의 감각으로 말하는 것이 아니라 하나님의 성령에 의해서 말하는 예언자들이 있으면 나타내 보이라고 해라. 장래 일어날 일을 예언할 뿐만 아니라 마음속에 비밀들을 말하는(고전 14:25) 그런 예언자들 말이다. 성령으로 말미암아 황홀한 상태에서 방언의 통역이 그에게 임할 때, 시를 말하고, 이상을 보며, 기도를 해 보라고 해라. 이 모든 표적들(성령의 은사들)이 아무런 어려움 없이 내게서 흘러나오고 있으며, 이것들은

창조자의 규율과 제도와 교훈에 일치함으로서 의심할 여지없이 그리스도와 성령과 사도가 나의 하나님께 속해있는 것을 나타내고 있다.[21]

이것은 고린도전서 12장부터 14장에 기록된 다양한 종류의 은사들이 3세기에도 여전히 사용되었다는 사실을 보여주는 분명한 증거이다. 터툴리안은 여기에서 자신의 믿음과 마르시온의 믿음이 대결할 때, 진짜를 증명하는 확실하고 정당한 증거를 그에게서 나타나는 성령의 은사들로 언급하였다는 사실은 놀라운 일이다. 하지만 이 시대 이후로는 예언의 은사와 방언이 줄어들기 시작했다.

터툴리안의 신학은 정통으로 여겨졌고 따라서 몬타누스주의는 더 받아들이기 쉽게 되었다. 그는 하나님과의 직접적인 의사소통이 사도시대로 끝나지 않았고, 하나님의 계시도 계속된다는 입장을 고수하였다. 몬타누스주의는 교회로 하여금 하나님께 대한 더 큰 열정과 자아의 항복을 요구했던 초기 부흥운동이었다. 하지만 몬타누스와 그의 여선지자들이 영적인 무절제함과 극단주의의 잘못을 범한 책임이 있고, 그들은 자신의 예언의 은사를 다른 사람들이 분별하도록(고전14:29) 허락하지 않았기 때문에 다른 초자연적인 은사들이 악평을 받게 되었다는 점은 분명히 지적되어야 한다.

그 당시 초대 교회의 영지주의를 포함한 온갖 종류의 이단들과의 싸움은 교회가 죽느냐 사느냐 하는 생사의 문제였다. 이와 같은 논쟁을 거치면서 터툴리안은 올바른 권위의 체계를 갖춘 제도화된(institutional) 교회만이 성경을 볼 수 있고, 성경을 올바로 해석할 수 있는 능력을 갖고 있다고 가르치기 시작했다. 이것은 장차 성직자에 의한 교회 지배의 길을 닦아 주는 역할을 하였다. 따라서 교회의 가르침은 감독의 직분에 초점이 맞추어지게 되었다. 제도화된 감독의 직책(episcopate)은 이단에 대한 한 가지 해결책을 교회에 제시하였지만, 초대 교회에 활발하게 나타났던 성령의 은사들이 더 이상 자유롭게 활용되지 못하는 대가를 지불하게 만들었다. 이러한 감독제는 3세기 초에 교회의 본질은 성령의 역사에 의한 것이 아니라, 계급구조의 직분에 의해 결정된다고 주장한 키프리안(Cyprian)에 의해 더욱 발전하게 되었다. 이단과의 치열한 싸움은 결국 은사(charisma)와 직분(office)을 양극으로 분리시켜 놓는 결과를 낳았고, 이 대립에서 결국 직분이 승리하게 된 것이다.[22] 현존하는 로마카톨릭 신학자 킬리언 맥도넬(Kilian McDonnell)에 의하면 몬타누스주의는 교회를 무기력하게 만들었다고 말한다.

> 교회는 몬타누스주의에 대항하여 과도하게, 심지어 극단적으로까지 반응하였고 이로 인해 모든 은사의 나타남은 이단에 가까운 것으로 멸시를 당하게 되었다. 몬타누스주의를 거부한 이래로 교회는 은사와 직분간의 균형을 결코 회복하지 못했다.[23]

교회는 몬타누스 이후의 여러 세기를 거쳐 지금까지 영적인 부흥과 거기에 동반되어 나타나는 성령의 은사들을 모두 다 몬타누스주의와 관련시켜 동일시하였고, 불신과 배척으로 대응해 왔던 것이다. 2세기 중엽에 일어났던 몬타누스주의는 영적 체험을 절대화하고, 종말을 지나치게 강조하면서, 전통적 교회생활을 혼란스럽게 한다는 것 때문에 381년에 교회에 의해 이단으로 정죄되었다. 하지만 몬타누스 운동이 조직화 된 교회의 세속화와 교권주의로 경직된 미온적 신앙에 성령의 활력에 관한 중요성을 제시했다는 점은 긍정적으로 평가할 수 있다.

5) 이레니우스 (A.D 140-203)

결코 배우지도 않았고, 알지도 못하는 나라의 언어를 말하는 방언('제노랄리아')의 나타남이 처음 몇 세기 동안 있었다는 증거가 있다. A.D 200년경에 사망한 프랑스 리옹(Lyons)의 이레니우스(Irenaeus)는 사도행전 2장의 사건을 자신의 시대와 연관지어 다음과 같이 말하였다.

> 그와 같이(사도행전 2장) 우리도 교회 안에 예언의 은사를 가진 많은 형제들이 성령으로 말미암아 모든 종류의 언어를 말한다.[24]

리옹의 감독이요, 폴리캅의 제자였던 이레니우스는 그 당시 교회 안에 나타났던 성령의 역사를 다음과 같이 말했다.

> 어떤 사람은 확실하고도 올바르게 귀신을 내어 쫓고 있으며, 악한 영으로부터 깨끗함을 받은 사람들은 대부분 교회에 다니게 된다. 일어날 일을 미리 아는 사람들도 있다. 그들은 환상을 보고 예언의 말들을 한다. 또 다른 사람들을 안수함으로 병자들을 고친다. 더군다나 죽은 사람들을 살리기도 하는데, 그들은 그 후 우리와 함께 여러 해 동안 살았다. 이에 무엇을 더 말하랴!

이와 같이 이레니우스는 성령의 역사를 목격하고, 성령의 역사에 대한 확신을 갖고 있었고, 성령의 역사의 중요성을 증거하며 강조하였던 것이다.

6) 파코미어스

그 외에 4세기 후반에 사망한 이집트의 대수도원장이었던 파코미어스(Pachomius)는 천사의 방언을 말했으며, 한번은 결코 배운 적이 없는 그리스어와 라틴어를 말한 적도 있었다고 한다. 그는 3시간 동안 간절하게 기도한 후에 서부에서 온 방문객과 라틴어로 대화할 수 있었다고 한다.[25]

7) 노바티언 (A.D 201-280)

A.D 280년에 사망한 노바티언(Novatian)은 성령의 역사에 관한 신앙을 핍박 때문에 지키지 못하고 탈퇴했던 사람들이 교회로 다시 돌아오기를 원했을 때, 그는 그들에게 단호하게 성령에 관해서 다음과 같이 말했다.

> 교회에 예언자를 두시고, 교사들을 가르치시고, 방언을 인도하시며, 능력과 치유와 놀라운 일을 행하시며, 영들을 분별하게 하시며, 지혜와 지식과 능력을 주시며, 다른 모든 은사들을 나누어 주심으로 주님의 교회를 완전하게 그리고 온전하게 하시는 분이 바로 성령이시다.[26]

로마의 노바티언은 서방 교회에서는 처음으로 삼위일체에 관한 완성된 형태의 언급을 하면서 성령의 사역과 역사를 강조하였다.

8) 힐러리 (A.D 291-371)와 암브로스 (A.D 339-397)

A.D 371년에 사망한 포티어스(Portiers)의 힐러리(Hilary)는 성령의 은사를 나열하였고, 방언과 방언통역은 하나님이 부여한 것이며, 교회사역의 일부분이라고 말했다. 밀란(Milan)의 암브로스(Ambrose)는 A.D 397년에 사망했는데, 모든 믿는 자는 고린도전서 12장에 나타난 은사들을 사모할 때 그 분량에 따라 은사들을 받게 된다고 말했다.[27]

밀란의 주교였던 암브로스는 하나님께서 베풀어 주시는 예언과 치유에 대해 다음과 같이 강조하였다.

> 보라, 성부께서 교사들을 세우셨고, 그리스도께서 교회에 그들을 세우셨으며, 성부께서 치유의 은사를 주시듯이 아들도 그러하신다. 성부께서 예언의 은사를 주시듯이 아들도 또한 주신다.

9) 크리소스톰 (A.D 344-407)

콘스탄티노플의 교부 크리소스톰(Chrysostom)은 정통신학의 개척자중의 한 사람으로 A.D 407년에 사망했다. 그는 고린도전서 12장에 나오는 은사들을 이해하지 못한다고 했다. 왜냐하면 이러한 은사들이 더 이상 나타나지 않기 때문이라고 했다. 그는 *"교회가 예언과 방언과 방언통역과 같은 은사들을 단념해야 한다. 왜냐하면 이러한 은사들은 악한 영이 나타나는 것과 쉽게 혼돈될 수 있기 때문"* 이라고 결론지었다.[28]

크리소스톰의 그러한 실망스러운 발언은 수도원 운동이 일어날 때까지 영적 은사의 가뭄시대를 가져오는 결과를 초래하였다. 그리하여 황홀하고 열정적인 종교적 체험들이 수도원에 갇혀 사는 수도사들에게 주로 임하게 되었다. 그리이스 정교회 신자들은 수도원 생활을 *"천사의 세계"* 와 같은 것으로 보았다. 그리고 수도원에서 *"천사의 방언"* 을 하는 것이 그들에게는 전혀 놀랄 일이 아니었다. 하지만 서구의 라틴 교회는 크리소스톰처럼 은사와 관련되어 일어나게 될지도 모르는 악한 영의 나타남과 혼란을 염려하게 되었다.

10) 그리이스 정교회

캘시는 방언의 은사가 그리이스 정교회에서 결코 끊긴 적이 없다는 재미있는 사실을 발견하였다.²⁹⁾ 방언은 방해받지 않고 수 세기에 걸쳐 사용되었고, 특별히 수도원에서는 규정에 따라 사용되었다. 정교회들은 서구 교회들보다는 더 신비스럽고 초자연적인 부분이 있다는 것이 일반적으로 알려져 있다. 그 이유는 바로 동방교회가 서방교회와는 달리 교회 내에 정치적인 권위직 설립을 결코 추구하지 않았기 때문이다. 따라서 영적인 일에 집중할 수 있었던 것이다. 이것은 1917년에 일어난 러시아 혁명 때에 젊은 사회주의 행동주의자들의 불평의 한 원인이 되기도 했다. 즉, 러시아 정교회가 사회적 위기와 극심한 가난 속에서도 종교적 의식에만 집중하고, 사회에 전혀 관심을 보이지 않는 데 대한 불평이었다.

11) 어거스틴 (A.D 354-430)

A.D 430년에 사망한 어거스틴(Augustine)의 신학적 공헌은 교부시대의 성령의 나타남에 대한 마침표를 찍게 만든 것이다. 그는 초기 기독교 사회에서 필요했던 표적들이 시간이 지나면서 사라졌다고 했다. 오순절에 있었던 방언의 현상은 복음이 성령을 통해 온 땅 위에 퍼지게 될 것이라는 하나의 상징적 암시였으며, 오순절 날에 그곳에 있던 사람들에게 필요한 언어로 말함으로 교회가 이미 방언의 표적으로서의 목적을 성취하였다는 것이다. 따라서 어거스틴은 성령의 특별한 나타나심에 대한 기대를 전혀 가지고 있지 않았다. 성령 안에서 역사하는 생명력은 이미 제도화된 교회로 인해 아주 분명히 억제되었다는 것이다. 도나투스주의자들에게 답변하면서 어거스틴은 이렇게 기록하였다.

일시적 기적들에 대한 간증이 한창 진행되는 중에 안수함으로 성령이 임했던 초창기에는 그들의 초보적인 믿음에 대한 신임장으로 그리고 처음 시작하는 교회의 확장을 목적으로 성령이 주어졌다. 하지만 오늘날 안수를 받은 사람이 성령을 받고 즉시 방언을 하리라고 기대할 사람이 누가 있겠는가?[30)]

하지만 어거스틴은 그가 임종하기 직전에 자신이 경험했던 기적들로 인한 생각의 변화를 드러내었다. 그는 말년에 "다 기록하기에는 너무 많은 기적들이 있다. 우리 시대에도 기적이 있다는 것은 자명한 사실이다. 그리고 우리가 성서에서 읽었던 기적을 행하시는 하나님은 오늘날도 그의 뜻에 따라 다양한 방법과 수단을 사용하신다"라고 고백했다.

그러나 어거스틴의 영향으로 A.D 400년은 성령의 나타남의 분수령과 같은 기점이 되고 말았다. 힌슨(Hinson)의 말처럼 5세기 초 이후로 방언 또는 성령의 다른 초자연적인 은사에 대한 증거가 거의 사라지게 되었다.[31)] 그러나 즐겁게 노래하는 것(jubilation)은 장려되었다. 어떤 사람들은 이것이 방언과 유사하다고 보기도 한다. 오순절의 방언은 상징적인 성격으로 주어졌다는 어거스틴의 견해가 교황 레오 대제(Leo the Great: 440-461)에 의해서 승인되었고, 널리 확장되어 나가게 되었다.

은사의 가뭄이 계속되는 시대에 은사는 주로 두 가지 통로를 통해 살아남아야 했다. 성직자의 제도화된 통제에서 벗어나 수도원 안에서 개인적으로 그리고 눈에 잘 띄지 않게 은사를 사용하든지, 그렇지 않으면 기존 주류 교회로부터 멀리 떨어져서 종종 핍박을 받는 변두리 그룹 안에서 은사를 사용하며 생존해야만 했었다. 이러한 소수의 은사주의 그룹들은 분명히 자체의 동질적이고 내면적인 성향을 갖고 있었던 반면에 주류 교회들의 그룹에 속해 있었으면 갖출 수 있었던 균형잡힌 신앙의 모습은 부족했었다. 그 결과 종종 광신주의에 빠지기도 하였던 것이다.

이처럼 소수의 은사주의 그룹들의 주류 교회로부터의 분리는 자의에 의해서, 때로는 타의에 의해서 선택될 수밖에 없었다. 그들은 때로는 관대하지 못한 교회의 관료주의적인 권위, 관습 그리고 가치들에 대해 단순히 자신들의 것을 방어하기 위한 목적으로 분리되기도 했었다.

B. 기나긴 가뭄 시대 (A.D 400-1650)

A.D 400년부터 1650년까지는 기나긴 성령역사의 가뭄 시대였다. 이 기간에는 은사에 대한 언급이 거의 없다. 설사 있다 해도 그것은 그 당시 아주 강하게 나타났던 미신적인 풍토에서 나온 것으로 보아도 무방하다. 방언의 형태가 동방 수도원에 있었던 것처럼 서방 수도원에 존재하고 있었을 가능성은 있다. 특히 켈트족 수도사들은 그들이 기도할 때 이상한 말을 반복하고 소리를 지르고 찬양을 했다고 알려져 있다.

영국의 교회사가로 알려진 비디(Bede: A.D 736년에 사망)가 희귀한 치유와 이상하게 노래하고, 시를 읊는 것에 관해 기술한 기록이 있다. 그는 사도행전 2장에 나오는 방언을 ***"구변의 기적"*** 이 아니라, 이형방언(heteroglossolia)으로 알려진 ***"청취의 기적"*** 이라고 해석하였다.[32]

어거스틴과 마찬가지로 그도 방언을 기독교의 선교적 확장과 연관된 것으로 여겼다. 이국방언('제노랄리아')이 나타나는 경우는 아주 보기 드문 경건한 사람의 표적으로 간주되었다.

A.D 1000년경의 로마 카톨릭의 공식적인 공공예배 지침서 (Rituale Romanum)를 보면 축사에 관한 부분이 언급되어 있는데, 여기에 보면 귀신들린 사람의 증상으로 예언적 선견, 희귀한 능력, 이국방언('제노랄리아'), 그리고 이형방언이 나열되어 있다.[33] 이것은 이러한 초자연적인 현상들이 전혀 생소한 것은 아니었음을 증명하는 무언의 증거이다. 실제로 이런 축사 사역을 하는 사람들을 경험적으로 관찰해 보면, 진짜 성령의 은사들과 귀신들의 가짜 은사들이 종종 혼합되어 함께 나타날 수 있음을 인정하게 된다.

1) 버나드 (A.D 1090-1153)

중세의 프랑스 교회에는 새로운 신앙운동이 번져가고 있었는데, 그것은 경건주의와 신비주의였다. 이 같은 신앙의 발단은 수도원에서 시작되었다. 특히 12세기에 있어 신비주의 신앙을 고취시킨 사람은 시터 수도원을 성공시킨 성 버나드였다. 중세 신비주의(mysticism)는 클레르보(Clairvaux)의 성 버나드(Bernard: 1090-1153)와 함께 절정에 달했다.

버나드가 받은 은사 중에 신유의 은사도 대단하여 당시의 화제거리였으며, 여러 전기 작가들은 버나드의 신유 행적을 장황하게 소개하기도 하였다. 그의 신비적인 신앙 감성은 그가 지은 많은 찬송에도 드러나고 있는데, 특히 '**오 거룩하신 주님**'과 '*구주를 생각만 해도*'의 두 편의 찬송가는 지금까지도 세계 교회에서 널리 애창되고 있는 곡이다. 본인 자신은 부인하지만, 버나드는 기적을 행하는 사람으로 그 당시에 존경을 받았다.

2) 힐데가드 (A.D 1098-1179)

또 하나의 놀랄만한 이야기는 빙엔(Bingen)의 힐데가드(Hildegard: 1098-1179)에 관한 것이다. 독일 베네딕트 수도회의 수도원장이었던 그녀는 육체적으로 연약하고 배운 것도 없는 사람이었다. 그녀는 방언으로 노래했는데, 그것이 너무 아름다워서 사람들은 그녀의 소리를 **"성령 안에서 합주"**라고 불렀다. 그녀는 실제로 예언을 하였고, 자신의 예언을 통역하기 위해 용어해석 문서를 만들기도 하였다. 어떤 사람은 그녀의 언어가 독일의 지역 방언과 라틴어를 이상하게 합성한 것처럼 들렸다고 말했다. 그녀는 음악과 신앙적인 주제에 관해 많은 책을 썼는데, 그것도 그녀에게 전혀 생소한 라틴어로 기록했다. 이것은 중세의 카리스마로서 가장 기이한 은사중의 하나로 여겨지기도 하였다. 그녀는 성령의 **"기름부음(anointing)"** 이라는 단어를 사용하여 자신의 은사를 설명하였다.[34]

1054년에 동방 교회와 서방 교회가 공식적으로 나뉘었고, 그 후 화해를 위해 모색된 모든 시도는 허사로 끝나고 말았다. 다양한 역사적, 문화적 요소들이 이 분열의 원인을 설명해 준다. 이 중에서 신학적인 요소를 살펴보면, **'성령의 아버지로부터 발현'**(the procession of the Holy Spirit from the Father)에 **'그리고 아들'** (and the Son)이라는 단어를 덧붙이는 부분과 관련된다. 니케아 신조(Nicene creed)에 이것이 추가되었고, 1014년 교황 베네딕트 8세에 의해서 공식적으로 미사의 예배의식 안으로 도입되었다.

하지만 성령의(아버지와 아들로부터) 이중적인 발현(the double procession of the Spirit)의 개념은 5세기 이후로 스페인과 모든 서방 교회에서 받아들여져 왔다. 이 신조는 어거스틴, 안셈, 토마스 아퀴나스에 의해 변호 되었다. 하지만 다마스커스의 요한과 포티어스는 이것을 비판하였고, 아버지로부터(from the Father) 아들을 통하여(through the Son) 발현 된다는 태도를 지지하였다. 그리하여 이 '필리오퀘' (Filioque) 논쟁으로 인해 동방교회와 서방교회가 공식적으로 나누어지게 되었다.

역사적으로 있었던 이러한 교리적 논쟁이 오순절(은사주의) 신학 연구에 관련성이 있다고 보는 이유는 서방 교회(가톨릭과 개신교)가 칭의(justification)와 성화(sanctification)에 있어서 그리스도의 역사에만 집중하고, 성령의 역사를 소홀히 한 것이 바로 이 'Filioque' 논쟁과 관련되어 있기 때문이다. 한편 시토 수도회의 수도사였던 피오레의 요아킴(Joachim: 1132-1206)은 역동적인 역사철학을 고안해냄으로써 역사해석의 접근방법에 혁명을 일으켰으며, 그의 접근 방식은 영적인 교회(Ecclesia Spiritualis) 시대를 여는 역할을 하였다. 그는 하나님의 삼위와 관련지어 시대를 셋으로 구분하였다. 아버지의 시대는 아담으로부터 시작하여 세례요한으로 끝난다. 아들의 시대는 선지자 엘리사로부터 시작하여 1260년에 끝난다. 성령의 시대는 A.D 6세기 서구 수도원 운동의 창시자인 베네딕트로부터 시작하여 세상이 끝날 때까지 계속된다. 그는 수도원 운동의 시작을 성령의 시대를 결정짓는 시발점으로 보았다.

3) 도미닉 (A.D 1170-1221)

상당히 많은 수의 로마 카톨릭 성도들이 선교의 목적으로 외국어를 배우지도 않고, 말할 수 있었다고 한다. 스페인 태생 도미닉(Dominic,1170-1221)은 기도한 후에 독일어를 말함으로써 청중들을 놀라게 했다고 한다. 그 당시 이국방언('제노랄리아')을 하는 사람들로는 파두아(Padua)의 앤써니(Anthony), 안젤루스 클래리누스(Aagelus Clarenus), 몬테팔코(Montefalco)의 클라루스(Clarus), 수도원장 아베스 엘리자베스(the Abbess Elizabeth), 마틴 발렌타인(Martin Valentine), 성 프랜시스(St. Francis)의 진(Jean), 빈센트 페리에르(Vincent Ferrier), 콜렛(Colette), 십자가의 진(Jeanne of the Cross), 프랜시스 사비에르(Francis Xavier), 루이스 버트란드(Louis Bertrand), 그리고 실레시아의 도미닉(Dominick of Silesia) 등을 들 수 있다.[35]

4) 빈센트 패리에르 (A.D 1350-1419)

스페인 사람인 도미니카회 선교사 빈센트 패리에르(Vincent Ferrier: 1419년에 사망)가 이 그룹의 좋은 예이다. 그가 라틴어로 설교할 때 사람들은 헬라어, 독일어, 사르디니아어, 헝가리어로 알아들었다고 한다. *"심판의 천사"* 로 알려진 그에게는 특히 예언의 은사와 많은 신유의 기적들이 그의 전도사역에 나타난 것으로 유명하다. 또한 *'카톨릭 백과사전'* 에는 *"그는 은사를 받은 설교자로 불렸다"* 라고 기록되어 있다. 그는 널리 여행하면서 서구 유럽의 모든 지역에서 회심자를 얻었고, 그의 사역에는 많은 기적이 일어났다고 한다.[36]

토마스 아퀴나스(1225-1274)는 일반적으로 중세의 위대한 신학자로 인정받고 있다. 그는 자신의 *'신학대전'* (Summa Theologica)에서 성령에 관해 자세하게 기술하고 있지만, 성령의 은사에 관해서는 거의 언급이 없다. 그는 아리스토텔레스적인 세계관으로 인해 이성적이고 경험적인 지식에 주로 관심을 가졌고, 사도행전 2장에 나오는 방언의 경험은 전혀 없었다. 따라서 그도 어거스틴의 견해를 그대로 수용하게 되었고, 하나님께서 그 당시 방언을 주신 것은 특별한 목적을 위해서였는데 그것은 모든 민족을 가르치기 위한 것이었다고 주장한다. 그 이후에 만일 누군가 방언을 한다면, 그 근원은 오직 한 군데밖에 없다고 주장했다. **'귀신의 세계뿐!'** 이라고 말했다.

토마스는 또한 천사들을 순전히 지적인 존재들이라고 정의했다. 따라서 그들의 언어도 순전한 이성적인 것이라고 주장했다. 고린도전서에 나오는 바울의 말은 전부 지성적이며, 관념적인 것으로 간주하였다. 그는 그 당시 사람들이 공부함으로써 똑같은 방언을 받을 수 있다고 주장하였다. 그는 생의 말년에 하나님에 대한 신비적인 체험을 하고 난 후에는, 이성적인 방법에 대한 중요성을 축소하여 생각하게 되었다. 하나님과의 직접적인 만남이 있고 난 뒤, 그는 다시는 글을 쓰지 않았다. 그래서 그의 위대한 작품 **'신학대전'** (Summa Theologica)은 결코 완성되지 못했던 것이다. 그는 그에게 계시된 것에 비하면 그가 쓴 모든 것은 지푸라기에 불과하다고 고백했다.[37]

아리스토텔레스의 변증법에 치중한 스콜라 철학의 차가운 논리는 하나님과의 직접적인 교제를 갈망하는 마음에 만족을 줄 수 없었고, 하나님과 개인 영혼 사이에 직접적인 영교를 시도하는 운동이 일어나게 하였다. 즉 스콜라 신학의 발전과 함께 신비주의 운동이 일어났던 것이다. 초기 신비주의 운동은 버나드, 휴고, 요아킴 등에 의해 주도되었고, 후에 독일에서도 일어나게 되었다. 대표적 인물과 단체로는 엑카르트, 타울러, 수소, 카타리파, 왈도파 등이 있다.

5) 루터 (A.D 1483-1546)

개신교 종교개혁은 성령의 은사와 관련해서는 아무런 변화도 일으키지 못했다. 하지만 종교개혁과 르네상스는 성경의 원어에 근거한 성경해석에 대해 새로운 관심을 불러일으켰고, 또한 열광주의 전통은 재침례론자에 의해서 다시 등장하게 되었다.

루터(1483-1546)는 방언의 은사를 원래의 문맥에 맞추어 해석하였다. 그는 고린도전서에 나타난 바울의 관심사는 설교라고 했다. 루터의 동료였던 칼쉬타트의 안드레아스 보덴스타인(Andreas Bodenstein)은 라틴어로 설교하는 것은 잘못이라는 것을 증명하기 위해 고린도교인에게 보낸 바울의 교훈을 인용하였다. 무식한 독일인들에게 라틴어로 설교하는 것은 이상한 방언으로 말하는 것과 같은 것이라고 보았던 것이다. 루터도 같은 견해를 갖고 있었지만, 통역이 뒤따른다는 전제하에 라틴어로 설교할 수 있다는 좀 더 완곡한 입장을 취하였다. 다음의 글에서 이와 같은 루터의 입장을 읽을 수 있다.

> 누구든지 앞에 나와 말하거나 가르치거나 설교하려고 하면서 방언으로 말하려고 하면 즉, 독일어 대신 라틴어나 알아듣지 못하는 나라의 말을 하려면 그는 잠잠하고 그 자신에게만 설교하여야 한다. 아무도 알아들을 수 없고, 아무도 유익을 얻을 수 없기 때문이다. 만일 꼭 방언으로 해야 한다면 독일어로 하거나, 그렇지 않으면 독일어로 통역함으로 회중이 이해할 수 있게 하여야 한다.[38]

칼쉬타트가 의학적 치료를 극단적으로 반대한 것과는 달리, 루터는 다른 의견을 가지고 있었다. 루터는 재침례론자들을 광신주의자로 간주하고 반대하였다. 그는 또한 즈위카우(Zwikau)의 예언자들 역시 인정하지 않았다. 그들의 지도자중의 한 사람인 니콜라우스 스톨치(Nikolaus Storch)는 특별한 계시를 받았다고 주장하였고, 그 결과로 급진적인 재침례론자인 토마스 뮨쩌(Thomas Muntzer)에게 영향을 주었다.

켈시(Kelsey)는 루터가 방언도 하였고, 방언으로 들은 것을 통역도 하였다고 주장하는 오직 한 사람의 역사가인 싸우어(Souer)에 대해 언급하였다. 싸우어는 그의 저서 「크리스천 교회의 역사」에서 **"마틴 루터를 성령의 은사를 받은 예언자, 복음 전도자, 방언을 말하는 자, 그리고 통역자"**로 언급하였다.

루터는 친구 멜랑톤이 여행 중에 병으로 쓰러지자, 그를 위해 기도하였고 멜랑톤은 곧 치유되는 기적을 체험했다. 그 후에 루터는 신유의 기적을 인정하게 되었고, 또한 예언의 은사를 인정하기도 하였다. 루터가 초자연적인 세계에 대해서 개방되어 있었다는 것은 의심할 여지가 없다. 그가 마귀와 실제적으로 싸운 것(예를 들면, 마귀에게 잉크병을 던진 것)이 그것의 충분한 증거가 된다.

종교 개혁자 칼빈(1509-1564)은 성령의 은사에 관해 더 자세한 해석학적 관심을 보였다. 그는 이러한 은사들은 몸 된 교회를 세우기 위해 주어졌고, 따라서 각 사람은 자기의 은사를 교회의 사역을 위해 활용해야 한다고 말했다. 하지만 사도와 선지자와 같은 일부 은사와 직책은 없어졌다고 했다. 칼빈의 이러한 주장을 고찰했던 스위트만(Sweetman)은 칼빈이 이것을 신학적으로 전개한 것은 아니라고 말한다.[39] 칼빈은 기적에 관해서도 자신의 의견을 표명했는데, 그는 기적이 사도 시대에만 존재했다는 뜻으로 말한 것이 아니라, 시간이 흐를수록 기적이 점점 더 희귀해졌기 때문에 기적이 사도 시대와 같은 정도로 모든 시대에 일어나지 않는다는 결론을 내렸다는 것이다. 칼빈은 분명 그 당시에 기적이 일어날 수 있다고 보았다.

그는 자신의 책 「기독교 강요」를 헌사했던 프랜시스 왕(King Francis)에게 쓴 서문에서 하나님의 기적적인 능력이 개신교 신자들에게 나타났다고 증거하고 있다. 칼빈도 토마스와 마찬가지로 사도행전 2장의 방언을 선교적인 문맥에서 보았다. 방언이 주어진 것은 복음이 이방인들에게도 전파되어야 함을 증거하기 위한 것으로, 방언은 복음에 덧붙여진 장식품과 같다고 말했다. 그는 고린도 교인들의 경우처럼 사람들이 교만함으로 방언을 오용했으므로 하나님께서 이 은사를 거두어 가셨다고 주장했다.

고린도전서 12-14장에 대한 칼빈의 해석을 살펴보면, 그가 방언을 어떻게 바라보았는지를 분명하게 알 수 있다. 칼빈은 방언은 실제로 존재하는 언어이며, 이 언어를 모르는 사람을 위해 통역이 필요하다고 말했다. 고린도전서 12:28에 관해 그는 다음과 같이 말했다.

> 때때로 다국어를 구사하는 사람도 교회에서 말하는 방언을 알아듣지 못했다. 그래서 통역하는 사람이 그 부족함을 보충하였다.[40]

결국 칼빈은 고린도전서 14장에 나타나는 방언을 현존하기는 하지만 알아들을 수 없는 언어로 보았고, 이러한 해석은 오늘날의 반-은사주의자들이 선호하는 해석이 되었다. 그는 고린도전서 14장의 내용을 그때 당시의 상황과 관련시켜 두 가지 해석을 시도하였다. 첫째로 방언은 통역과 더불어 설교하는데 아주 필수적인 은사라고 했다. 여기에서 그가 의미하는 바는 신학자들이 히브리어와 헬라어 공부에 더 열심을 내야한다는 뜻이었다. 그래서 그들이 가진 방언의 은사(히브리어와 헬라어)를 잘 사용하여 더 나은 설교를 할 수 있다는 것이었다. 방언을 당시에 적합하게 해석하려는 또 다른 시도는 로마 카톨릭교회의 의식이 라틴어로 진행되는 것을 조롱하려는 의도에서 행해졌다. 칼빈도 루터와 마찬가지로 라틴어를 회중들이 *"알아듣지 못하는 언어"*로 보았기 때문이다.

6) 재세례파 (A.D. 1527-)

영적 가뭄의 시대를 끝마치기 전에 종교개혁의 왼쪽 날개를 살펴볼 필요가 있다. 재침례론자(anabaptists)와 신령주의자(spiritualists: 1520-1580)들은 종말론적 비전을 가지고 있었다. 그들은 기존의 정치, 사회적인 질서로부터 자신들을 분리시켰고, 자신들은 성령께 직접 의존한다는 것을 공표하였다. 아펜젤에 있는 재침례론자들에게는 방언을 포함한 희귀한 현상들이 나타났고, 그들은 평범한 그리스도인들도 직접 예언의 은사들을 받을 수 있다고 믿고 있었다. 초기 재침례론자의 지도자였던 멜키오르 호프만(Melchior Hofmann)은 *"종말의 종교회의"*를 주창하였는데, 그 모임은 심판의 날이 오기 전에 교리를 초월해서 전 세계적으로 모이는 모임이 될 것으로 기대했었다. 윌리엄스(G.H. Williams)는 급진적 재침례론자의 영성이 루터교의 영성보다는 초기 수도원이나 복음주의적 카톨릭(프란시스쿤), 또는 반종교개혁(Counter-Reformation)의 종교적 의식들(예수회)의 영성에 더 연관되어 있다고 말한다. 하트(Hart)는 이 견해를 수용하여 오순절 신학은 종교개혁 쪽에 뿌리가 있는 것이 아니라, 로마 카톨릭-성공회-감리교 쪽에 뿌리를 두고 있다고 연관시킨다.[43]

C. 후기 소낙비 시대 (A.D 1650-1900)

후기 소낙비 시대의 성령 역사는 1650년부터 시작하여 현대 오순절운동의 늦은 비 성령시대가 시작되기 전인 1900년까지로 잡을 수 있다. 이 시대에는 프랑스 신교도들의 은사운동, 경건주의를 주도했던 모라비안 교도들, 존 웨슬리의 감리교 운동, 그리고 현대 오순절 운동의 길목에 서있던 에드워드 어빙 등이 활동했던 시기였다. 이 시대에 나타난 성령의 역사를 살펴보자.

1) 퀘이커 교도 (A.D 1640~현재)

개신교의 개혁은 영국에 커다란 소동과 혼란을 일으켰다. 청교도 칼빈주의자, 성공회, 그리고 로마 카톨릭 사이에 일어난 갈등은 종교뿐만 아니라, 정치에도 큰 영향을 미쳤다. 조지 팍스(George Fox, 1624-1691)가 이끌었던 '**친구회**'(Society of Friends)는 17세기 중반에 일어났던 혼란의 한 산물이었다. 기존 교회의 핍박에도 불구하고, 이 그룹은 급속히 퍼져 나갔다. 팍스는 그가 **"내적인 빛"** 이라고 부르는 내면적이고 주관적인 믿음을 전파하였다. 그는 개개인이 이 빛을 따라 지속적으로 성령의 인도하심을 받을 수 있다고 믿었다. 그들은 모여서 조용히 기도하는 가운데 성령을 기다렸다. 그들의 모임 중에 나타난 예언은 성령의 직접적인 감동이라고 생각하여 높이 평가되었다. 퀘이커(Quaker)라는 단어에서 알 수 있듯이 그들의 모임에는 여러 가지 초자연적인 현상들이 나타났는데, 초기 퀘이커 교도 중의 한 사람은 이렇게 기록했다.

"우리의 혀가 풀리고 우리의 입이 열려서 주님이 우리에게 주시는 것을 따라 새로운 방언으로 말하였다."[44]

하지만 퀘이커 교도들은 방언을 결코 강조하지 않았으며, 팍스 자신이 방언을 했는지에 관해서도 의견이 분분하다. 그들의 모임에는 **"주님의 능력"** 이 임했으며, 이것은 감탄, 찬송, 기도, 그리고 눈물의 형태로 표현되었다는 것은 의심할 여지가 없다. 그들은 모든 의식 중심의 예배와 성례를 거부하였다. 흥미로운 사실은 퀘이커 교도들은 언제나 복음의 사회-정치적인 내용에 관심을 가졌으며, 감옥의 개혁과 노예의 해방에도 관여하였다는 것이다.

2) 랜터 교도

더 극단적인 현상들이 *"랜터 교도들(Ranters)"로 불리는 사람들 가운데서 일어났는데, 이 그룹은 청교도(1648-1660)가 지배하는 기간 동안 일어났던 영국 내전 후에, 일시적으로 번성하였던 그룹이다. 이름 그 자체에 소음이라는 뜻이 내포되어 있다. 그들은 방언을 하였고, 과격할 정도로 자유분방하였다. 퀘이커 교도들과 마찬가지로 신조나 지시와 관련된 일체의외부적 권위를 부정하고 거부하였다. 그들은 이미 "성령세례"라는 단어를 사용하였지만, 오순절 교회처럼 구체적인 교리로 발전되지는 않았다. 랜터 교도들은 그들이 내적으로 경험하는 그리스도를 성경의 권위보다 더 중요시하였다. 그들도 일부 재침례론자들처럼 전쟁과 제도적 폭력을 거부하였고, 이 땅에서의 낙원의 회복을 추구하기도 했다.*

3) 시커 교도

"시커와 웨이터(Seekers and Waiters)"라는 또 다른 그룹이 영국의 북동쪽에 있었다. 그들도 영국 청교도주의의 엄격하고 경직된 모습에 대해 저항했던 그룹이다. 제네바에서 많은 고난을 겪었던 칼빈주의 자유사상가들처럼, 그들도 신비주의적인 종말론적 기대감을 가지고 있었다. 그들은 예루살렘에서 십자가에 못 박힌 분에 대해 너무 과도한 기대감을 가지는 것보다는 개개인 안에서 그리스도의 형상이 만들어지는 것이 더 중요하다고 믿었다. 그들은 함께 모여서 하나님의 계시를 기다렸고, 장차 표적과 기사를 행함으로서 초대 교회의 사도시대를 회복하게 만들 사도들이 나타나게 될 것을 간절히 기다렸다.

영국의 이러한 그룹들(랜터와 시커)은 얼마 가지 않아 숫자가 줄어들게 되었고, 일부는 퀘이커 교도가 되기도 했다. 하지만 그들이 끼친 부정적인 영향력은 놀라울 정도로 컸다. 오늘날에도 어떤 종류의 급진적 부흥운동이나 종교적 운동이 일어나면, 이에 대한 기독교계의 초기 반응은 이것들을 바로 과거에 일어났던 광신주의의 극단적 파생물의 일부로 간주해 버리게 된 것이다. 오순절 운동뿐만 아니라 최근의 은사주의 운동도 종종 과거의 이러한 극단주의자들과 연결시켜 버리는 경향을 갖게 되었다. 예를 들면, 일부 비평가들은 예언의 은사를 사용하는 것이 성경의 권위나 적절성을 마비시키는 것이며, 성령께서 믿는 자들을 구체적으로 인도한다는 신념이 그리스도 중심의 신조를 무력하게 만드는 것이라고까지 단언하게 되었다.

4) 위그노 교도

프랑스에서 17세기에 일어난 주요한 종교운동의 하나인 위그노 운동은 프랑스의 신교도들의 은사 운동이었다. 프랑스 왕 루이 14

세의 오랜 통치가 끝나면서 개신교도들은 엄청난 억압 하에 놓여지게 되었다. 1685년의 난테 칙령(Edict of Nantes)의 폐지는 오랫동안 억압 하에 잠복해 있던 위그노 저항운동(anti-Huguenot)의 분위기를 형성하는 단초를 제공하였다. 따라서 프랑스 남부지역에서는 "후기 소나기(Later Showers)"의 영향력이 전역으로 퍼지게 되었고, 바로 이 곳에서 가장 강력한 위그노 저항운동이 전개되었다.

신앙적 위기에 처한 이 지역 사람들은 1701년부터 1710년까지 프랑스 정부군을 대항하여 싸웠고, 칼빈의 「기독교 강요」의 마지막 장에 나오는 *저항할 권리*에 관한 칼빈주의 신조를 인용하며 강조하였다. 이 기간 동안에 많은 초자연적인 현상들이 일어났다. 어떤 사람들은 설명하기 힘든 목소리로 시를 노래하였고, 많은 사람들이 예언을 하며 방언을 하였다. 세베노스(Cevenos)는 하나님이 그 백성들에게 은혜의 초자연적인 은사들을 더 이상 주시지 않는다는 기록은 성경 어디에도 없다고 주장했다. 그들의 이러한 종교적인 열정과 정치적인 저항은 심한 핍박을 불러왔다. 그 당시 그들에게 나타났던 영적인 현상들은 다음과 같다.

그들은 바닥에 누워서 눈을 감고 가슴으로 숨을 쉬며 한동안 황홀경에 잠겨 있다가 깨어나면 몸의 경련을 일으키면서 그들의 입에서 나오는 모든 것을 말하였다.[45]

가장 흥미로운 사실은 아주 나이 어린 아이들과 무식한 사람들이 아주 고상한 프랑스 말로 예언하였다는 것이다. 1688년에 이들 중 이사비유 빈센트(Isabeau Vincent)라는 여자 아이가 처음으로 7-8시간 동안 예언하였다. 또한 1701년에는 전혀 말할 수 없는 14개월 된 유아가 어린 아이 같은 큰 목소리로 회개할 것을 권면하였다. 몽트펠리어(Montpellier) 의과대학의 교수들은 **"세베네스(Cevennes)의 어린 선지자들"** 이라고 불리는 이러한 아이들 중의 약 300명을 감옥에 가둬놓고 조사한 적이 있었다. 그 결과, 로마카톨릭 신부들이 말했던 그들은 귀신들렸다는 주장은 거부되게 되었다. 하지만 여전히 그들을 **"광신적"** 이라고 판단하였다.[46]

이 아이들 중 일부는 프랑스 남부를 돌아다니며 가는 곳마다 예언을 하였다. 이들은 전 유럽에 하나님의 자녀들(les enfants de Die)이라는 이름으로 널리 알려지게 되었다. 부쉬넬은 위그노 교도들이 성령과 영적은사 사역을 원활하게 수행할 수 있도록 사람들을 조직적으로 훈련시키기 위해 예언 학교를 만들었고, 오순절 은사운동을 하였다는 것은 분명하다고 말한다. 하지만 이들은 잔인한 핍박을 받게 되면서 예언 운동을 혁명으로 바꾸었고, 아이들은 밤의 공격자(Camisards)로 변질되었다. 초기의 이러한 열정적이고 성공적이던 혁명은 주전 2세기 팔레스타인에서 일어났던 막카비 혁명에 비교될 수 있다. 1711년까지 이 운동은 모두 소멸되었고, 정치적 저항은 진압되었으며, 방언과 예언은 잠잠해 지게 되었다. 하지만 이 영향력은 오랫동안 지속적으로 유럽 도처에 나타나게 되었다. 이 위그노들 중 많은 수가 피신하여 유럽의 다른 지역에서 그들의 믿음을 증거하였고, 영국에서는 특별히 초기 감리교에 영향을 주었다. 샤프테스베리(Shaftesbury)의 얼(Earl)이나 벤자민 프랭클린(Benjamin Franklin)같은 유명한 사람들이 바로 여기에 해당된다.

5) 얀센주의자들 (A.D. 1731-)

프랑스 선지자들에 대한 유혈진압이 일어난 지 20년이 지나지 않아 로마 카톨릭교회는 또 다시 방언에 직면해야 했다. 방언 현상은 프랑스와 네덜란드에 있는 얀센파 중에서 나타났다. 이들의 운동은 17세기와 18세기 프랑스에 정치적, 교회적으로 영향을 미쳤던 로마카톨릭 저항 운동들 중의 하나였다. 유명한 수학자인 파스칼도 이들 중의 한 사람이었다.

얀센파라는 이름은 코넬리우스 얀센(Cornelius Jansen)이라는 사람에게서 유래하였다. 어거스틴의 은혜의 교리에 대해 주로 연구하였던 얀센의 저서는 그가 죽은 후인 1640년에 본격적으로 회람되었다. 신부들의 영적인 방종(특별히 예수회 안에서)에 반대하여 얀센파는 비밀 칼빈주의(crypto-Calvinism)의 한 형태를 가르쳤다. 하지만 이들은 개신교를 명백하게 거부하였고, 예정론에 관련해서는 오직 어거스틴의 가르침만을 지지하였다. 1730년부터 1733년 사이에 이들 가운데 예언의 현상이 나타나기 시작했다. 로버트 크레이저는 *"기적의 가능성 또는 초자연적인 표적은 17세기 말엽, 얀센주의자들의 세계관에 있어 빠뜨릴 수 없는 것들 중의 하나"* 라고 말한다. 그들은 알 수 없는 언어로 기도하였고, 외국어로 말할 때 그들은 그 말을 알아들을 수도 있었다고 한다. 캘시는 이들을 카톨릭 성결파라고 설명한다.[47] 특별히 예수회는 이것을 단호하게 반대하였는데, 그들의 신학적 차이는 몰리니즘(Molinism, 어거스틴의 개혁신학에 대한 인본주의적 반응)이었다. 이러한 주변그룹 외에 큰 종교적 조류가 있었는데, 보수적인 기독교의 정통주의에 반대하여 초자연적인 역사를 제거하고, 단순한 도덕적, 이성적인 믿음으로 대치하려는 자유주의에 반대하여 일어난 부흥운동이 그것이다. 이러한 거대한 부흥운동으로는 독일의 경건주의, 영국의 웨슬리주의와 미국에서 요나단 에드워드와 조지 휘트필드에 의해 일어난 대각성운동을 들 수 있다. 이 모든 운동들이 20세기의 오순절 운동을 탄생시키기 위한 사상적 분위기를 형성하였다고 볼 수 있다.

6) 모라비안 교도 (A.D. 18c-)

또 다른 그룹은 규모는 작지만 그 영향력 때문에 언급할 가치가 있는데, 이 그룹은 카운트 진젠돌프(1700-1760)가 설립한 모리비안 형제회이다. 진젠돌프의 모리비안파는 대표적인 경건주의자들이었다. 그들은 로마 카톨릭의 핍박을 피해 독일로 망명하여 온 일파들로 수도원 생활을 모방하여 엄격한 경건주의를 시도했으며, 극기와 근면의 생활을 장려하였다. 존 웨슬리는 하나님을 믿는 그들의 믿음의 단순성과 그 깊이에 매우 놀랐다. 영국에서는 2세기 몬타누스주의자라고 불리던 광신적 열광파들이 했던 방언을 모라비안 형제들이 다시 소생시켰다고 비판을 받기도 하였다.[48] 실제로 모라비안 지도자들이 방언을 선호했던 것은 아니었다. 하지만 진젠돌프는 이 방언의 은사가 원래 선교의 확장을 위해 주어진 것이라고 믿고 있었다. 모라비안의 모임에 방언의 현상이 종종 나타났다. 이같이 모라비안 교도들은 성령의 부어주심과 성령의 은사를 믿고 있었고, 기대하였고, 체험하였던 것이다.

7) 웨슬리 (A.D 1703-1791)

감리교의 부흥은 영국에 엄청난 영향을 미쳤다. 어떤 사람들은 이 부흥이 프랑스 혁명에 버금가는 혁명으로 영국을 구했다고 말하기도 한다. 초기 감리교 부흥집회에는 성령의 은사와 현상들이 나타났다. 존 웨슬리는 사람들이 황홀경에 빠지거나, 소리를 지르며, 어른이나 아이들 할 것 없이 모두 성령의 능력아래 바닥에 쓰러져 떨며, 큰소리로 하나님을 찬양했다고 기술하였다. 웨슬리 자신은 이러한 현상들을 신중하게 받아들였지만, 결코 정죄하지는 않았다. 그는 모든 성령의 은사들이 그 시대에 유효하다고 믿었고, 놀랍게도 몬타누스주의자들에 대한 긍정적인 견해도 가지고 있었다. 그는 아마 그의 집회에서 지도적 부분을 담당했을 것으로 보이는 프랑스의 어린 선지자들 역시 결코 정죄하지는 않았다. 후에 감리교는 미국으로 퍼져나갔고, 일시적인 성장을 보이며 한 동안 다른 교단들의 교회 수를 능가하기도 하였다.

웨슬리의 공헌은 단지 방언과 열정적인 현상들을 인정한 것만이 아니다. 비록 그를 '*오순절주의의 아버지*'라고 부르는 것이 과장이 될지도 모르지만, 오순절 운동이 그의 신학적 쇄신, 특별히 그의 '*두 번째 축복*'의 교리와 기독교인의 완전의 개념에 의해 심오한 영향을 받았음을 높이 평가할 수 있다. 웨슬리는 자신을 '*성령의 신학자*'라고 말했다. 그는 인간의 삶 속에 역사하시는 성령의 역할에 지대한 관심을 가졌고, 중생과 성화를 구분하여 성화의 목적으로 중생이 이루어진다고 생각했다. 그는 중생 이후에 죄의 잔재를 극복하고 성결한 삶을 살기 위한 '*제2의 축복*'의 교리를 강조하였다. 웨슬리는 회심한 신자는 실제로 죄에 대해 용서를 받고 그리스도인이 되지만, 그의 안에는 죄의 잔재들이 여전히 남아 있게 되며, 이것은 아담의 타락의 결과라고 말한다. 이 죄의 잔재들은 '*제2의 축복*'이라고 불릴 수 있는 것에 의해 해결되어야 한다. 이러한 경험이 신자를 내적인 죄로부터 정결케 하고, 하나님과 인류를 온전히 사랑하게 한다. 그의 이러한 칭의와 성화에 대한 이중구조적인 교리는 현대 오순절 운동에서 중생과 성령세례를 구별하는 신학적 기초를 제공하였다. 성화를 성령론적 용어로 설명한 사람은 웨슬리의 후계자로 지명되어 그와 함께 일했던 존 플레처이다. 그는 웨슬리의 신학을 조직적으로 정리한 최초의 조직신학자라고 말할 수 있다. 그는 성령세례를 성화로 강조하였다. **"성도가 성령과 불로 세례를 받으면, 죄성은 파괴되고, 사랑으로 완전해진 자 안에서 하나님만이 전부가 된다"** 고 말했다.[49]

플레처는 세례요한이 약속한 대로 **'성령세례'** 에 의해 그들의 마음에 하나님과 이웃에 대한 순수한 사랑을 채우는 완전성화의 순간이 올 수 있다고 주장하였다. 그래서 19세기 말에 완전성화 혹은 완전한 사랑의 결정적인 단계는 보통 **'성령세례'** 와 같은 의미로 사용되었다. 웨슬리는 그리스도인의 완전이 **"우리 안에서 행하시는 성령의 역사"** 라고 확신하였고, 그리스도인의 완전을 성령세례로 보는 플레처의 견해에 반대하지 않았으며, 그것을 성화의 한 면으로 인정하였다. 성령세례와 완전성화는 **'동일하고, 하나님의 은총의 역사의 이중적 측면'** 이라고 여겨졌다. 그리스도인의 완전과 성령세례를 같다고 보는 견해가 웨슬리에게는 암시적이었으나, 플레처에게는 명시적으로 나타나고 있었다. 웨슬리의 성화론은 후에 성결운동의 주역인 팔머와 사도행전과 요엘서를 기초로 해서 최초로 **'성화'** 를 **'성령세례'** 라는 용어로 바꾸는 역할을 한 아사 마한에게도 큰 영향을 미쳤다. 웨슬리의 성화론은 19세기의 성결운동으로 이어졌고, 성결운동은 현대 오순절운동의 배경이 되었다.

웨슬리의 신학사상 특히 성령론을 이해하기 위해서는 그의 인생을 변화시켰던 대 사건인 올더스게잇 사건을 이해하지 않으면 안된다. 웨슬리는 예상치 못했던 조지아 선교의 실패로 인해 실의에 차 영국으로 돌아왔다. 그러나 얼마 후 그는 올더스게잇 거리에서 성령체험을 한다. 그는 1738년 5월 24일에 올더스게잇에서 내적 체험을 하게 된다. 그는 "*이상하게도 내 마음이 더워진 것을 느꼈다*"고 했다. 웨슬리는 그 때, 그리스도 예수는 온 세상의 구주이시며 동시에 "*그가 나를 위해 죽으셨다*"라고 고백할 수 있게 되었다. 그의 일지에서 다음과 같은 기록을 볼 수 있다.

> *나는 나의 마음이 이상하게도 더워지게 된 것을 느꼈다. 나는 구원을 얻기 위해 그리스도께, 오직 그리스도만 신뢰하게 되었다. 그리고 그리스도께서 확실히 나의 죄를 사하시고 나를 죄와 사망의 법에서 구하여 주셨다는 확신을 얻게 되었다.*

그 날의 올더스게잇 체험을 통해 웨슬리는 그의 일생에서 가장 놀라운 변화를 일으킨 큰 체험을 하게 된 것이다. 올더스게잇 체험은 웨슬리에게 성령의 능력과 은혜를 체험케 한 사건이었다. 올더스게잇 체험 이후 웨슬리는 불안과 무기력의 늪에서 벗어나 능력있는 성령 충만한 전도자로 바뀌게 되었다. 올더스게잇 체험은 중생과는 다른 큰 은혜와 능력을 받은 체험인 것만은 확실하다. 그가 많은 사람을 회개시키며, 새로운 부흥운동을 일으킨 것은 올더스게잇 체험이후부터 이기 때문이다. 이 웨슬리의 뜨거운 성령체험이 전 세계를 계속 뜨겁게 타오르게 하는 성령운동의 불씨가 되었다.

또한 플레처는 '*세대주의론*'을 통해 후에 일어나게 될 오순절 성령운동에 진보적인 접근 방식을 제시하였다. 그는 역사를 삼위일체의 각 위격에 따라 '*성부의 시대*', '*성자의 시대*', 그리고 그리스도 재림까지의 '*성령의 시대*'로 3분하였다. 그리하여 현재 시대를 '*성령의 시대*'로 봄으로써 성령의 역할을 강조하였다. 플레처의 세대주의적 견해로 인해 감리교 신학은 그리스도 중심 형태에서 성령중심의 형태로 진일보하게 된 것이다.

8) 쉐이커 교도

18세기 말엽에 영국에서는 소위 쉐이커 교도(Shakers)라고 부르는 사람들 가운데서 방언의 현상이 나타났다. 이 단체는 프랑스 세베날스(Cevenals)와 초기 퀘이커들과 관련이 있었다. 1774년 이 단체의 지도자인 스탠리(Mother Ann Lee Stanley)와 8명의 추종자들은 미국으로 이민을 왔다. 이 단체는 공식적으로는 그리스도의 재림을 믿는 사람들의 연합회(United Society of Those who Believe in Christ's Second coming)라는 이름으로 알려졌다. 이 단체는 뉴욕 주에서 서쪽으로는 캔터키 주와 인디아나 주까지 급속히 확산되었다. 그들 중에는 방언의 은사— 그들의 예배의 중요한 일부분이었다 —를 그리스도의 재림의 임박성을 나타내는 표적이라고 보는 사람들도 있었다. 쉐이커 교도의 집회에는 표적, 환상, 예언 그리고 방언과 같은 소란스러운 일들이 일어났다. 장로교 목사인 사무엘 존슨(Samuel Johnson)은 그들의 예배를 조사한 후, 그 내용이 초대교회에 있었던 초자연적인 현상과 일치함을 언급하면서 정당한 것으로 받아들였다. 사람들이 초대 교회의 원리들을 버렸을 때 은사들도 사라졌지만, 쉐이커 교도들은 사도행전 3장 21절에 회복의 약속이 있다고 믿었고, 이런 관점을 수용하였다. 하지만 해스켓(Haskett)이라는 사람은 이들을 반대하였고, 그들의 모임을 다음과 같이 묘사하였다.

자매들이 알 수 없는 언어로 말하기 시작했다. 그러자 끔직한 소동이 일어나기 시작했다. 이제는 형제들도 큰 소리로 소리치더니 이어 자매들의 부드러우면서도 급한 소리가 들려왔는데, 이것은 방언이라는 사도적 은사였다. 이들은 자신의 언어를 점잖은 몸동작으로 표현하였다. 바다의

파도 물결을 타는 배처럼 앞쪽으로 그리고 뒤쪽으로 그 자신들을 흔들었고, 머리를 저었으며, 그들의 옷을 붙잡더니 격렬하게 바닥에 내리쳤다.[50]

제2차 대각성운동 기간에도 "캠프 집회(Camp Meeting)"로 널리 알려진 모임에서 평이하지 않은 외적인 현상들이 나타났다. 1801년에 일어난 켄터키 부흥도 여기에 속한다. 초기 감리교 모임에서 일어났던 것처럼 소리 지르는 것, 노래, 몸의 경련 그리고 방언이 나타났다.

9) 에드워드 어빙 (A.D 1792-1834)

20세기 오순절 운동의 중요한 선구자는 1830년대 영국에서 등장하였다. 1830년 3월 21일 젊은 스코틀랜드 소녀가 방언과 예언을 경험하였고, 그 결과로 에드워드 어빙과 관련된 카톨릭 사도교회(Catholic Apostolic Church)가 결성되었다.

어빙은 런던의 리젠트 광장(Regent Square)에서 사역하는 아주 유창하고 인기있는 스코틀랜드의 장로교 목사였다. 그는 종말론에 관심을 갖기 시작했고, 전천년주의 방식으로 다가올 종말의 날짜를 추정하려고 했다. 어빙과 그의 친구들이 엘버리(Albury: 런던의 남쪽)에서 집회를 열었고, 종말이 다가오면서 영적인 은사들이 회복될 것으로 기대하는 결론을 내렸다. 그 당시 어빙은 캠벨(Mary Campbell)이라는 소녀가 병상에 누운 채로 알 수 없는 언어로 말하기 시작했고, 역시 방언을 했던 맥도날드(James McDonald)를 만난 후에 그녀가 기적적으로 회복되었다는 소식을 듣게 되면서 이것을 조사하기 위해 스코틀랜드로 가게 되었다. 그는 그 사건을 그의 기도에 대한 응답으로 보았고, 비록 그 자신은 방언을 한 적이 없지만 그의 교구 사람들과 함께 성령의 은사들에 대해 열린 자세를 권장하기 시작했다. 1831년 7월까지 방언, 방언통역 그리고 예언이 그의 집회에 정기적으로 나타났다. 그런데 전통적인 사고방식을 가진 그의 회중들은 시끄럽고 무질서한 예배를 반대하였고, 결국 스코틀랜드의 연합 장로회에서 그리스도론과 방언에 관한 어빙의 해석을 이유로 그를 제명하여 버렸다. 하지만 현대 은사주의 신학자 톰 스매일(Tom Smail)은 정반대로 특별히 어빙의 그리스도론에 매료되었다고 말한다.[51]

에드워드 어빙이 이끌었던 어빙파는 근대에 이르러 가장 뚜렷하게 방언과 은사운동을 일으켰던 집단이다. 그는 사도들이 행했던 은사들, 특히 신유와 방언의 은사가 다시 갱신될 필요가 있다고 강조하곤 하였다. 그래서 성령의 강림을 기대하며 기도하였고, 그의 교회에는 성령의 은사들이 차고 넘치게 되었다. 그는 성령의 은사가 회복되었음을 가르쳤다. 그러나 이 운동은 널리 파급되지 못했고, 영국의 일각에서 일어났다 사라져버린 운동이 되어 버렸다.

은사주의 운동에서 매우 중요한 인물 중의 한 사람인 미국 루터교 지도자 크리스텐슨(Larry Christensen)은 어빙의 운동을 오순절 운동의 회복주의에 있어 **'선구적 운동'**으로 평가했다.[52] 카톨릭 사도교회는 영국에만 국한되어 있지 않았고, 독일과 미국에도 소수의 추종자들이 있었다. 이와 같이 그들에게 있어 잃어버린 직책의 회복(에베소서 4:11에 나오는 사도와 선지자)은 그들 비전의 한 부분이었다. 스코틀랜드와 독일 남부에 있는 **'바바리아'**라는 도시에는 하늘에서 신랑이 오는 것을 준비하며, 이 사도와 선지자의 직책이 회복될 것에 관한 예언이 유행하고 있었다. 이와 비슷한 견해가 오늘날 영국 내의 가정 교회에서도 발견되어진다.

어빙의 신학에서 성령세례는 물세례 이후에 일어난다. 그의 교회는 성령으로 인치는 것을 상징하는 성령세례를 예식(예배의식)으로 만들었다. 카톨릭 사도교회 예배와 예식의 아름다움은 거의 전설적인 것이 되어버렸다. 그들의 예식은 성공회의 기도문(Book of Common prayer)의 내용을 상당히 개선시키는 데에도 기여하였다. 크리스텐슨은 현대 갱신운동이 이러한 선조들로부터 교훈을 얻을 수 있다고 지적한다.[53]

카톨릭 사도교회는 개인주의를 배격하였다. 그들은 성령의 말씀을 첫째, 한 몸인 교회의 관점에서 보았고, 오직 그 후에 개인적인 관점으로 보았다. 그들은 그리스도의 몸의 연합을 강조했고, 은사적인 권위와 기존의 계급적인 구조 사이에 어떠한 대립도 발견하지 못했다. 성령의 은사와 직책(직임)은 함께 가야한다고 믿었다. 크리스텐슨은 현재 은사주의 운동에서 성령의 불이 부재할 경우에 훨씬 더 강력한 공적 권위가 필요하다고 강조했는데, 그는 카톨릭 사도교회가 보여준 것처럼 구조적 요소를 지나치게 강조해서는 안 된다는 교훈에 대해서는 인식하지 못한 것 같다. 하지만 카톨릭 사도교회는 예배의식과 순서에 대해 지나친 관심을 쏟은 나머지, 은사적인 열정이 서서히 감소해 갔다. 어빙의 예를 통해서 배워야 할 점이 바로 이 중용이다. 엄격하고 경직된 권위의 구조가 서서히 은사적 생명력을 질식시킨다는 사실을 기억함과 동시에, 감성적인 면이 좀 더 권장되어야 할 필요가 있을 것이다.

카톨릭 사도교회의 마지막 사도는 1901년에 죽었다. 이 교회의 마지막 신부는 1972년에 90세가 넘은 나이였다. 남아있던 교인들은 그들의 마지막을 존엄하게 맞이했다. 그들은 한 번도 자신들의 단체를 교단으로 생각하지 않았다. 단지 하늘의 신랑의 오심을 선포하는 특별한 역할을 감당하는 하나의 교회로 보았다. 남아있던 어빙교회 교인들은 오순절 운동이 일어났을 때 전혀 관심을 보이지 않았다. 하지만 은사주의 운동이 60년대에 시작되었을 때, 그들의 초기 역사에서 일어났던 한 예언을 회상하게 되었다. 그 예언은 장차 이루어질 교회의 회복을 알려야 하는 두 번째 사명을 '**70명**'이 감당해야 한다는 내용이었다.[54)]

D. '성령세례'교리의 등장과 발전 (18c~19c말)

"*후기 소낙비 시대*"는 처음 퀘이커교도들로부터 시작하여 영국의 랜터 교도와 시커 교도들, 프랑스의 위그노 선지자들과 얀센파, 초기 감리교인들, 미국의 쉐이커 교도들, 그리고 어빙파의 사람들에 이르기까지 19세기 말까지 계속되었다.

1855년 방언을 동반하는 러시아의 부흥이 있었고, 이 부흥은 아르메니아의 카라칼라에 있는 장로교인들에게까지 확산되었다. 이곳은 후에 국제 순복음실업인연합회(Full Gospel Business Men's Fellowship International)에서 탁월한 역할을 감당했던 샤카리언(Shakarian) 가족의 출생지였다. 19세기 후반에 블룸하트(Blumhardt)는 독일 남서쪽에서 신유와 축사를 통한 주목할 만한 사역을 했고, 여기를 방문한 사람들 중의 한 젊은이가 남아프리카에서 온 앤드류 머레이(Andrew Murray)였다. 1851년 영국 콘월에서 있었던 부흥은 미국과 웨일스 그리고 아일랜드로 퍼졌고, 이 부흥회에서는 신유와 성령의 능력에 압도되는 현상이 일반적으로 일어나고 있었다. 하지만 오순절 운동을 실제로 일으키는 전조는 미국에서 나타났다.

조나단 에드워드와 조지 휘트필드가 이끌었던 제1차 대각성운동이 1725년부터 1750년까지 일어났다. 이 두 사람 모두 구원에 접근하는 방식에 있어서는 칼빈주의자였다. 그렇지만 대각성운동 이후에 알미니안주의적 경향이 강하게 나타나기 시작했고, 감리교회가 번성하게 되었다. 대각성운동 이후에 미국에서 급속히 성장한 또 다른 교단은 침례교였다. 제2차 대각성운동(1775-1835)은 미국의 북동부와 중부 지역에 영향을 미쳤고, 특별히 켄터키 주와 테네시 주에 영향을 미쳤다. 또한 서부 경계선을 따라 일어났던 부흥은 서쪽으로 계속 번져나갔다.

감리교의 눈부신 성장은 미국 부흥운동에 성화에 관한 강한 관심을 불러일으키게 하였다. 웨슬리는 두 번째 축복과 은혜는 모든 믿는 자들을 위한 것이라고 가르쳤다. 그는 우리의 사랑이 완전해지는 것에 대해 가르쳤다. 그의 말이 하나의 과정으로서의 점진적인 성화를 의미하는 것인지, 아니면 한 단계에서 일어나는 완전한 성화라고 지칭할 수 있는 위기의 사건을 의미하는 것인지는 아직도 분명하지 않다. 하지만 웨슬리 자신은 한 번도 절대적인 의미에서 완전을 말한 적은 없다.

후에 웨슬리파 성결운동은 주로 감리교 교단을 중심으로 일어났다. 이와 같이 더 심오한 기독교인의 삶을 추구하는 것은 감리교에만 국한되지 않았다. 이것은 광범위한 복음주의 운동으로 발전하게 되었다. 여러 개의 소규모 성결교 그룹이 1880년 이후에 감리교에서 분리되어 나왔다. 그리고 이 사람들이 오순절주의의 앞길을 주로 개척하는 일을 했다. 20세기 늦은 비(latter rains) 성령시대로 넘어가기 전에 '**그리스도인 완전**'의 교리가 어떻게 '**성령세례**'로 발전되었는가를 잠시 살펴보기로 하자. 존 웨슬리는 **'성령세례'**라는 단어를 사용하였지만, 성령세례를 성화가 아니라 회심과 비슷한 경험으로 보았다. 그렇다고 해도 그의 **"두 단계"** 교리는 20세기 오순절 신학을 위한 뼈대를 제공하였다. 많은 학자들은 오순절 교회를 웨슬리의 후손으로 본다.[55]

웨슬리의 **"두 번째 축복"**의 교리는 월터와 피비 파머(Walter and Pheobe Palmer)의 글에서 많이 인용되었다. 1830년 이후 미국 감리교회내의 **'기독교인의 완전'** 교리에 대한 주장은 많이 약화되어 있었다. 파머와 함께 「기독교인의 완전을 위한 안내」(The Guide to Christian Perfection)의 탁월한 저자인 메리트(Timothy Merritt), 그리고 오벌린 신학교(Oberlin School)가 완전론 교리를 퍼뜨리고 발전시키는데 주도적 역할을 담당하였다.

오벌린 신학교는 주로 회중주의자들과 장로교인들로 구성되었지만, 그들의 신학은 근본적으로는 여전히 웨슬리의 신학을 고수하고 있었다. 오하이오 주에 소재한 이 학교의 초기 신학 교수는 그 유명한 복음 전도자인 찰스 피니였다. 바로 이 학교에서 완전론에 관한 소위 오벌린 교리가 발전되었으며, 또한 바로 여기에서 웨슬리의 성화 교리가 성령세례의 교리로 옮겨가는 역사적 뿌리를 찾을 수 있다. 1839년 오벌린 대학의 초대 총장인 아사 마한(Asa Mahan)은 「기독교인의 완전론에 관한 성경적 교리」(Scripture doctrine of Christian perfection)라는 책을 출판하였는데, 이 책의 내용은 여전히 존 웨슬리의 전통적인 사상을 그대로 고수하고 있었다.

그러나 그의 「성령세례」(1870)라는 책은 갱신의 의미를 담고 있었다. 이 책은 그 시대의 정신을 반영하여 즉시 성공하였고, 영어권 국가에서 널리 판매된 후에 독일어와 네덜란드어로도 번역되었다. 1856년에 영국의 감리교인이었던 아서(William Arthur)는 「불의 방언」(The tongue of fire)라는 책을 썼는데, 그 책은 성령이 모든 교회들에 임하여서 그의 자녀들에게 불의 방언으로 세례주시기를 간절히 바라는 글로 끝마치고 있다. 그는 *"우리 세대에 오순절을 다시 새롭게 일으켜 달라"*고 기원했다.

아서(Arthur)가 쓴 이 책과 함께 오벌린에 있던 그의 동료들의 업적은 마한의 성령세례 사상에 많은 영향을 주었다. 도날드 데이턴은 이 기간에 대해 연구하였는데, 기독교인의 완전론에 관한 교리와 성령세례에 관한 교리 사이에 피할 수 없는 긴장이 있음을 지적하였다.[56] 마한의 책은 성령의 역사에 관한 지대한 관심을 불러 일으켰다. 성령세례는 이 당시에 중요한 주제가 되었다. 피비 파머가 쓴 잡지 *'성결로 가는 지침서'* (Guide to Holiness)도 역시 오순절이란 단어를 많이 사용하였다.

그러면 성화를 발전시킨 계열과 성령세례와 오순절을 강조하는 계열 사이의 차이점은 무엇인가? 데이턴은 웨슬리의 *"제2의 축복"*은 여전히 그리스도 중심 – 즉 성령은 자신을 가리키지 않고, 그리스도를 가리킨다 – 이었다고 지적한다. 마한이 나중에 쓴 「성령세례」라는 책은 오늘날 신자들 못지않게 성령 중심적 – 예수 자신은 성령의 내주, 영향 그리고 성령세례에 의존하였다 – 이었다고 지적한다. 초기에 그리스도의 대속으로 인한 구원의 역사를 두 가지 언약(율법과 은혜)으로 나누었던 견해가 오순절을 성령의 *"새로운 시대"*가 동이 트는 것으로 보았던 세대주의자인 마한의 견해에 의해 대치된 것이었다.[57] 데이턴은 오순절 운동의 모든 중요한 측면들과 그 신학이 19세기 후반의 성결운동 안에 이미 존재하고 있었다고 지적한다. 심지어 방언의 은사를 위한 토양도 준비되어 있었다고 말한다. 오순절과 성령의 은사들, 그리고 사도행전을 강조함으로써 방언을 성령세례의 최초의 증거로 발견하게 되는 오순절 운동을 위한 모든 준비가 갖추어져 있었다는 것이다.

찰스 피니(1792-1876)는 그의 동료인 아사 마한으로부터 시작된 이 사상을 널리 퍼뜨리는데 중요한 역할을 담당하였다. 피니는 웨슬리의 완전론과 전형적인 미국 부흥사들의 접근 방식을 결합시켰다. 피니의 영향력에 관해 언급하자면, 19세기 중반까지 피니의 **'부흥론'**은 미국의 국가적인 종교가 되었다고 말할 정도로 대단하였다.[58] 웨슬리가 오순절 운동에 간접적으로 공헌한데 비해, 피니는 오순절 운동의 진정한 아버지로 여겨지고 있다. 흥미로운 점은 피니와 기타 19세기 성결 부흥사들은 사회, 경제적인 문제들과 사회적 재건에 깊은 관심을 가지고 있었다는 것이다. 부흥사들의 방법은 알미니안주의 신학과 그 특성상(구원에 있어서 인간의 책임을 하나의 요소로 강조한 것) 잘 조화를 이루게 되었고, 그 결과 대부분의 미국 교회들이 19세기에 알미니안주의로 전향하게 되었다.

소위 제3차 대각성운동(1875-1915) 기간 중에 유명한 전도자인 무디(D.L. Moody), 토레이(R.T. Torrey) 그리고 선데이(Billy Sunday)는 이러한 신학과 방법을 받아들여 많은 도시로 확산시켰다. 그리고 이러한 전통은 제2차 세계대전 이후 빌리 그래함을 통해서 지속되었다. 1870년대에 영국 북부에 있던 케스윅에서 기원한 케스윅 운동에 영향을 받아 더 깊은 영적인 삶을 추구할 목적으로 교회 간에는 협의체가 조직되었다. 미국의 스미스(R. Pearsall Smith)가 이 가르침을 지지하여 미국으로 케스웍의 가르침을 들여왔다. 케스웍의 교리는 웨슬리적 완전주의 개념인 *'내재하는 죄의 근절'*을 부인하고, 정결(purification) 대신에 능력으로 입히움을 받는 것(empowerment) 혹은 인침(sealing)이란 용어를 사용하였다. 또한 믿음으로 병을 고치는 것, 전천년주의 그리고 성령의 은사들도 강조하였다.

무디와 토레이 그리고 심슨이 *'제2의 축복'*에 대한 케스웍의 개념(즉각적인 성화가 아닌, 사역을 위한 능력의 임함)을 미국 내에서 전파하였다. 장로교인이었던 심슨은 뚜렷한 영적 갱신을 경험한 후에 케스웍 전통의 복음전도자가 되었다. 그는 1887년에 기독교선교사동맹(C.M.A: Christian and Missionary Alliance)이라는 단체를 만들었고, 그리스도를 구원자, 치료자, 성결케 하는 자, 다시 오실 왕으로 묘사한 *'사중 복음(Fourfold Gospel)'*을 가르쳤다. 토레이(R.A. Torrey)는 그의 책 「성령의 세례」에서 *'성령세례'*를 *'능력을 받는 것'*으로 설명하였다. 그는 성령으로 세례를 받는 것은 죄로부터 깨끗함을 받기 위한 것이 아니라, 사역을 위한 능력을 받기 위한 것이라고 주장했다.[59]

그는 종종 케스웍 컨퍼런스에서 이런 말씀을 전하였다. 그는 성화나 성령세례가 하나이자 동일한 경험이라는 정통 성결교리를 거부했다. 성령세례를 별개의 *'능력부여'*라고 주장하여 독자적인 성령세례의 교리를 세우게 된 것이다. 따라서 열심있는 성도가 갈망해야 하는 체험은 *'성결'*이 아닌 *'기름부음'*으로 초점이 전환되었다. 이러한 성령세례의 교리는 성결운동과의 간격을 더욱 멀어지게 하였다. 이 당시의 가장 영향력 있는 「성령론」에 관한 학자였던 토레이는 성령세례를 *'섬김을 위한 능력부여'*이자 *'본인

이 받았는지의 여부를 분명히 알 수 있는 명확한 체험'이라고 강조하였다. 그는 중생시의 성령의 역사와 성령세례를 분명히 구별하였다. 이러한 케스윅의 영향은 미국의 오순절주의를 둘로 갈라놓았다. 온전한 성화를 하나의 단계로 보는 것을 받아들인 웨슬리를 추종하는 사람들과 이것을 거부하고 케스윅의 입장을 추종하는 사람들로 나누어지게 된 것이다.

E. 기타 영향들

오순절 운동의 태동에 영향을 주었던 또 다른 배경중의 하나로 성결운동에서 강조했던 신유운동을 들 수 있다. 기독교선교사동맹(C.M.A)의 창시자 심슨(A.B. Simpson), 고든(A.J. Gordon) 그리고 알렉산더 다위(Alexander Dowie)가 바로 그런 사람들이다. 웨슬리 계통이 아니면서 오순절 운동의 태동에 영향을 주었던 배경들로는 근본주의와 케스윅 성결전통(Keswick Holinesss Tradition) 두 가지를 들 수 있다.

미국의 남북전쟁(1861-1865) 이후 사회 전반적으로 나타난 도덕적 타락에 대한 반응으로 웨슬리 성결운동과 함께 근본주의가 일어났다. 근본주의는 초기 프린스턴 신학과 세대주의적 전천년주의가 통합된 것으로 설명될 수 있다. 프린스턴 계통의 신학자였던 찰스 하지와 벤자민 워필드는 스코틀랜드의 현실주의(특별히 성경의 권위에 관해)에 의해 강화된 변증적, 이성적 노선을 택하였다. 잘 알려진 근본주의의 다섯 가지 요소(① 성경의 절대적인 권위 ② 예수의 동정녀 탄생 ③ 그의 대속 ④ 그의 문자적 육체의 부활 ⑤ 임박한 재림)는 1895년 나이아가라 성경 컨퍼런스에서 공표되었다. 오늘날 근본주의자들이 오순절 운동과 은사주의 운동의 가장 강력한 반대자들이긴 하지만, 근본주의는 종말론과 성경의 문자적 해석에 관한 한 오순절 운동에 많은 영향을 주었다고 말할 수 있다. 19세기 말에 방언은 소규모의 그룹들 안에서도 계속 나타났다. 1896년 노스캐롤라이나 주의 서쪽과 테네시의 동쪽에 있는 애팔래치아라는 도시에서 부흥이 일어났는데, 여기에서 방언이 한 현상으로 나타났고, 이것은 **'캠프크릭 부흥'**으로 알려지게 되었다. 톰린슨(A. J. Tomlinson)이 이끌었던 이 그룹은 후에 가장 오래된 오순절 교회인 하나님의 교회(Church of God in Cleveland)로 발전하게 되었다.

2장

현대 오순절 운동

1. 현대 오순절운동의배경
    A. 근본주의운동
    B. 미국의부흥운동
    C. 성결운동
    D. 케스윅운동
    E. 전천년 종말신앙
    F. 회복주의와 신유운동
    G. 웨일즈의부흥

2. 현대 오순절 운동의 태동
    A. 찰스파함의토페카부흥운동
    B. 시무어의 아주사 거리 운동

3. 현대 오순절 운동의 확산
    A. 정통 오순절 운동
    B. 신오순절 은사주의 운동
    C. 신은사주의(제3의 물결) 운동

한국 오순절 교회의 신앙과 신학
Pentecostal Churches in Korea

II. 현대 오순절운동

20세기 초에 미국에서 현대 오순절운동이 태동하기 시작했다. 하지만 이런 현대 오순절운동을 탄생시킨 배경은 19세기 말에 이미 준비되어 있었다. 이런 배경들로는 근본주의 운동, 미국의 부흥운동, 성결 운동, 케스윅 운동, 전천년 종말신앙, 신유 운동과 웨일즈의 부흥운동 등을 들 수 있다. 먼저 현대 오순절운동을 태동시켰던 19세기의 신앙운동과 신학적 배경들을 살펴봄으로써 현대 오순절운동의 시작과 전개, 확산과정을 이해하는데 많은 도움을 얻을 수 있다. 현대 오순절운동의 배경이 되는 19세기의 신앙운동과 신학적 배경들을 먼저 살펴본 후에 현대 오순절운동의 태동과 확산과정을 고찰해 보자.

1. 현대 오순절운동의 배경

19세기 말에 이미 준비되어 있었던 현대 오순절운동의 배경들인 근본주의 운동, 미국의 부흥운동, 성결운동, 케스윅 운동, 전천년 종말신앙, 신유운동과 웨일즈의 부흥운동 등은 현대 오순절운동의 토대를 제공하였다. 먼저 현대 오순절운동을 태동시켰던 이런 19세기의 신앙운동과 신학적 배경들을 살펴보도록 하자.

A. 근본주의 운동

1870년 이후에 미국 기독교는 엄청난 도전 앞에 직면하게 되는데, 그것은 독일과 유럽에서 불어온 자유주의 물결에 휩쓸려 들어가 걷잡을 수 없는 교리논쟁에 빠져들게 된 것이다. 이전에는 없었던 성경의 권위에 대한 불신과 붕괴가 이루어졌고, 급기야는 이러한 도전에 대한 기독교 자체의 응전방법의 양분화로 교리적 균열이 생기게 된 것이다. 두 가지 대립되는 운동이 기독교 내부에서 발생했는데, 첫째는 이런 현대 사조에 맞추어 복음을 조정하면서 현대 사회에 적응해야 한다는 움직임이었고, 둘째는 전통적인 기독교 신앙을 보존하기 위해서는 현대주의 사조에 대항하여 전통적인 신앙을 사수하고, 현대주의 사조에 맞서 싸워 이겨야 한다는 움직임이었다. 전자를 가리켜 현대주의라고 하며, 후자를 근본주의라고 부른다.

전자는 기독교가 가지고 있는 대 사회적인 책임을 강조한 반면에, 후자인 근본주의는 기독교의 본질이자 뿌리인 교리에 충실하고자 하였다. 근본주의는 계시된 진리자체에 충실하고자 하는 교리로 나아가게 되었다. 근본주의자들의 주요 교단인 미국 북 장로교는 자기 교단 안에 일고 있는 현대주의자들의 도전에 맞서 세 차례에 걸쳐 다섯 가지의 근본 진리를 천명했는데, 그것은 성경의 무오성, 예수 그리스도의 동정녀 탄생, 대속의 죽음, 육체적 부활과 그리스도의 기적의 역사성이었다.[60] 상당수의 근본주의 지지자들은 세대주의 전천년주의자였고, 세대주의 역사관을 가지고 있었으므로, 그들은 세대주의적 종말론과 연계하면서 초월적인 영성을 강조하였고, 결국 오순절 운동의 태동에 중요한 배경으로 작용하였다. 그들의 세대주의적 종말론은 그리스도의 재림이 임박했다는 긴박감을 갖게 했고, 마지막 세대에 살고 있다는 확신은 세계 복음화를 위해 더욱 매진하게 하였다. 그들은 성공적 복음화를 위해 초자연적 능력이 필요함을 인식한 복음 전도자들로 하여금 성경을 연구하게 만들며, 성경에 나타난 성령의 사역에 초점을 맞추게 하는데 영향을 미치게 되었다.

B. 미국의 부흥운동

신학적으로 감리교운동과 성결운동이 오순절 운동에 중요한 영향을 끼쳤지만, 방법론적으로는 부흥운동, 특히 미국의 부흥운동이 가장 구체적 영향을 끼쳤다고 할 수 있다. 특히 19세기 초와 말에 피니와 무디에 의한 부흥운동은 미국 기독교와 교리에 부흥 방법론을 정착시킨 계기가 되었다. 부흥운동은 실제적 의미에 있어서 기독교의 미국화라고 평가하는 학자도 있다.[61] 미국의 부흥운동은 급속히 비인격화되고 있는 문명사회에서 점차로 요구되어졌던 변화를 기독교 신앙의 개인화 및 정서화를 통해 성취하며, 미국적 신앙 및 오순절 운동에 특별한 기여를 하였다. 오순절 운동은 부흥운동이 실내로 옮겨진 것이라고 할 수 있다. 오순절 운동을 통해 부흥운동이 천막과 공회당을 떠나 조직화된 수많은 지역교회로 자리 잡게 된 것이다. 오순절 운동은 웨슬리의 경험적 신학과 부흥운동의 경험적 방법론을 이어 받았고, 체험을 갈망하는 세상 사람들에게 나아가 큰 호응을 얻게 되었다.[62]

찰스 피니(1792-1876)는 처음으로 부흥운동을 교회 안으로 끌어들여서 오순절 운동에 많은 영향을 끼친 인물이다. 피니가 사람들에게 주목받는 이유는 그 당시 많은 대중들에게 영향을 끼쳤을 뿐만 아니라 후대 사람들에게도 귀한 유산을 물려주었기 때문이다. 그는 **"현대 부흥의 아버지"** 라고 불렸는데, 피니의 부흥운동으로 약 50만 명이 회심한 것으로 추산되고 있다. 피니의 부흥 방법론은 오순절 교회의 감리교 신학을 형성케 하였으며, 이것은 피니의 강력한 영향을 입은 성결운동과 함께 원래의 초기 웨슬리주의와 현대 오순절 운동 사이를 이어주는 주된 역사적 교량 역할을 하였다. 피니의 19세기 저서들이 아직도 오순절 운동에서 상당한 영향력을 행사하고 있다고 브루너는 평가한다.[63]

"현대 부흥의 아버지" 라고 불렸던 피니는 본래 장로교회의 목사였다. 그는 목사가 되기 전에 변호사 직업을 가지고 있었고, 교회에서 많은 활동을 하였다. 그러나 그의 친구들은 그의 신앙의 진실성을 의심했고, 이 말을 들은 피니는 자기 스스로 이 문제를 해결하기 위해 며칠 동안 숲 속을 헤매면서 회개하는 기도와 함께 자기에게 구원의 확실성을 알게 해 달라는 기도를 하게 되었다. 1821년 10월 10일 그 날도 숲 속을 헤매다가 밤늦게 자기 사무실로 돌아왔는데, 갑자기 이상한 체험을 하게 된다. 그는 성령의 강한 세례를 받았다고 말했다. 그는 그 당시를 다음과 같이 묘사한다. 내가 불가의 의자에 앉으려는 순간 나는 강한 성령의 세례를 받았다. 그것은 전혀 예측하지 못했던 것이었고, 그런 것이 나를 위해 존재한다고 생각해 본적도 없었으며, 누가 그런 말을 하는 것을 들어 본적도 없었을 때에 성령은 나의 몸과 영혼을 꿰뚫고 지나가시는 것처럼 나에게 임하셨다. 그것은 마치 전류와도 같이 내게 흘러오고 또 흘러오는 것이었다. 정말이지 그것은 사랑의 파도와 같았다. 왜냐하면 다른 어떤 말로도 그것을 표현할 수 없기 때문이다. 그것은 바로 하나님의 숨결 같았다. 그것은 거대한 날개처럼 나를 부채질하였다는 것을 나는 분명히 기억할 수 있다.

1821년 성령의 강한 세례를 받은 후에 그는 변호사직을 버리고, 부흥집회에 전념하여 50년 동안 미국, 영국, 스코틀랜드 등지를 다니며 부흥회를 열었다. 그는 부흥사로서 많은 사람들의 사랑과 호응을 받아가며, 계속 각처에서 부흥회를 열 수 있었다. 장로교의 예정론을 받아들일 수 없었던 피니는 1834년에 장로교를 떠나서 독립교단을 만들었다. 그가 볼 때 구원은 성령의 은혜로 인한 인간의 결단이지, 본인의 의사와 관계없이 예정된 자에게 일어나는 것이 아니라고 생각했기 때문이다. 그의 신학은 **'알미니안적 칼빈주의'**를 반영하고 있었다. 피니의 신학은 성령세례라고 하는 회심후의 경험을 강조한다. 그는 성령세례, 성령의 기름 부으심, 성령의 능력을 강조했다. 그는 성령충만도 강조했는데, 성령세례와 같은 의미로 사용했다. 그는 회심과 성령세례를 구별하며 목회자들에게 성령세례를 간절히 추구하도록 인도할 것을 요청하면서, **"이 축복은 회심이후에 추구되며 받는 것"**이라고 말했다.[64] 그리고 성령세례가 필요한 이유는 **"성령세례가 기독교적인 성품의 완전성의 비밀"**이기 때문이라고 설명했다. 그는 성령세례의 결과로 영혼들의 회심을 위한 성공적인 목회사역의 능력을 강조한다. 그러면서도 신적 정화와 열매를 강조한다. 능력과 은사와 열매의 균형을 취한다. 이 점에 있어 그는 오순절 운동의 기초를 닦았다고 볼 수 있다. 피니는 때때로 이 능력이 결핍 될 때 기도하여 그 이유를 찾아냈고, *"다시 새롭게 능력이 주어지는 것을 경험한다"* 고 말했다.[65]

피니는 '**성령세례**'가 죄악을 완전히 없애줄 것이라고 가르쳤다. 그는 보통 신자들은 구원은 받지만, 능력있는 삶을 살 수가 없다고 말한다. 그러나 성령세례를 받은 사람은 죄로부터 벗어나 권능있는 삶을 살 수 있다고 하였다. 그는 웨슬리의 완전론보다 한 단계 더 나아가서 철저한 변화를 주장하였다. 그 후 '**성령세례**'는 미국 성결운동의 주요 요소가 되었다. 성결을 강조하는 많은 교회들이 일어나서 수백만의 사람들에게 그리스도를 심어주고, 신앙의 열정을 고취시켜 주었다. 그는 많은 영혼을 구원시키고 변화시키는 데 기여하였다. 피니에게 있어 평생 관심을 가진 두 가지 주제가 있다면, 그것은 회심과 성화이다. 그는 초기에는 회심에 관심이 컸고, 후기에는 성화에 더욱 많은 관심을 기울였다. 피니는 자신의 회심 경험 이후에 또 다른 급격한 변화를 필요로 하는 단계가 있다는 것을 경험에서 깨달았다. 그리고 이 단계를 성화교리와 연결시키려 했고, 이러한 생각이 성결운동을 하게 했다. 감리교 내에 이미 존재하고 있었던 성결운동의 형태는 19세기 중반에 들어와서는 미국과 영국, 그리고 독일에서 초교파적으로 이러한 운동이 다 같이 일어나게 되었다.

C. 성결운동

오순절 운동은 웨슬리의 감리교 운동과 찰스 피니 등의 미국 부흥운동과 성결운동의 신학적 토대 위에 탄생하게 됨으로 성결운동은 현대 오순절운동의 중요한 배경을 제공한다. 성결운동이 일어난 주요 원인으로는 미국 남북전쟁의 후유증으로 생긴 도덕의 문란, 감리교 내부의 **'성결'** 교리, 웨슬리의 완전론에 대한 많은 사람들의 불만, 그리고 자유주의 신학의 발전 및 교회 전체에 있어서의 부와 세속화의 진전에 대한 상응하는 관심 등을 들 수 있다.[66] 그리스도인의 완전에 대한 강조는 19세기 미국 생활의 중요한 양상을 이루었던 **"성결 십자군 운동"**을 일으켰고, 이 물결에 편승하여 1819년 매사추세츠에 있는 웰플리트의 한 천막집회에서 경이로운 성결의 역사가 일어났다. 그 집회에서 디모데 메리트 목사는 성령세례에 관해 설교했는데, 많은 사람들이 성결의 은혜를 체험했다고 한다.[67] 그는 웨슬리와 플레쳐의 글들을 자유롭게 인용한 「그리스도인의 편람: 그리스도인의 완전론」이라는 책을 1825년에 저술하였는데, 이 책은 그 후에 발생할 일들의 선구자 역할을 하였다.[68]

성결운동의 신학적 중심은 두 번째 체험, 특히 성화적 성결로의 회심, 성화 또는 소위 **'완전한 사랑'**이다. 이 신학적 중심이 소위 **'중생후의 두 번째 체험'**인데, 후에 오순절 운동에서 중요성을 지니게 된다. 오순절 운동에서 **'중생후의 체험'** 신학은 멋진 강조점들이 따라왔고, 두 번째(혹은 세 번째) 그리스도인의 체험을 **'성령세례'**라는 표현을 쓰게 된 것은 직접적으로 성결운동에서 나오게 된 것이다. 오순절 운동에서 중요한 의미를 지니게 되는 **'성령세례'**라는 성경적 용어는 성결운동에서는 성화 또는 **'두 번째 축복'**의 체험에 대한 명칭으로 일반적으로 사용되었다. 성결운동의 사역에 영향을 받은 사람들은 모두 **'성령세례'**라는 말에 익숙하게 되었다.

그 어간에 뉴욕에서 의사 부인인 피비 팔머는 성화의 체험을 하게 되면서 성결부흥운동의 주요인물이 되었다. 그녀는 거의 60년간 '성결증진을 위한 화요 모임'의 주요 지도자로 활약했고, '성결로의 안내'라는 잡지의 편집인으로, 그리고 북미 대륙과 서구 세계를 두루 다니는 순회 전도자로 봉사했다. 화요 모임은 급속도로 성장했고, 19세기 말에는 방대한 성결모임 조직을 형성하게 되었다. 이 모임은 1835년에 시작되었고, 1839년에는 남자들에게도 개방되었으며, 웨슬리의 완전교리를 새롭게 하는 센터가 되었다. 그리스도인의 완전의 교리와 체험을 기재한 책과 정기간행물이 전 미국 개신교 세계에 폭발적으로 증가하였다. 1857-1858년의 부흥운동은 특히 '성결과 완전주의 운동의 이상'을 해외로 유포시켰다. 그 후 19세기 말에 이르러 그 운동은 다양한 표현으로 바뀌었다.[69]

장로교인인 보드만(W.E. Boardman)도 「고차원 그리스도인의 삶」이라는 책을 1858년 부흥의 절정기에 출판하여 성결운동의 확산에 기여하였다. 1865년에는 우드(J.A. Wood)에 의한 대규모의 야외 성결 집회에 의해 부흥이 일어났다. 이 야외 집회는 점점 더 확대되어가면서 협조자들이 많이 나타나게 되어 집회는 조직적으로 체계화되기 시작했고, 성결증진운동에 직접적인 영향을 끼쳤다.

이와 같이 확산을 거듭하던 성결부흥운동은 피비 팔머(Phoebe Palmer) 외에도 아사 마한(Asa Mahan), 고든(A.J. Gordon), 토레이(R.A. Torrey), 심슨(A.B. Simpson), 그리고 영국인 앤드류 머레이(Andrew Murrey) 등의 지도자들에 의해 19세기 미국의 영적체험을 일깨우면서 많은 영적 결실을 거두게 되었다. 성령세례는 완전성화 교리에 있어서 가장 중요한 요소이다. 완전성화를 일으키는 것이 이 성령세례이다. 성결교의 사람들은 **"둘은 같고, 더 정확히 말해서 동시적이라고 생각된다"**고 말했다. 성결운동주의자들의 최대의 강조점은 성령세례의 결과로 얻어지는 원죄로부터의 씻음에 관한 것이었다. 성령세례란 성경에서 인침이라고 한다(고후1:21-22, 엡1:13; 4:10). 성결교 신학자들은 인침을 완전성화의 한 부분을 말하는 것이라고 생각한다.[70]

남북전쟁 후에 성결운동은 점차 온전한 성화에 대한 오순절적 용어를 채택하게 되었다. 1890년대는 아마 이러한 발전이 최고조에 달했고, 오순절 주제들이 가장 강렬하게 표출된 시기였을 것이다. 1900년대에 이르러서는 온전한 성화에 대한 웨슬리적인 해석보다는 플레처의 신학적 표현이 더 선호를 받게 되었다. 성결운동은 새로운 체계를 만들어 웨슬리적 내용을 유지하려고 애썼지만 어쩔 도리가 없었다. 오순절 체계는 새로운 방향으로 진입하는 스스로의 힘을 갖고 있었다.[71] 웨슬리 전통에 서 있는 사람들은 성령의 은사보다 윤리적 결과와 **'은혜'**를 강조하였다. 그러나 실제로는 점점 더 **'영적인 은사와 은혜'** 쪽으로 나아갔다. 특히, 오순절에 대해 극히 매료된 경우에는 더욱 영적인 은사와 은혜 쪽으로 기울어졌다.[72] 성결운동의 중심인물인 보드만은 성결운동을 **"첫 체험과는 구별되는 때때로 첫 체험 후 수년 만에 일어나는 두 번째 체험이다. 이것은 두 번째 회심이라고 불리어지기도 한다"**고 설명하였다.

성결운동은 현대 오순절운동의 디딤돌이 되었다. 오순절주의 역사가인 찰스 콘(Charles Conn)은 다음과 같이 말하고 있다. **"오순절 운동은 19세기 후반에 일어난 성결운동의 확장이다. 초기에 성령세례를 받았다고 주장한 대부분의 사람들은 성결운동과 관련된 인물이거나 그런 견해**

를 지지하는 사람들이었다."[73] 따라서 성결운동의 영향을 받은 많은 사람들은 점차로 **'영적 세례'**라는 개념에 익숙해지기 시작하였고, 이후의 오순절 운동은 바로 **'성령세례'**라는 표현을 그대로 도입하게 되었다.

D. 케스윅 운동

케스윅 운동의 기원은 1820년대 영국 국교내 **'성경운동'**(Back to the Bible Movement)에서 출발하여, 보드만(W.E. Boardman)이 1859년 출간한 「고차원 그리스도인의 삶」에 영향을 받았고, 1875년부터 영국 케스윅에서 **'성경적 성결의 증진을 위한 모임'**에서 시작되었다. 케스윅 운동은 1870년대의 무디의 부흥운동에서부터 결실을 맺기 시작하였다. 그들은 성경운동이 성령께서 급속한 세계 복음화를 이루기 위해 성도들에게 특별한 권능을 부여하는 제2의 오순절이 되리라고 기대하였다. 그러나 케스윅 운동은 영국 국교 및 칼빈주의적 배경으로 인해 웨슬리적 완전주의 개념을 거부했고, 결국 그들의 독자적인 성령세례 교리만 남게 되었다. 그들은 성화나 성령세례가 하나이자 동일한 경험이라는 정통 성결교리를 거부하였다. 오히려 그들은 성화란 회심 시에 시작되어 은혜 가운데 일생동안 성장하는 과정으로 보았으며, 성령세례는 이와는 별개의 **'능력 부여'**라고 주장하였다.[74] 그리하여 내적 죄의 근절의 개념이 능력 부여의 개념으로 바뀌게 됨에 따라 열심있는 성도가 갈망하는 체험은 정결이 아닌 성령의 기름부음이 되었다. 또한 성령의 은사들에 대한 강조는 성결운동과의 간격을 더욱 멀어지게 하였다.[75]

그 가운데서 오순절 운동에 가장 큰 영향을 미친 인물은 드와이트 무디(1837-1899)와 토레이였다. 무디는 19세기 후반부터 활약했던 미국의 가장 뛰어난 복음 전도자로서 평생 동안 1억명 이상의 청중에게 설교하며 복음을 전파한 것으로 알려졌다. 무디는 1855년에 중생을 체험했고, 1871년에 성령세례를 체험했다. 그의 설교에는 '**오순절 성령세례론**'의 구조에 대한 설명이 들어갔다. 그는 오순절 성령세례를 주로 '**능력의 부여**'로 말하고 있다.[76] 무디는 영혼을 감동시키고 소생시키는 능력의 근원을 바로 성령이라고 말하며, 성령체험의 중요성을 강조했다. 그는 성령께서 우리 안에 거하시는 것과 봉사를 위해 성령께서 우리 위에 임하시는 것을 구별하여 "*오순절 날에 사람들이 기도하고 있을 때 성령이 강력한 권능으로 임하셨다. 우리는 이제 성령이 임하시기를 기도하자!*"고 역설하곤 했다. 우리는 무디가 중생 또는 성령의 내주하심과 오순절 성령세례로 인한 능력의 임함을 분명히 구별하고 있는 것을 알 수 있다. 그는 교회와 목회자들이 이 능력을 얻기 위해 성령 충만케 되어야 한다고 다음과 같이 강조했다.

하나님의 교회가 필요로 하는 것은 초대교회 사도들이 가졌던 능력이다. 그것이 바로 우리가 원하는 것이다. 만일 우리의 교회가 그 능력을 가진다면 새로운 생명력이 있게 될 것이다. 그 능력이 있으면 새 생명이 있을 것이다. 그러면 새로운 목회자들 즉, 능력으로 새로워지고 성령으로 충만케 된 초대교회 시대의 목회자들을 얻게 될 것이다. 무디는 성령세례, 성령충만 및 성령의 열매와 더불어 은사와 능력도 강조하였다. 그는 그리스도인의 삶에 나타나는 나양한 역사나 영적 은사들을 결코 부인하지 않고, 오히려 그것을 성령충만의 특징으로 적절하게 표현하였다. 무디는 그의 집회에 참석한 청중들에게 성령세례를 받으라고 역설했으며, 초청받아 가는 곳마다 목회자들로부터 성령세례에 대해 설교해 줄 것을 요청받기도 했다.

오순절 운동이 태동하기 이전에 부흥회를 인도했던 무디는 성령세례와 함께 보수적인 신앙을 전파하면서 오순절 운동의 터를 닦아 놓았다고 볼 수 있다. 그의 복음전도의 내용과 사역들은 개인적이며 영적인 면에서 오순절 계통의 보수적 신앙을 형성하는데 많은 도움을 주었다. 토레이 또한 성령세례와 관련하여 오순절 운동에 있어 매우 중요한 인물이다. 토레이는 세계 전도여행을 통해 많은 곳의 복음적 그리스도인들에게 성령의 제2차적 역사에 관한 메시지를 전파하였고, 국제 오순절운동을 위한 선구자적인 인물로 봉사하였다. 무디를 이어서 성령세례와 봉사를 위한 오순절 능력의 부여에 대한 주제들은 토레이의 사역을 지배했다. 그는 놀랄 정도로 성령세례에 초점을 맞추고 있다. 그는 **"하나님께서 무디를 사용하신 중요한 이유는 무디가 위로부터 분명한 능력부여, 즉 아주 분명하고 명료한 성령세례를 받았기 때문"** 이라고 했다. 토레이가 오순절 운동에 끼친 독특한 영향력은 특히 성령세례와 관련된 것이었다. 그는 「성령세례」라는 유명한 책을 출판하였고, 이 책을 통해 그의 이름은 1890년대 중반까지 널리 알려지게 되었다. 그가 쓴 「성령세례」의 핵심은 다음과 같이 네 가지로 요약할 수 있다.

(1) 성경에는 이 체험에 대한 많은 표현들이 있다. **"성령으로 세례를 받았다."**, **"성령으로 충만했다."**, **"위로부터 능력을 부여받았다."**, **"성령을 받았다."** 등이 있다.
(2) 성령세례는 받았는지 못 받았는지를 알 수 있는 분명한 체험이다.

(3) 성령세례는 성령의 중생케 하는 사역과 별개의 것이요, 구별되는 성령의 사역이다.
(4) 성령세례는 언제나 증거와 봉사에 관련되어 있다.[77]

그는 성령세례의 목적을 하나님의 일에 우리로 하여금 유용하게 쓰임받게 하고, 적합하게 하고, 주님의 역사를 이룰 준비를 갖추게 하는 것이라고 말하였다.[78] 토레이는 **"죄로부터 정결케 하는 것은 성령의 역사"** 라고 인정했지만, 그것이 성령세례는 아니라고 했다. 그는 성령세례의 결과를 **'봉사를 위한 능력부여'** 라고 강조했다. 그는 성령세례로 인한 권능에 대해 다음과 같이 말한다. 누구든지 성령세례를 받으면 다 권능을 얻게 되는데, 그 권능은 곧 하나님께 부르심을 받은 일을 감당하기 위한 권능이다. 그러므로 지금 이 자리에 앉아 있는 여러분 중에 누구든지 성령세례를 받을 수 있는 조건에 합당하여 성령세례를 받기만 한다면, 그 사람은 반드시 그의 생활과 하나님의 사역에 봉사함에 있어서 새로운 권능을 얻게 될 것이다.[79]

그는 성령세례를 받은 사람도 성령으로 새롭게 충만함을 받지 못하면 주님을 위한 봉사에 있어서 그때그때 당하는 비상한 사태를 극복해 나갈 수 없다는 점을 분명히 하며, 계속 성령충만을 받을 것을 권면하였다. 그는 또한 성령받은 사람의 표를 주님의 사역을 함에 있어서 새로운 권능이 생기는 것이라고 하였다. 그러나 성령세례를 받음으로서 얻게 되는 은사와 권능은 누구에게나 동일하지 않다는 것을 분명히 하고 있다. 성령세례론이 세기 전환기의 부흥운동에 상당히 깊이 스며들어 있었으며, 토레이는 성령세례에 대해 뚜렷한 소신을 밝혀 그의 위치를 확고히 하였다. 찰스 피니가 주장한 두 번째 체험의 사상이 토레이의 '**성령세례**' 사상을 형성시켰고, 결국 이 사상은 20세기 현대 오순절주의자들의 확고한 교리가 되었다. 즉, 사람이 성령으로 중생하여도 이것은 성령세례를 받은 것이 아니며, 중생은 단지 생명의 전달일 뿐이고, 신자는 반드시 성령세례를 받아야 한다는 것이다. 도날드 기이는 ***"아마도 성령세례를 처음으로 성경적으로 새롭게 봉사와 증거를 위한 위로부터의 능력부여라고 한 사람은 토레이"*** 라고 하였다.[81] 토레이는 본래 오순절주의자는 아니었지만, 오늘날에는 많은 사람들이 그를 오순절주의자로 생각하고 있다. 무디가 오순절 운동의 기초를 세우는데 기여한 면이 있다면, 토레이는 '**성령세례**' 라는 20세기 현대 오순절운동의 교리를 확고히 하는데 공헌하였다.

E. 전천년 종말신앙

전천년 종말론은 계시록 20장 4절부터 6절을 근거로 하여 장차 그리스도께서 재림하시면 지상에 천년왕국이 세워지고, 부활한 성도들과 함께 통치하게 될 것을 믿는 것을 말한다. 다시 말해, 그리스도께서 지상에 재림하신 직후에 옛 선지자들이 예언했던 하나님의 나라가 완전한 상태로 지상에 실현될 것이며, 예루살렘이 중건되고, 이방인의 절대다수가 이 왕국에 참예하게 되는 것이다. 그때 부활하여 변화된 성도들이 그의 통치에 참예하며 이스라엘은 전체적으로 주께 돌아올 것이며, 그 왕국은 평화와 의의 나라로 전 세계에 충만할 것이며, 땅은 과실을 풍부히 내고, 사람은 장수와 안락한 생활을 영위할 것이라는 예언이 문자적으로 성취될 것을 믿는 것이다.[82]

이 같은 종말론에 대한 기대는 초대교회 이후 예수 그리스도의 재림을 사모하는 모든 성도들의 신앙에서 공통적으로 나타난다. 이러한 종말론의 현대적 발흥은 소위 **"세대주의적 전천년설"**에서 일어났다. 세대주의적 전천년설은 그리스도의 지상 재림 전에 성도들의 휴거가 있고, 이어서 7년 대환란 중에 공중 재림 및 천년왕국이 임한다는 내용이다. 이러한 사상은 플리머스 형제단의 가르침에서 유래하여 토레이 박사 같은 이가 주장했는데, 교회와 이스라엘을 하나님의 두 부류의 백성으로 엄격히 분류하는 것을 주장하면서 존 넬슨 다비(1800-1882)에 의해 주장되었고, 스코필드(1843-1921)에 의해서 체계화된 이론이다. 특히 실제적인 창시자라 할 수 있는 다비에 의하면, 그는 종말론에서 **'7년 환란전 교회의 휴거'** 및 그 이후 그리스도의 **'천년왕국'** 통치 등에 관해 가르치면서, 이와 같은 임박한 그리스도의 재림에 앞서 개인의 정결과 적극적인 복음전도를 실천해야 함을 강조하였다. 이러한 그의 가르침은 후에 오순절적 종말론의 형성과정에서 중요한 역할을 담당하게 되었다.

오순절 신앙과 신학사상의 주요 기본주제인 종말론은 **'다시 오실 왕으로서의 그리스도'**를 정의하며 자리를 잡아갔다. 이같이 오순절 운동 안에서 자연스럽게 종말론이 등장하게 된 것은 종말론과 성령론이 서로 연결되기 때문이라고 에밀 브루너(Emil Brunner)는 설명한다.[83] 우리는 기독교 역사에서 하나의 법칙과 같은 것을 발견할 수 있다. 즉, 교회 안에 보다 생생한 소망이 있을 때, 다시 말해서 교회에 하나님의 성령 안에서의 보다 능력있는 삶이 있으면 있을수록 예수 그리스도의 재림에 대한 보다 긴박한 기대가 있다. 그리하여 성령 충만함과 재림에 대한 긴박한 기대는 초대교회에서 그랬던 것처럼 항상 함께 발견된다. 이러한 새로운 종말론적 비전이

19세기 말에 보수주의적 부흥운동을 휩쓸게 되었고, 또한 오순절적 세례가 강조되는 모임에서는 거의 절대적인 위치를 차지하게 되었다. 따라서 19세기 말 부흥운동의 대부분의 분파들은 오순절 운동의 거의 모든 중요한 기본 주제들을 다루고 있었다.

F. 회복주의와 신유운동

19세기의 전천년주의는 우리가 종말시대에 살고 있음을 강조하였다. 따라서 종말 시대의 늦은 비 성령의 역사를 강조하며, 종말시대의 부흥은 영적인 은사뿐만 아니라 교회가 초대교회의 신앙과 모습으로 회복되어야 한다고 믿게 되었다. 이런 흐름은 초대교회의 사도적 기독교를 회복하자는 소위 회복주의(복고주의, Restorationism)운동을 일으켰다. 이 회복주의 운동은 사도적 권능과 영적 은사에 대한 새로운 관심을 불러일으켰고, 여기에 편승하여 **'신유운동'**이 활발하게 전개 되었다.

초대 교회 사도들의 중요한 사역 중의 하나였던 신유는 교회가 제도화되면서 간과되기 시작하였다. 종교개혁 시대에 신유는 인간 육체의 문제로 국한되었고, 청교도들은 신유 같은 성서시대의 기적은 비정상적인 역사로 구분하기도 하였다. 그러나 경건주의 시대가 도래하면서 성서시대의 기적은 현재에도 재현되어야 한다는 믿음이 생기기 시작했고, 실제로 그들은 기적을 체험하게 된다. 근대 신유운동은 19세기의 산물이라 할 수 있는데, 대표적인 인물들로는 독일의 블룸하르트와 미국의 컬리스, 보드만, 심슨, 고든, 카터 등이 있다. 이들은 공통적으로 예수님은 치료자 되시며, 신유의 복음은 오늘의 사역 현장에서도 예수님 당시와 마찬가지로 동일하게 일어난다고 믿고 있었다. 오순절주의자들의 신유운동은 신유의 기적을 하나님의 구원의 일부로 받아들였고, 교회 안에 하나님의 능력이 현존하고 있다는 증거로서 널리 인식되고 있었다.[84]

　신유 교리의 발생에 가장 중요한 영향을 끼친 요소가 경건주의였다. 경건주의는 하나님께서 모든 믿는 자의 기도의 응답으로서 초자연적인 치유를 가능하게 하신다는 믿음과 결합하여 기도와 신앙을 통한 치유의 교리를 낳았다. 19세기 **'후기 경건주의자'**였던 블룸하르트의 저서는 여러 각도에서 **'귀신 들림'** 과 **'축사'**에 대해 관심을 갖기 시작했음을 보여주고 있다.[85]

　찰스 컬리스(Charles Cullis)는 믿음의 치유에 대해 주장함으로서 교회의 주목을 끌었다. 그는 야고보서 5장 14절의 말씀을 기초로 하여 병자를 위한 치유의 사역을 시작하였다. 그의 성공적 치유사역을 통해 많은 교회들이 정규적으로 병자를 위해 기도하거나, 병자를 데려다가 교회 장로로 하여금 그들을 위해 기도하고 안수하게 함으로써 이 운동이 퍼지게 되었다. 또한 그의 영향을 받은 보드만(W.E. Boardman)은 **"믿음을 통한 치유는 그리스도의 대속의 복음 가운데 포함된 부분"** 이라고 주장하였다. 특별히 시편 103:3의 **"저가 네 모든 죄악을 사하시며 네 모든 병을 고치시며"** 라는 구절을 근거로 하여 **'용서'** 와 **'치유'** 의 두 개념을 하나로 결합시켰다.

　이러한 치유론의 발전은 **'대속 안에 포함된 치유'** 라고 하는 보다 발전된 가르침을 위한 토대를 제공했다. **'대속 안에 포함된 치유'** 를 주장한 대표적 인물로는 심슨(A.B. Simpson)과 고든(A.J. Gordon)이 있다. 심슨은 **"만일 질병이 타락의 결과로서 온 것이라면 이는 마땅**

*히 모든 저주를 파하는 그리스도의 대속 가운데 포함되어야 한다"*고 말했다. 심슨은 그리스도와 그의 완전함이 성화와 치유 모두의 핵심이라는데 초점을 두었다. 심슨의 동료였던 고든(A.J. Gordon)도 같은 주장을 하여 **"그리스도의 대속 가운데 육체적 치유를 위한 믿음의 기초가 놓여있다"**고 했다. 성결과 치유는 이 세상에서 최소한 부분적으로라도 체험할 수 있는 성령의 두 가지 사역이라고 주장하였다.

그 당시 유명한 치유 사역자로 스코틀랜드 출신의 존 알렉산더 다위(John Alexander Dowie)가 있다. 그는 1888년에 멜버른에 커다란 성막을 하나 짓고, 초교파적인 국제 신유협회를 조직했다. 그는 병자를 위한 기도에 주력하면서 신유의 은사를 강조했다. 그는 짧은 기간 동안에 2만 명이 넘는 추종자들을 모으기도 했다. 그 외에 1890년대까지 미국에는 병자들에게 숙식을 제공하면서 가르침과 기도를 통해 치유사역을 담당했던 **'믿음의 집'**이 적어도 30여개 이상이나 세워져 활발하게 신유운동이 전개되고 있었다. 전천년주의 신앙의 종말시대의 강조와 함께 회복주의 운동과 신유운동이 전개되면서 오순절 운동 태동의 배경이 조성되어 가고 있었다.

G. 웨일즈의 부흥운동

1904년에 일어났던 웨일즈 부흥도 오순절 운동의 태동에 영향을 주었다. 영국 웨일즈의 웰쉬 부흥회는 영국을 휩쓴 영적 혁명이었다. 웨일즈의 부흥소식은 나중에 세계 각국으로 퍼져 나갔고, 이 동일한 웨일즈의 부흥의 불을 자기 나라에도 옮겨 놓게 되기를 원하게 만들었다. 실제로 웨일즈의 부흥의 불이 여러 나라에 옮겨 붙여지는 역사가 일어나게 되었다. 미국에서도 웨일즈의 부흥의 불이 옮겨져, 1906년에 아주사 거리 부흥이 일어나게 된다.

웨일즈 부흥의 주역 이반 로버츠

웨일즈에 부흥이 일어나도록 하는 일에 일생을 바치기로 다짐한 이반 로버츠(Evan Roberts)는 성령의 옹호자였다. 그는 "**우리는 성령님 없이는 아무 일도 할 수 없다**"고 외치며, 열성적으로 성령의 인도하심과 역사를 간구하는 성령의 옹호자였다. 때로는 그가 예배를 인도하는 중에 성령을 방해하고, 성령께 신실하지 못한 예배 태도를 보이는 사람이 있으면, 그는 지체 없이 그런 사람을 많은 참석자들 앞에서 혹독하게 책망하기도 하였다. 웨일즈에서 이반 로버트(Evan Robert)의 설교 후에 독특한 현상들이 모인 사람들 가운데 나타났다. 이중에서 가장 신기한 것 중의 하나는 평상시 웨일즈 말을 전혀 할 수 없었던 사람들이 웨일즈 말로 기도하고 찬양하고 간증하였다는 것이다. 이반 로버츠는 모리아 교회에서의 연속적인 작은 집회가 큰 부흥으로 발전하게 되자, 여러 곳에서 순회 집회를 인도하게 되었고, 그의 이름은 웨일즈 전역에 알려지게 되었다.[86]

그의 집회에서 일어나는 현상의 특징은 성령에 의한 웃음, 울음, 춤, 기쁨과 상한 심령의 치유였다. 신문에서는 그의 집회에서 일어나는 이런 희한한 현상들을 독자들에게 알리기 시작했고, 이러한 현상들에 대한 이야기가 전국적으로 알려지면서 많은 사람들이 그의 집회에 참석하여 변화되는 일들이 일어났다. 많은 사람들이 그의 집회에서 은혜를 받고 예수님을 영접하였고, 심지어는 술집과 영화관들이 장사가 안 되어 문을 닫는 일도 속출하기 시작했다. 창녀들이 변화 받아 그가 인도하는 여러 성경공부 모임에 참석하는 일이 생겨났고, 술 주정뱅이였던 사람들이 금주하며 변화되는 일도 일어났다. 이러한 그의 집회를 통해서 불붙기 시작한 부흥의 불은 웨일즈 전역으로 퍼져나갔다.

이반 로버츠가 주축이 된 웨일즈 부흥집회들의 특징은 성가대가 없고, 특별한 순서도 없이 진행된다는 것이다. 헌금시간, 찬송가, 집회를 위한 조직 위원회나 위원장 등의 조직이 없었고, 찬양 인도자도 없고, 집회에 관해 신문이나 라디오에 돈을 지불하며 광고하는 일도 없었다. 그런데 하나님에 대해 갈급해 하고, 말씀과 은혜를 사모하던 각 교단의 총회장들을 비롯한 기라성 같은 지도자들도 이반 로버츠의 집회에 참석하며, 교단을 뛰어넘어 한 마음으로 연합하는 일이 생기게 되었다.[87]

웨일즈 부흥운동의 특징은 다음의 네 가지로 요약될 수 있다. 첫째, 하나님께 자신의 죄를 회개하는 것이다. 둘째, 비밀스럽고 은밀하게 행하여 왔던 일을 하나님과 사람들 앞에서 고백하고 드러내는 것이다. 셋째, 공개석상에서 예수 그리스도를 주님과 구주로 고백하는 것이다. 넷째, 성령님만 의지하는 삶을 살겠다고 다짐하는 것이다. 이러한 것이 그 당시 이반 로버츠가 주도한 웨일즈 운동의 특징이었다.[88] 이반 로버츠의 집회에 참석한 사람들은 하나님을 만나는 초자연적인 경험을 하였다. 그는 참석자 누구나 감지할 수 있을 정도로 하나님의 임재를 집회 장소마다 몰고 다녔다. 그래서 형식적으로 주일 예배만 참석하는 사람들에게 하나님의 임재를 체험하게 하였고, 이로 말미암아 예배 참석자들의 정결함과 거룩함이 단기간에 증대되곤 하였다. 그가 지방 도시로 순회를 하면 그 도시의 많은 사람들뿐만 아니라 많은 외지인들이 그 도시로 한꺼번에 몰려 참석하는 부흥이 일어났다.

이런 웨일즈 부흥소식은 세계 각국으로 퍼져 나갔고, 남아프리카 공화국, 러시아, 인도, 아일랜드, 노르웨이, 캐나다, 폴란드, 미국 등지에서 많은 사람들이 웨일즈로 몰려오기 시작하였다. 그리고 여기에 참석했던 많은 외국인들이 고국으로 돌아가 웨일즈의 부흥의 불을 자기 나라에 옮겨 놓길 원했고, 실제로 웨일즈의 부흥의 불이 여러 나라에 옮겨 붙여지는 일들이 일어났다.[89]

미국으로 돌아간 사람들은 웨일즈의 부흥을 기사로 보도하였고, 미국에서도 동일한 부흥의 불길이 타오르기를 기대하며 갈망하게 되었다. 웨일즈의 부흥소식은 미국 사람들로 하여금 하나님을 향한 갈급함을 증대시키며, 더욱 성령의 임재를 갈망하는 분위기를 만들었다. 이런 분위기 속에서 1906년에 아주사 거리 부흥의 불길이 타올랐고, 전 미국으로 확산되는 역사가 일어나게 되었다. 웨일즈의 부흥운동은 미국인들로 하여금 아주사 거리 부흥을 더욱 갈망하며 기대하게 하는 분위기를 조성했고, 아주사 거리 부흥의 역사가 급속도로 전국으로 퍼져 나가게 하는 배경을 제공하였다. 이와 같이 20세기 초에 시작된 현대 오순절운동은 근본주의 운동, 미국의 부흥운동, 성결운동, 케스윅 운동, 전천년주의 종말론, 회복주의와 신유운동, 그리고 웨일즈 부흥운동을 배경으로 하여 태동하였고, 전국적으로 퍼지게 되었다.

2. 현대 오순절운동의 태동

19세기 말까지 현대 오순절운동의 태동을 위한 모든 준비가 완료되어 있었다. 19세기의 3대 복음주의 세력인 근본주의 운동, 성결운동, 케스윅 고차원 생활운동 모두가 교회에서 성령의 은사의 나타남을 위한 씨를 실제로 뿌렸다고 할 수 있다. 수많은 그리스도인들이 그토록 열망했던 새로운 오순절 역사가 나타날 시기가 다가온 것이다.

19세기의 오순절 운동을 향한 긴 발전의 과정에서 놀라운 것은 성경적 오순절 체험에 있어 은사의 중요성에 대해서는 거의 관심이 기울어지지 않았다는 사실이다. 복음주의 그룹들을 살펴볼 때, 성령세례 받는 것이 아주 강조되었음에도 불구하고, 초대 교회처럼 방언과 같은 체험은 거의 찾아 볼 수 없었던 것이다.[90] 하지만 방언 한 가지만 제외하고는 현대 오순절운동의 모든 요소들이 1900년까지의 성결운동의 급진파 가운데서 이미 나타나고 있었다. 단지 세 번째의 체험 즉, 방언의 증거를 수반하는 성령세례만이 빠져있었다. 이와 같이 19세기 한 세기 동안의 성령세례에 대한 기대와 가르침을 배경으로 하여 미국에서 기원한 현대 오순절운동은 순식간에 일어나게 되었다. 오순절주의 학자들 간에는 언제, 어디서, 누구의 지도 하에 오순절 운동이 시작되었는지에 관해 약간의 의견차이가 있다. 콘(Charles W. Conn)은 평신도인 브라이언트(William F. Bryant)가 이끈 1896년의 노스캐롤라이나의 체로키에서의 부흥을 오순절 운동의 시작이라고 주장한다. 여기서 예배드리는 사람들 중의 몇 사람이 기도하는 중에 성령세례를 받고 방언을 했다는 것이다.[91]

켄드릭(Klande Kendrick)은 남동부에서의 현상을 독립된 예로 보고, 파함(Charles F. Parham)으로부터 토페카((Topeka, Kansas)에서 현대 오순절운동이 1901년 1월 1일에 시작되었다고 주장한다. 도날드 기(Donald Gee)는 1906년 LA의 아주사 거리의 놀라운 부흥을 오순절운동의 시작으로 본다.[92] 그러므로 오순절 운동은 처음에는 19세기 말에 미국 남동부(1886년, 노스캐롤라이나)에서 싹이 움트기 시작했고, 그 다음에 더욱 의미심장하게 20세기 최초로 미국 중서부(1901년 1월 1일, 토페카)에서 시작되었고, 그리고 미국 서부지역(1906년 4월 9일, LA 아주사)에서 뚜렷하게 나타나게 되었다고 볼 수 있을 것이다. 본서에서는 찰스 파함의 토페카 부흥과 윌리암 시무어의 아주사 거리 부흥을 중심으로 현대 오순절운동 태동의 역사를 살펴보고자 한다.

A. 찰스 파함(Charles F. Parham, 1873-1929)의 토페카 부흥

현대 오순절운동의 시작은 찰스 파함으로부터 시작되었다고 말할 수 있다. 파함은 1873년 6월 4일 아이오와주의 무스카틴에서 출생하였고, 회심전인 9세 때 목회의 소명을 느꼈다. 그는 13세 때 회중교회에서 구원받았고, 14세 때에는 감리교의 평신도 전도사가 되었다. 16세 때에 사우스웨스턴 신학교에 들어갔으나, 목회를 하나의 직업으로 여겨 비판적으로 보기 시작하여 신학공부에 흥미를 잃게 되었다. 그 후 그는 신학보다 의학공부를 하려고 했으나, 그만 류마티스 열병에 걸리고 말았다. 이 병으로 인해 하나님께 기도하게 되었던 파함은 이 병이 치료받게 되자 다시 신학교로 돌아가 신학공부를 계속했고, 19세 때에 캔사스 주에 있는 감리교회에서 목회를 하게 되었다. 그러나 교회 직원들과의 빈번한 의견 불일치로 인해 1894년에 감리교를 떠나 성결교로 옮겼으며, 그 후에 성결운동에 매료되었고, 대학 시절에 체험한 신유의 교리를 굳게 믿게 되었다. 그는 1895년에 독립교회를 시작하여 범 교단적인 목회를 하게 되었다.

파함은 1896년에 토페카에 **'베델 치유의 집'**을 세워서 치유를 원하는 사람들에게 숙소를 제공해주고 신유의 훈련을 받게 하였다. 파함은 믿음으로 이 기관을 운영하였고, 어떤 봉사나 접대도 받지 않았으며, 하나님께서 필요한 물질을 공급하신다는 믿음으로 이 기관을 운영하였다. 또한 **'사도의 믿음'**이란 잡지를 한 달에 두 번씩 출판하여 무료로 배부하며, 오순절 메시지를 전했다.

파함은 1900년 10월에 선교사 훈련을 위해 신학교를 시작했는데, 그것이 바로 현대 오순절운동의 시발점이 되었던 **'베델 성경학교'**이다. 그는 성경에서 성령세례의 증거가 무엇인지를 찾도록 학생들에게 과제를 주었다. 그 학교에는 34명의 학생들이 있었는데, 사도행전을 통해서 성령세례의 증거가 방언임을 발견하게 되었다. 그리고 파함을 위시하여 학생들은 밤낮으로 열심히 기도하게 되었고, 그러던 중 1901년 1월 1일, 20세기의 첫날에 당시 30세의 신학생이던 아그네스 오즈만이 드디어 성령세례를 체험하였고, 파함의 안수를 받고 기도하던 중에 방언을 말하기 시작하였다. 이것은 즉시 **'20세기 오순절 운동'**의 시작이 되었다. 그리고 몇 날이 못 되어서 파함과 다른 학생 대부분도 모두 오순절적 체험을 하게 되었다. 학생들은 방언으로 찬양하기도 했고, 어떤 학생이 방언으로 하나님의 말씀을 외치면 다른 학생이 곧 바로 그것을 통역했다. 이런 역사를 지켜본 파함은 제2의 축복을 강조하는 성결운동과 고차원의 삶을 위한 운동이 매우 중요한 한 가지 사실을 빠뜨리고 있

1900년 "Stone's Folly"라고 불렸던 찰스 파함의 성경학교

다는 결론에 도달했다. 그것은 성령세례에 있어 가장 먼저 나타나는 표적이 바로 방언을 말하는 것이라는 것이다. 그들은 방언 외에 다른 은사들과 열매들은 방언 이후에 나타나는 부차적인 표적들이라는 결론에 도달하게 되었다.[93] 그 후 5년 동안 파함 목사와 베델신학교 학생들은 미국의 남서부 지역을 순회전도하면서 그가 명명한 초대 교회의 '*사도의 신앙*'을 전파하며 다녔다. 당시 선풍적인 활동을 통해 파함은 2만5천명의 지지자들을 확보하게 되었다.

그는 여러 곳에서 폭발적인 부흥회를 인도했으며, 그의 사도적 신앙운동은 뜨겁게 불붙게 되었다. 많은 사람들이 성령세례를 받게 되었으며, 신유의 기적을 체험했고, 수많은 사람들이 개종하는 놀라운 부흥이 일어났다. 이 사실은 지역 신문에서 대서특필해 주었고, 그는 더욱 힘을 얻어 1905년에 텍사스 휴스턴에 사도적 신앙교회를 세우게 된다. 그 해 12월에 선교사 훈련을 위해 신학교도 세우게 되었다. 그 학교는 10주간의 단기 코스로 소명의식이 있는 많은 사람들을 훈련시켜 선교사로 양성하였다. 그 학생들 가운데는 아주사 거리 부흥의 주역인 흑인 성결교 부흥사인 시무어(William J. Seymour)도 포함되어 있었다.

파함은 오순절 운동 시작의 주역이며, 오순절 운동의 황무지를 개척하여 놀라운 성령세례 운동을 전개한 선구자로 평가할 수 있다. 하지만, 그는 토페카와 휴스턴 같은 도시에서 평판을 얻었지만, 방언이 수반되는 성령세례에 대한 관심을 전국적으로 불붙게 하지는 못했다. 이 일은 그의 학생들 중의 한 사람인 시무어에게 맡겨졌고, 그가 새로운 오순절 부흥을 불러일으키게 되었다.[94]

B. 윌리암 시무어(William J. Seymour, 1870-1922)의 아주사 거리 부흥

파함의 학생 가운데 흑인 성결교 설교가인 시무어가 있었다. 그는 LA의 아주사 거리 부흥의 주역으로서 오순절 부흥운동이 전국적으로 그리고 세계적으로 퍼져 나가는데 큰 공헌을 하였다.

흑인인 시무어는 루이지애나 주의 센터빌에서 노예의 아들로 태어났다. 비록 초기에는 침례교인이었지만, 1895년에 흑인 감리교회에 가입하였다. 5년 후에 그는 신시내티 성결운동의 영향을 받아 완전한 성화의 가르침을 받아들였고, *'저녁 빛 성도회'* (Evening Light Saints, 인디애나 주의 하나님의 교회)에 가입하였다. 1903년에 시무어는 그의 가족을 찾으려는 시도의 일환으로 휴스턴으로 이사했다. 그는 거기에 있는 성결교회에 출석하였으며, 나중에 거기서 목회를 하였다. 파함이 그 해 12월에 휴스턴 성경학교를 열었을 때, 시무어는 거기에 등록을 하였다. 그는 자신이 아직 방언을 하지는 않았지만 방언의 체험이 성경적이고 또 필요하다고 확신하게 되었다.[95]

가장 영향력있고 존경받는 오순절 운동의 리더중의 한명인 윌리엄 시무어

시무어는 1906년에 LA에 있는 흑인 성결교회로부터 설교자로 초청을 받고, 장차 교회 역사상 가장 중요한 부흥성회 중의 하나로 꼽히게 될 집회를 인도하였다. 그는 첫 주일 아침에 자기 자신이 아직 오순절 체험을 하지는 않았지만, 사도행전 2장 4절을 본문으로 하여 성령세례에 관해 설교했다. 하지만 성령세례의 증거로서 방언의 교리를 받아들이지 않는 교회의 반대에 부딪혀서 집회 장소를 개인 가정집으로 옮길 수밖에 없었다. 1906년 4월 9일 이 초라한 집에서 오순절 성령세례가 일단의 흑인 성도들에게 임하게 되었다. 일곱 사람이 성령세례를 받고 방언을 말하기 시작했다. 기록에 의하면 삼일 밤과 낮 동안 그들은 소리를 지르며 하나님을 찬양했다고 한다.[96] 시무어 자신도 4월 12일에 사도행전 2장 4절의 체험을 하게 되었다. 이 소문을 접한 사람들이 사방에서 몰려들었고, 이 군중들을 수용하기 위해 허름한 2층 건물을 구입하게 되었다. 그리고 이 부흥회는 3년간이나 계속되게 되었다.

II. 현대 오순절운동 **117**

아주사의 부흥집회는 길었으며, 어떤 순서에 얽매이지 않고, 성령님의 인도하심에 따라 자연스럽게 진행되었다. 예배 순서는 몇 개의 악기에 맞추어 찬송을 부르고, 간증하며, 기도하는 순서가 있었으며, 그 후에 초청의 시간이 있었다. 이때 구원받기 원하는 사람과 성화되기를 원하는 사람, 그리고 성령세례 받기를 원하는 사람들을 강단 앞으로 초청하여 그들을 위해 기도해 주었다. 그 후에 설교를 하였다. 사람들은 병자를 위해 기도할 때 신유의 은사를 통해 병 고침을 받았으며, 통성기도를 통해 방언을 말하며, 큰 소리로 기도를 했고, 방언으로 찬송하기도 하며 집회는 계속되었다. 그 모임은 그 후 3년 동안 세계의 이목을 끌면서 밤낮없이 계속되었다. 이 집회에서 성령의 권능을 받은 사람들은 방언과 방언통역, 예언, 축사, 신유 등을 행하였다. 사실상 이곳에서 초대 교회의 성령의 역사가 재현된 것이었다. 그리고 특별히 신유의 능력이 놀랍게 일어났다. 이 집회는 곧 오순절 운동의 센터로 발전하게 되었다.

아주사 집회에서 오순절 운동의 불이 퍼져 나가기 시작했다. 그 불길은 너무나 강렬해서 단시간에 전 세계에 알려지게 되었다. 그 큰 불은 역시 전 미국을 휩쓸게 되었다. 저명한 지도자인 플라워(J. Roswell Flower)는 회고록에서 다음과 같이 말했다. 아주사에서 온 최초의 메시지가 내가 살고 있던 지역에 오게 된 그날을 나는 결코 잊지 못할 것이다. 그는 그의 오순절이 왔고, 사도행전 2장 4절의 모범을 따라서 성령세례를 받고 방언을 하였다고 간단히 증거했다. 그의 증거는 마치 폭탄을 던진 것 같았다. 그들은 가르침 보다 더 많은 것을 원했다. 그들은 체험 즉 오순절을 원했다. 오래지 않아 '오순절날'이 충만히 인디애나폴리스에 임했고, 수백 명의 사람들이 성령세례를 받았다.[97]

1906년 당시의 아주사 거리 전경

아주사 거리를 방문한 순례자들에 의해 미국 전역과 세계로 오순절의 불길이 더욱 확산되어 갔다. 시카고 지역에 이 불길을 옮긴 사람은 윌리엄 더함(William D. Durham)이고, 오리건 주의 포틀랜드에 이 불길을 옮긴 사람은 플로렌스 크로포드(Florence Crawford)였다. 뉴욕시에서는 마리 브라운(Marie Brown)이, 인디애나 주의 인디애나폴리스에서는 로즈웰 플라워(Roswell Flower)가 그 사역을 감당했다. 캐나다에서 이 사역을 감당한 사람은 아규(A.H. Argue)와 워드(A.G. Ward)였다.

노르웨이 감리교 목사인 바레트(T.B. Barret, 1862-1940)는 뉴욕에서 아주사 부흥소식을 들은 후, 아주사 부흥운동의 지도자늘과의 서신 왕래를 통해 그들의 조언에 따라 성령세례를 받게 되었다. 그는 노르웨이로 돌아가서 오순절 운동을 시작하였다. 그 다음에 영국, 독일과 스웨덴에서 시작했고, 마침내 유럽의 오순절 운동의 아버지가

II. 현대 오순절운동 119

되었다. 많은 사람들이 LA로 오거나 LA에서 온 편지를 받았고, 새로운 기쁜 소식이 점차 확산되었다. 한 세대 안에 이 오순절 운동은 교회사에서 하나의 강력한 세력을 형성하며 확장되게 되었다.[98] 아주사 거리 부흥은 2천년 전 오순절 다락방에서 일어났던 성령의 역사가 현대에도 똑같이 재현될 수 있다는 가르침을 많은 사람들에게 심어주며 전국적으로 퍼져 나갔고, 전국에 수많은 오순절주의 교회들이 생겨나게 되었다.

3. 현대 오순절운동의 확산

20세기 초에 시작된 현대 오순절운동은 1906년 캐나다로, 1907년 영국, 덴마크, 노르웨이, 스웨덴, 네덜란드, 독일, 폴란드, 인도로, 1908년에는 중국에, 1913년에 아프리카, 중남미, 멕시코, 일본 등지로 퍼져나갔다. 1914년에는 현재 오순절교단 중에 가장 큰 교단으로 영향력을 미치고 있는 하나님의 성회가 조직되었다. 이와 같이 미국 내에서 시작된 현대 오순절운동은 계속해서 성장해 갔고, 1960년대부터 신오순절 운동 즉 은사 운동이 시작되어 확산되어 갔고, 1980년대부터는 제3의 물결 운동이 일어나면서 오순절 운동은 더욱 확장되게 되었다. D.B. Barrett는 제3의 물결 운동을 포함하여 전 세계에서 일어나고 있는 오순절 체험 운동을 신은사주의 운동이라고 말한다. 신은사주의자들은 기존의 오순절 혹은 은사주의 교단들과는 연관성이 없으면서 오순절적 체험을 가진 집단을 뜻하는 용어이다. 바렛에 의하면, 전 세계에 퍼져있는 신은사주의자들의 수는 모든 정통 오순절주의자들과 은사주의자들의 숫자를 합친 것 보다 훨씬 더 많다고 말한다. 현대 오순절운동이 시대적으로 확장되는 흐름을 파악하기 위해 정통 오순절운동과 은사주의 운동, 그리고 제3의 물결을 포함한 신은사주의 운동을 살펴보기로 하자.

A. 정통 오순절운동 (The Classical Pentecostal Movement)

정통 오순절운동은 앞서 살펴 본대로 1901년 1월 1일에 미국의 캔사스 주의 토페카에 소재한 찰스 파함의 베델성경학교에서 시작된 부흥을 그 기원으로 삼을 수 있다. 파함은 성령세례의 증거를 방언 말함으로 확신하였다. 하지만 이 사건의 영향력은 제한적이었고, 몇 년 후에 전국적으로 퍼지게 되었다. 흑인 성결교 설교자였던 윌리엄 시무어는 성령세례에 대한 파함의 가르침을 진리로 확신하였고, 이 새로운 메시지를 캘리포니아 주의 LA에서 전하게 되었다. 곧 이어 일어난 아주사 거리 부흥(1906-1909)은 하나의 놀라운 종교 부흥 운동이었다. 흑인, 백인, 히스패닉 계 사람들이 함께 모여 예배를 드렸고, 남자와 여자가 서로 지도력을 공유하였다. 성직자와 평신도의 벽도 사라졌는데, 왜냐하면 참석자들은 모두가 사역을 위한 성령의 능력부여는 모두에게 차별없이 주어진다고 믿었기 때문이다. 1세기 말에 은사는 중지되었다고 믿고 있던 많은 사람들에게 고린도전서 12장의 성령의 은사들이 다시 완전히 회복되었다는 것을 알려주게 된 것이다.

LA의 *"성령의 부어주심"*의 소식은 소문을 통해, 그리고 인쇄물을 통해 전국으로, 세계로 퍼져 나갔다. 얼마 지나지 않아, 오순절의 부흥은 캐나다, 영국, 스칸디나비아, 독일, 인도, 중국, 아프리카, 그리고 남미로 확산되었다. 하지만, 신학적 쟁점들로 인해 오순절 운동은 얼마가지 않아 분열되기 시작했다. 성화의 성격, 방언의 은사, 삼위일체에 관련된 쟁점들은 갈등을 초래하였다. 아주사 거리 부흥의 인종간의 화합은 몇 달이 못가서 사라졌고, 오순절주의는 인종별로 분리되는 결과를 낳았다. 초기에 유지되었던 여성 사역자의 자유와 위상 또한 쇠퇴하게 되었다.

남동부의 몇 개의 성결교단들은 오순절 신학을 인정하였지만, 많은 오순절주의자들은 자신의 모 교단으로부터 배척받고 거부되었다. 그러나 얼마 되지 않아 오순절 선교기관과 교단들이 생겨나기 시작하면서 전통 오순절운동에 박차를 가하게 되었다. 오순절 교회들은 성장률 면에서 1950년까지는 대부분의 다른 교단들에 뒤쳐져 있었다. 하지만 20세기 후반부 50년 동안에 놀랍게 성장하였다. 1970년부터 90년까지의 기간에 오순절주의자의 숫자는 3배나 증가하였다.

정통 오순절운동에 특이할 만한 것은 아주사 거리 부흥에 비견될 만한 오순절 운동의 부흥이 또 다시 20세기 말에도 일어난 것이다. 그것이 바로 미국 플로리다 주의 펜사콜라 시에 소재한 브론스빌(Brownsville)에서 일어난 브론스빌 부흥이다. **'펜사콜라의 성령의 부어주심'**(Pensacola Outpouring) 또는 **'펜사콜라 부흥'**(Pensacola Revival)으로도 잘 알려진 브론스빌 부흥은 20세기가 끝나기 몇 년 전인 1995년 **'아버지의 날'**(6월 18일, 일요일)에 시작되었다. 브론스빌 하나님의 성회 교회에서 주도된 이 부흥은 2000년도 중반까지 무려 5년 이상이나 지속되었고, 부흥사역 팀에 의해 브론스빌 사역학교와 각성 미국 십자군(Awake America crusades)이 미국의 9개 도시와 해외의 8개 도시에서 설립되었다. 또한 이 부흥에 관련된 책자들,

비디오 테잎, 음악 CD 등이 엄청나게 많이 팔려 나갔다.

브론스빌 교회 담임 목사 존 킬패트릭
(John Kilpatrick)

브론스빌 부흥은 물론 성령의 주권적 역사임은 틀림없는 사실이다. 성령께서는 먼저 조용기 목사를 통해 브론스빌 부흥에 대해 미리 예언하게 하셨다. 하나님의 성회 선교부장인 로렌 트리플렛 목사는 1995년 8월 12일 미국 세인트루이스에서 개최된 하나님의 성회 대회에서 전 미주 목회자들 앞에서 브론스빌 부흥에 대해 한국의 조용기 목사가 예언한 바가 있다고 밝혔다. 1991년 미국 루이지애나에서 성회를 인도하고 있던 조 목사는 기도에 깊이 들어가 기도하던 중이었다. 그러던 중에 하나님께서 전 세계를 휩쓸고 있는 부흥의 바람이 마침내 미국에 강하게 임할 것임을 그에게 말씀하셨다. 성령께서는 조 목사에게 *"미국의 지도를 갖고 오라"*고 말씀하셨다. 성령의 음성에 따라 미국 지도를 가져오게 한 조 목사는 손가락으로 좁고 길게 돌출한 플로리다의 펜사콜라 시를 가리키며 브론스빌 부흥을 예언했다. 조 목사는 성령께서 *"내가 곧 이 해변도시 펜사콜라에 큰 부흥을 일으킬 것이다. 이 부흥의 불길은 온 미국을 삼켜버릴 것이다"*라고 자신에게 말씀하셨다고 공포했다.

조 목사는 미국 성회 중에 4년 후에 다가올 펜사콜라의 브론스빌 부흥에 대해 1991년에 미리 예언했던 것이다.[99] 인구 12만의 플로리다의 펜사콜라는 작은 해변도시로서 멕시코만을 따라 11km에 걸쳐 펼쳐져 있는 밀가루 같이 하얗고 부드러운 백사장으로 소문난 곳이다. 하지만 이 도시는 미국 전국적으로 알려진 동성연애자들의 휴양지 가운데 하나로 미국의 현충일(Memorial day)의 공휴일 주말에는 매년 최고 5만 명에 달하는 동성연애자들이 이 곳으로 몰려오는 곳이었다. 이처럼 펜사콜라는 영적부흥과는 전혀 상관없는 도시처럼 여겨져 왔기 때문에 조 목사의 예언의 소식이 펜사콜라의 목회자들에게 전해졌을 때, 어떤 이들은 이 소식을 듣고 미심쩍어하며 루머에 불과하다고 말하기도 했다. 그러나 브론스빌 하나님의 성회 교회의 담임목사인 존 킬패트릭 목사는 이 예언의 말씀을 하나님의 말씀으로 받아들였고, 그를 통해 브론스빌 부흥이 일어나게 되었다.

성령께서는 브론스빌 부흥의 두 주역인 존 킬패트릭(John Kilpatrick) 목사와 스티브 힐(Steve Hill) 목사를 준비하시고 사용하셨다. 1982년 펜사콜라에 있는 교인 3백 명의 브론스빌 하나님의 성회 교회에 부임한 존 킬패트릭 목사는 1995년에 시작된 브론스빌 부흥을 이끌어 간 주역 중의 한 사람이다. 그는 12살 때 아버지가 가족을 버리고 떠나가는 슬픔을 겪으며 불우한 어린시절을 보냈다. 그러나 이 불우한 어린시절이 오히려 하나님의 사랑을 깨닫는 계기가 되었고, 더욱 더 하나님을 향한 믿음과 사랑을 갖게 하였다. 14세 때에 자신이 목사로 부름을 받았음을 확신한 킬패트릭은 매형인 웨첼(Wetzel) 목사의 영향을 받아 집중적인 성경공부와 기도 훈련을 받았고, 마침내 오늘날 브론스빌 부흥의 주역으로 쓰임받게 되었다.

브론스빌 부흥의 또 다른 주역인 스티브 힐 목사도 회심하기 전에 마약중독과 판매로 13번이나 구속되기도 했던 불우한 과거를 극복한 믿음의 사람이었다. 그는 16세 때에 마약을 시작하여 마약중독과 판매로 13번이나 구속되었던 전과자였지만, 21세에 예수 그리스도를 만난 후 회심하면서 새 삶을 시작하게 되었다. 그는 텍사스에 있는 윌커슨 투윈옥스 아카데미에서 영혼구원에 대한 훈련을 받았다. 그 후 7년 동안 사역하면서 남미와 동유럽에 7개 교회를 세우고, 아르헨티나에 고아원을 설립하는 일에 참여했다. 힐 목사는 하나님의 역사에 의해 1995년 브론스빌 부흥의 주역 중의 한 사람으로 활약하게 되었다.

부흥의 주권자이신 성령께서는 브론스빌 교회의 놀라운 부흥을 일으키기 위해 기도로 준비하게 하셨다. 브론스빌 하나님의 성회 교회 담임목사인 킬패트릭 목사는 브론스빌 부흥이 일어나기 몇 년 전 기도하던 중에 성령께서 그의 마음속에 부흥을 위한 기도회를 가질 것을 지시하는 음성을 들었다. 성령의 음성을 들은 킬패트릭 목사는 그 음성에 순종하여 주일저녁 예배를 기도회로 바꾸고 매주일 저녁에 부흥을 위한 기도 시간을 갖기 시작했다. 1993년 킬패트릭 목사와 교회 제직들의 결정으로 주일저녁 집회를 기도 집회로 바꾼 후 그들은 한 주도 빠짐없이 잃어버린 영혼들, 정치 지도자들, 교회와 교단 지도자들, 학교의 교사와 직원 등을 위해 거의 3년간이나 기도했다. 회중은 *'기도에 전념하는 교회'*라는 비전을 세웠고, 교회의 결정으로 12가지 기도제목을 정하고 이에 적합한 깃발들을 만들어 놓고 기도하였다. 일명 *'12 기도 깃발'* (prayer banners)을 만들었고, 전쟁, 가정, 잃어버린 영혼들, 정부 지도자들, 치유, 목회자들, 부흥, 학교, 사역들, 예루살렘의 평화, 어린이, 비극적인

사건 등의 기도 제목을 정해 각각의 기도 깃발에 리더들을 배치하였다.[100]

각 제목과 관계된 특별한 기도 요청들을 모아 각각의 주제에 따라 그 깃발 주위에 모여 기도한 후 킬패트릭 목사의 인도로 회중들은 합심기도를 하였다. 그 후 시간이 지남에 따라 점점 더 많은 사람들이 주일저녁 예배에 모이기 시작했다. 기도회를 시작한 지 2년이 지나자 점점 더 많은 사람들이 '*부흥을 위한 깃발*' 아래 집중되어 깊은 기도 가운데 연합되어 갔고, 이 기도회는 브론스빌 부흥을 일으키는 원동력이 되었다. 이처럼 부흥을 위한 전 교인의 기도로 인해 브론스빌 부흥은 이미 예견되어 있었고, 전혀 예상되지 못했던 사건은 아니었던 것이다.

브론스빌 교회의 부흥은 킬패트릭 목사가 하나님의 성회 동료이자 오랜 친구인 힐 목사에게 전화하여 1995년 6월 18일 '*아버지의 날*'에 주일예배 설교를 부탁하면서 일어나게 되었다. 주일예배 설교를 부탁받은 힐 목사는 예배 중에 기도 받을 사람을 앞으로 나오게 하였는데 갑자기 예상치 못한 일이 일어났다. 회중의 절반인 약 천명의 교인들이 기도를 받기 위해 강대상 앞으로 나아왔고, 그들을 위해 기도하자 한 사람씩 차례대로 바닥에 쓰러지는 일이 일어났던 것이다. 어떤 이들은 울었고, 다른 이들은 몸을 격렬하게 흔들기도 하였다. 다른 사람들은 춤추기도 하고, 두 손을 높이 들고 하나님께 감사했고, 어떤 이들은 억제할 수 없이 떨기 시작했다. 브론스빌 교회의 담임목사인 킬패트릭 목사는 당시를 이렇게 회고한다. 갑자기 사도행전 2장에서와 똑같이 바람이 저의 두 다리를 통해 불어 왔습니다. 강한 바람이 저의 두 다리를 통해 불어오더니 갑자기 저를 넘어뜨렸습니다. 일어설 수가 없었어요. '*참 이상하다*' 는 생각을 했었죠.

움직일 수 없었던 킬패트릭 목사는 다른 목사의 도움으로 강단 위로 옮겨진 후, 마이크를 잡고 *"여러분, 바로 이것입니다. 주님이 여기 계십니다. 모두 앞으로 나오세요!"* 라고 외쳤다. 그 때 부흥강사였던 스티브 힐 목사는 그의 손을 킬패트릭 목사를 향해 흔들면서 *"주님, 더욱 부어주시옵소서!"* 라고 말했을 때 킬패트릭 목사는 바닥에 쓰러졌고, 그 때로부터 48시간 동안 완전히 하나님께 사로잡힌바 되었다. 그 날 오전예배는 오후 4시가 되도록 끝나지 않았고, 또한 저녁예배는 자정이 넘도록 끝나지 않았다. 이와 같은 성령의 역사에 킬패트릭 목사는 부흥회를 하루 더 연장한다고 광고했고, 성도들은 계속해서 몰려 들어오기 시작했다. 하루, 한 주간, 한 달 이렇게 연장되기를 계속한 부흥회는 2000년도 중반기까지도 계속되어지게 되었다. 이 부흥소식을 보도하기 시작한 '*펜사콜라 뉴스저널*' 은 *"1995년 6월 18일 '아버지의 날'에 시작된 부흥이 6주 만에 교단의 벽을 넘어 22개국으로부터 3만여 명이 참석했고, 1만여 명이 회심했고, 매일 밤 2~4천 명이 참석했다"* 고 보도했다. 그로부터 몇 주 후에는 9만7천 명이, 2000년까지 3백50만 명이 다녀갔으며, 이 부흥회를 통해 회심한 사람이 35만 명을 넘게 되었다. 브론스빌 부흥을 통해 수많은 사람들이 변화되는 역사가 일어났다. 알콜 중독자와 마약 중독자가 회개하고 변화되었고, 매춘부와 갱 멤버들이 공개적으로 자신의 죄를 고백하고 회개하며 그리스도 안에서 새 삶을 찾았다.

또한 하나님의 성회의 보수적 목사들도 처음에는 브론스빌 교회의 부흥에 대해 비판적이었으나 브론스빌 교회를 방문하고 난후,

자신들이 시무하는 교회에도 많은 사람들이 부흥의 물결로 변화되고 영적갱신이 일어남을 체험하면서 태도의 변화를 일으켰다. 그리고 은사운동과 관련이 없었던 인근 지역의 침례교회, 감리교회에도 변화의 물결이 일어났다. 각 교회의 담임목사가 브론스빌 교회의 성회에 참석한 후 부흥이 일어난 것이다. 그들은 성령세례를 대적하는 설교를 그만두게 되었고, 은사운동을 더 이상 반대하지 않게 되었다.[101]

펜사콜라의 브론스빌 부흥회는 처음에는 일주일에 7번의 밤 예배를 드렸고, 대부분의 경우 자정을 넘어서까지 계속되었다. 몇 개월이 지난 후에는 화요일과 토요일 밤은 기도와 휴식의 날로 분리시켜 운영하였다. 몇 년이 지난 후에도 여전히 킬패트릭 목사는 사람들이 몰려오는 것이 중단될 때까지 집회를 일주일에 6번 정도는 진행해야 한다는 생각을 가지고 있었다.

부흥회가 시작된 후 몇 년 동안 브론스빌 부흥집회는 다음과 같은 형식으로 진행되었다. 매주 수, 목, 금, 토요일 저녁에 보통 4~5시간 계속되는 모임을 가졌는데, 한 시간 이상을 찬양 사역자인 린델 쿨리(Lindell Cooley)의 인도아래 예배를 드렸고, 그 후에 간증의 시간이 뒤따라 왔다. 그리고 스티브 힐 목사의 설교 후에 강단으로의 초청시간을 가졌다. 그리고 마지막으로 기도시간을 가졌는데, 기도 팀이 예배당을 둘러쌓고, 하나님의 새로운 임재를 체험하기 원하는 사람 누구에게나 한 사람씩 붙잡고 기도하였다. 청소년 예배는 목요일에 청소년 성전에서 드렸고, 세례는 본 예배당에서 금요일에 거행되었다. 이 집회일정은 처음 5년 동안에 큰 변화없이 계속되었다. 주일아침 예배는 브론스빌 교회의 교인들에 초점을 두

브론스빌 부흥회에 참석한 각 교단의 신자

고 드려졌다. 화요일 저녁의 기도모임은 특별히 부흥회 시작 전과 후에 개최되었고, 주중 성경공부 모임은 목, 금, 토요일에 실시되었다. 또한 일년에 몇 번 정도 목회자와 교회 리더 혹은 여성들을 위한 세미나가 개최되었다. 이 야심 찬 집회일정은 일년에 몇 번의 공휴일을 제외하고는 거의 중단없이 계속 추진되었다.

브론스빌 부흥의 한 독특한 현상은 연령과 배경을 초월하여 수많은 사람들이 저녁예배에 입장하기 위해 주차장에서부터 예배당까지 줄을 서서 무려 14시간이나 참을성 있게 기다리는 모습에 나타난다. 일반 대중매체들은 이 놀라운 현상을 집중적으로 신속히 보도하기도 하였다.

브론스빌 부흥의 또 다른 독특한 현상은 **"성령의 나타남"** 이었다. 사람들은 억제할 수 없을 정도로 몸을 떨거나 비틀거리는 현상이 나타났다. 어떤 사람들은 성령의 권능아래 쓰러지거나, 몸을 가누지 못하고 누워있었고, 다른 사람들은 울부짖기도 하고, 한 없이

웃기도 하였고, 춤을 추고, 노래하기도 했으며, 환상을 보기도 하고, 주님의 음성을 듣기도 하였다. 놀랄 필요도 없이 이 부흥을 비판하는 사람들은 이 현상들을 특히 집중적으로 비판하였다. 하지만 이와 유사한 현상은 역사상에 퀘이커 교도, 쉐이커 교도와 거룩하게 흔드는 교도들(Holy Rollers)은 말할 것도 없이 웨슬리와 조지 휘필드의 대부흥에도 수반되어 나타났던 현상이었다.

브론스빌 부흥의 영향을 지금 정확하게 평가하기에는 이른 감이 있지만, 몇 명의 비평가들의 의견을 제시해 보고자 한다. 오순절 신학자인 빈슨 사이난(Vinson Synan)은 *"이 부흥은 아마 아주사 거리 부흥이래로 지역교회에서 일어난 가장 중요한 부흥일 것"* 이라고 평가했다.[102] 하나님의 성회 총회장이었던 토마스 트래스크(Thomas Trask)는 *"이 부흥의 영향은 대단하다. 우리 교단의 수많은 목회자들이 거기에 갔다 와서 하나님의 능력을 찾고, 추구하고, 믿고, 증거하게 되었다"* 고 높이 평가했다.[103]

풀러신학교의 종교 사학자인 세실 로벡(Cecil Robeck Jr.)은 *"브론스빌 부흥은 사람들의 삶에 미친 깊이와 기간의 관점에서 볼 때 매우 중요하다"* 고 말했다. 그는 또한 아주사 거리 부흥과 비교하여 브론스빌 부흥에 대해 언급했는데, 브론스빌 부흥은 교회문화에 중요한 변화를 일으킨 마지막 대부흥으로 성격을 규정지었다. 한 연구 보고서는 아주사 거리 부흥은 약 5억 명의 사람들의 영성개발에 결정적 영향을 미쳤다고 말한다. 반면에 브론스빌 부흥은 미국 역사상 20세기 말까지 일어난 오순절 운동 중에서 가장 큰 오순절 부흥운동으로 기록되고 있다. 어떤 이는 이런 부흥은 1세기에 한 번 또는 두 번 일어날까 말까 한 진귀한 사건으로 높이 평가하고 있고, 다른 이들은 이 부흥은 예수의 재림 전에 일어날 수 있는 종말의 가장 큰 부흥운동이라고 극찬하며 종말의 표지로 생각하기도 한다. 하지만 20세기 초에 일어난 아주사 거리 부흥과 20세기 말에 일어난 브론스빌 부흥의 하나님의 권능의 나타남의 역사에 대한 올바른 평가는 미래의 비평가들의 몫으로 남겨지게 될 것이다.

20세기 초 아주사 거리 부흥으로 전국적으로 확산되기 시작했던 정통 오순절운동은 그것에 비견될 만한 오순절 운동의 부흥이 또 다시 20세기 말에도 **'펜사콜라의 성령의 부어주심'** (Pensacola Outpouring) 또는 **'펜사콜라 부흥'** (Pensacola Revival)으로도 잘 알려진 브론스빌 부흥을 통해 일어남으로서 더욱 탄력을 받게 되었다. 성령의 주권적 역사에 의해 주도되는 이러한 놀라운 부흥은 앞으로도 계속 일어나게 될 것이고, 정통 오순절운동은 21세기에도 지속적으로 확산되어 갈 것으로 예상된다.

통계학자 D.B. Barrett는 2000년도에 225개국의 740개의 교단들이 정통 오순절운동에 참여하고 있다고 말한다.[104] 이 운동은 2000년도에 약 6천6백만 명의 사람들이 참여하고 있는 것으로 나타나고 있으며, 다가오는 2025년에는 약 9천8백만 명의 사람들이 참여할 것으로 예상되고 있다.

B. 은사주의 운동 (The Charismatic Movement)

1960년경부터 전통적인 기존 교회에서 신오순절주의 혹은 은사운동이 등장하면서 지난 반세기 동안 오순절운동을 끊임없이 괴롭혔던 헛소문과 악평들이 사라지기 시작했다. 또한 신오순절주의 등장의 직접적인 원인이 된 미국 성공회 성도의 최초 방언의 체험이 있기 수 년 전부터 이미 복음주의 주요 교단에서 오순절주의에 대해 점차로 관용적인 태도를 보이며 수용할 태세를 알리는 중요한 조짐이 있었다. 1943년에 미국 복음주의협회가 미국의 몇몇 오순절 교단들에 가입을 권유하였고, 이것은 교회 역사상 중요한 분기점이 되는 역사적 사건으로 오순절운동이 기독교의 주류에 포함되었다는 사실을 의미하였다.[105] 이와 같이 오순절주의는 은사운동이 일어나기도 전에 이미 사회 및 교계에서 좋은 반응을 얻고 있었다.[106] 제2차 세계대전이 끝난 후에 기독교에서 일어난 큰 변화는 오순절운동에 대한 대대적인 재평가 작업이 시작되었다는 것이다. 은사주의 운동이 태동할 때의 배경은 다음과 같다.

1) 은사주의 운동의 배경

1960년대 이후에 오순절 운동이 다시 관심을 끌게 된 원인을 빈슨 사이난은 다음과 같이 분석한다. 첫째, 오순절 교회의 성장이다. 제2차 세계대전 이후에 경제공황시대의 사회현상들이 나타나기 시작했고, 종전 이후에 사회, 경제적으로 하류층에 속했던 많은 오순절주의자들이 물질적 풍요로 인해 중·상층으로 변모하였다. 오순절 교회는 이런 전체적인 분위기에 따라 더욱 크게 성장하였고, 전통 성도들 사이에서 오순절 운동에 대한 호의적인 반응을 일으켰다.

둘째, 1960년대에 미국의 오순절주의자들이 중산층으로 부상하며 긍정적인 인식이 확산되었다. 종전 이후에 물질적으로 풍요로워진 오순절주의자들은 값 비싼 교회 건물을 건축하였고, 부유한 상류층에게도 매력을 끌게 되었다. 고도의 전문직종의 종사자들 중에도 오순절 성도들이 생기기 시작했고, 1960년대에 최초로 오순절 성도 출신인 변호사, 의사, 대학교수들이 등장하게 되었다.

셋째, 오랄 로버츠의 신유운동이 대성공을 거두었다. 브랜함(William Branham), 코이(Jack Coe), 오랄 로버츠(Oral Roberts) 등에 의해 불붙은 신유운동이 미국 내에서 대성공을 거두고 있었다. 1948년 초부터 신유은사 집회에 대해 미국인의 관심이 쏠렸으며, 오순절 전도자들이 인도하는 신유집회 장소는 수많은 사람들로 가득 찼다. 1960년대 이후에 떠오른 은사운동의 가장 대표적인 인물 중의 한 사람은 오랄 로버츠이다. 1950년대 중반에 오클라호마 주 오순절 성결교회 출신의 한 무명 복음전도자였던 오랄 로버츠 목사는 TV 전도사역을 최초로 시도하여 많은 미국 사람들의 의식을 일깨우는 역할을 했다. 이렇게 하여 1960년대 초까지 수백만 명의 미국 사람들이 자기 집 거실에서 TV를 통해 오랄 로버츠 목사의 신유사역을 지켜보면서 오순절주의를 새롭게 인식하는 계기가 되었다.[107]

넷째, 1950년에 드모스 샤카리안(Demos Shakarian)에 의해 시작된 '국제 순복음실업인연합회'가 오순절 신앙을 전파하는데 많은 기여를 했다. 1940년대에 캘리포니아에서 낙농업으로 크게 성공한 오순절 사업가인 샤카리안은 오랄 로버츠 목사의 도움을 받아 순복음실업인연합회를 조직하였다. 이 모임은 아직 한 번도 오순절 교회의 예배에 참석해 보지 못했던 사람들에게 오순절적 체험을 전파하는 선구자 역할을 하기 위해 조직되었고, 물질적 축복과 건강과 방언의 유익을 강조하는 새로운 복음을 열심히 전파했다. 순복음실업인연합회는 목회자들을 배제하고, 미국 자본주의자들의 태도를 취했음에도 불구하고, 기존 교회의 수많은 사람들로 하여금 오순절적 체험을 하게 하는데 결정적인 역할을 감당했다. 이 연합회는 기존 전통 교단들 내부에서 오순절주의가 부각되는데 중요한 촉매제 역할을 하였다.

다섯째, 듀 플레시스(David du Plessis)는 신오순절운동의 확산에 기여한 공로자이자 대변인이었다.[108]

그는 '**사도적 신앙 선교회**(Apostolic Faith Mission)'라는 남아프리카 공화국의 오순절 교회에서 회심한 후에, 1936년 유명한 복음전도자인 스미스 위글워츠(Smith Wigglesworth)의 예언을 들은 후에 교회일치 운동에 열정을 품게 되었다. 그 후 10년 후에 그는 전 세계 전도여행을 다녔다. 1947년에 그는 스위스 취리히에서 열린 제1회 세계 오순절대회를 개최하는데 주도적 역할을 하였고, 1949년에는 이 대회의 총회장직을 맡으며 교회일치 운동을 지지하였다. 듀 플레시스는 은사주의 신앙을 전통 교회에 널리 소개하는데 있어 가장 선두주자였다. 그는 '**로마 가톨릭과 오순절 교인들 사이의 대화**'의 의장직을 맡았으며, 세계 도처에서 개최된 수백회의 오순절 은사집회의 주 강사로 활약하였다. 이런 폭넓은 활동들로 인해 그는 '**미스터 오순절**'(Mr. Pentecost)이란 별명을 얻게 되었다. 그는 오순절 운동의 역사상 기존 교회들 가운데 은사운동을 자리잡게 하는데 결정적이며 가장 중요한 역할을 감당했던 인물로 평가된다.

2) 은사주의 운동의 태동과 확산

초기 오순절운동은 주로 사회, 경제적으로 하류계층에 연관되어 있었고, 복음주의 진영의 외변에 머물러 있었다. 하지만 영적 갱신에 대한 욕구와 더 부유한 계층으로 구성된 주류 교단에서의 방언,

예언, 신유 등을 포함한 영적 은사들에 대한 증대된 관심은 예상치 못했던 운동을 야기하였다. 20세기 초의 아주사 거리 부흥을 중심으로 오순절 운동이 확산된 후에 약 50여년이 지나면서 이 운동은 기존의 모든 교파 속으로 침투해 갔다. 기존 교단의 목회자들과 성도들이 오순절적 체험을 하게 되면서 1960년까지 실제적으로 많은 교단들 내에 **"다락방 오순절주의자들"**(Closet Pentecostals)이 이미 존재하고 있었다.[109]

은사주의 갱신으로 잘 알려진 성공회 교구목사 데니스 베넷

미국에서 이 갱신 운동의 소식은 1960년 캘리포니아의 밴 나이스(Van Nuys)에 소재한 성 마가교회의 교구목사이던 데니스 베넷(Dennis Bennett)의 사역과 관련된 놀라운 사건들을 둘러싸고 전국적 규모로 표면화되기 시작했다. 베네트 목사는 동료 목사 한 사람과 이미 성령세례를 체험한 바 있는 젊은 성도 부부의 도움을 받아 1959년 초에 성령세례를 체험하게 되었다. 1960년 4월 3일에 베네트 목사는 성 마가교회의 2천여 명의 회중에게 자신의 **'오순절 체험'**에 대해 알려주면서 간증하였다. 그는 성령체험이 풍성한 은혜를 얻는 것으로 강조하였다. 이에 대해 부교역자가 분노하여 반발하였고, 교인들의 반발이 심해지면서 베네트 목사의 사임을 요구히였다. 온화한 성품의 베네트 목사는 더 이상의 분란이 생길 것을 염려하여 즉시 교구직을 사임하게 되었다.

성 마가교회에서 일어났던 소동은 주요 라디오 방송국의 보도에 의해 알려지면서, 전 미국인들의 일대 관심을 일으키면서 신오순절 운동은 시작되게 되었다. 그 후 1963년에 예일 대학에서 갑자기 방언의 역사가 일어났고, 곧 바로 다트머스 대학, 스탠포드 대학, 프린스턴 신학교 등지로 확산되었다. 1964년 5월에 약 15개 주에 있는 대학과 신학교 등지에서 은사주의적 갱신을 위한 모임이 우후죽순 격으로 결성되었고, 미국의 많은 교단에 영향을 미치며 성장하게 되었다. 이처럼 성령세례를 받고, 방언을 공개적으로 하면서 많은 시련을 겪지만, 결국 자신의 교단에서 쫓겨나지 않고 정착하게 된 베네트 목사의 사건을 계기로 많은 교단에서 오순절 운동이 일어나게 되었다. 이것을 '신오순절 운동' 혹은 '은사주의 운동'이라고 부르게 되었다. 1960년대에 오순절주의는 공개적으로 오순절주의를 지지한 베네트 목사를 지지하는 수많은 교단의 지도자들에 의해 계속적으로 빠른 성장을 거듭하였다.

당시 지도자였던 하워드 어빈(Howard Ervin, 미국 침례교), 헤랄드 브레드센(Harald Bredesen, 화란개혁교회), 하워드 카냇서(Howard Conatser, 남침례교), 로스 스턴(Ross Whetstone, 연합감리교회), 넬슨 릿와일러(Nelson Litwiler, 메노나이트), 웨렌 블랙(Warren Black, 나사렛 교단), 그리고 래리 크리스텐슨(Larry Christenson, 미국 루터교) 등은 오순절 운동을 부흥시키는데 큰 기여를 했다. 신오순절운동은 성장을 거듭하면서 성공회, 루터교, 장로교 등의 다른 개신교회로 확산되었고, 1960년대 후반기에는 로마 가톨릭교회(1967년)로 파급되었고, 마침내 1970년 초에 희랍 정교회까지 파급되어 초교파적 은사운동으로 자리를 잡게 되었다. 반세기 전까지만 해도 주류 개신교에 의해 가차없이 배척당했던 오순절주의가 1960년대 말에는 그 주류 교회들 안으로 당당히 입성하여 확고한 터를 다지게 된 것이다. 은사운동은 **"성령 안에서의 삶"**을 강조하는 초교파적인 기독교 운동이 되었다. 은사갱신 운동은 방언을 포함한 초자연적 성령의 은사들의 활용을 중요시한다. 이제 은사갱신 운동은 자신들의 교단 내에서 어느 정도 인정과 승인을 받게 된 운동으로 성장하게 되었다.

이와 같이 은사주의 운동은 1960년 이전의 배경을 바탕으로 하여 1960년에 시작하여 1960-1967년 기간에 등장한 운동으로 볼 수 있다. 이 운동은 1967-1977년의 10년 동안에 조직된 형태를 갖추기 시작했고, 1977-87년에 견고한 터를 갖추고 확고하게 자리잡게 된 운동이라고 할 수 있다. 이 은사주의 운동은 1988년부터 세계적으로 확산되며 성장하고 있는 운동으로 유럽, 아프리카, 아시아, 오세아니아와 라틴 아메리카에서 활발히 전개되고 있다. 가장 빠르게 성장하는 지역은 아프리카와 일부 아시아 지역과 라틴 아메리카이다. D.B. Barrett의 통계에 의하면 2000년도에 약 1억 8천만 명이 은사주의 운동에 참여하고 있고, 235개국에서 6,530개의 교단이 참여하고 있는 것으로 나타나고 있다.[110] 다가오는 2025년에는 약 2억7천만 명이 참여할 것으로 예상되고 있다.

3) 정통 오순절 운동과 은사주의 운동의 차이점

정통 오순절운동과 은사주의 운동의 차이는 크게 두 가지 측면에서 접근할 수 있다. 하나는 신학적 측면이고, 다른 하나는 교회적 측면이다. 신학적 측면은 특히 성령세례의 교리에서 나타난다. 너무 단순화시킨 면도 있지만 아마도 유용한 방식의 설명은 다음과 같다. 정통 오순절주의자들은 회심 후에 뒤따르는 은혜의 사역을 강조한다. 이 은혜의 사역인 성령세례는 방언에 의해 증거된다. 일부 사람들은 이 성령세례에는 또 다른 은혜의 사역인 성화도 뒤따라 와야 한다고 주장한다. 반면에 은사주의자들은 두 번째 은혜사역의 필수불가결함이나 혹은 성령세례의 확증으로서의 방언의 증거를 반드시 주장하지는 않는다. 그러나 두 운동은 모두 개인과 교회 삶에 있어서 은사들을 통한 성령의 현재적 역사를 강조한다.

교회적 측면의 차이는 교단참여 문제에 근거한다. 그래서 정통 오순절주의자들은 전통적 오순절 교단에 참여한 사람들을 말한다. 즉, 하나님의 성회, 하나님의 교회, 그리스도 하나님의 교회, 연합 오순절교회와 국제 사중복음교회 등에 참여하는 사람들을 지칭한다. 반면에 은사주의자들은 이들 전통 오순절 교단들 밖에 있으면서도, 주류 교단들에 참여하고 있는 사람들을 지칭한다. 뒤에 기술하게 되는 신은사주의자들은 빈야드교회 같이 독립적, 초교파적 혹은 무교파적 자생그룹이나 기관들에 참여하고 있는 사람들을 말한다. 위의 두 가지 측면의 분류방식은 완전히 적합한 정의는 아닐지라도, 정통 오순절주의자들과 은사주의자들의 차이를 이해하는데 매우 유용한 방식이 될 수는 있을 것이다.

C. 신은사주의 운동 (The Neocharismatic Movement)

오순절주의는 다양한 형태로 급속히 성장하면서 다양한 예배형태, 문화적 태도, 교회구조, 전도방식 등을 가져왔다. 자생적(토착적) 신은사주의 그룹들이 발견되면서 영성과 신학의 형태의 다양성이 더욱 명확해지게 되었다. '*신은사주의자들*'은 정통 오순절주의자나 은사주의자로 분류될 수 없는 전 세계 18,810개의 독립적, 토착적, 초교파적 교회나 그룹들로 구성되어 있다.[111] 이들은 성령, 영적 은사들, 오순절적 체험, 표적과 기사, 능력 대결을 공통적으로 강조한다. 그러나 실제적으로 이들은 그들 자신의 다양한 문화만큼이나 다양성을 나타내고 있다.

신은사주의자들로는 신사도 교회들(the New Apostolic Churches), 마리아의 군대(the Legion of Mary, 케냐에서 시작된 독립 가톨릭교회), 킴방귀스트 교회(the Kimbanguist church, 자이레)와 매나 이그레야 크리스타 교회(Mena Egreja christa, 포루투칼), 천국 그리스도 교회(the Celestial Church of Christ, 가나에서 기원한 토착교회) 등을 들 수 있다. 아프리카의 독립 교회들 가운데서 활발하게 일어나는 있는 영적 체험은 성격상 오순절주의에 속한다. 그러나 그들 신학의 나머지 영역은 여러 그룹들 간에 차이가 너무 크고, 그들의 교리는 애매모호한 면이 많고, 그들 특유의 토착적 세계관을 공유하고 있는 등의 특징을 나타내 보이고 있다. 그들 대부분의 조직 구조나 기관은 조직된 형태로 구성되어 있지 않아 빈약하다.

이들 중 많은 그룹은 최근 20년 동안에 출현하였지만, 다른 그룹들은 오래된 역사를 가지고 있고, 정통 오순절주의 탄생보다 앞선 기원을 갖고 있는 그룹도 있다. 아프리카의 토착 교회들은 1815년 이래로 조직된 형태로 존재해 온 것으로 알려져 있고, 많은 교회들은 1864년부터 은사주의자들이 되었다. 통계학자인 바렛은 이 아프리카 교회의 추종자 수가 오순절 운동의 **"공식적인 탄생일"** 보다 일 년 앞선 1900년에 약 90여만 명으로 추정된다고 주장한다. 이들 신은사주의 아프리카 교회들은 일반적으로 신유, 예언적 환상, 열렬한 황홀경의 기도, 그리고 방언을 수용하고 행하고 있다. 그럼에도 불구하고, 이들은 정통 오순절주의자들과 은사주의교회들 모두로부터 자주 비판을 받아왔다. 왜냐하면, 그들은 귀신들과 조상신의 세계, 주술사의 실재와 숙명론을 포함한 아프리카 특유의 우주관을 함께 공유하고 있기 때문이다.

중국에서는 가정교회 운동과 두 개의 다른 토착 그룹들 - 집회장 교회(the Assembly Hall Churches, 어린 양 무리)와 참예수 교회(the True Jesus Church) - 이 현재 7천8백만 명의 중국 기독교인 가운데 약 65%를 차지하고 있다. 제3의 물결이 그들의 교파주의와 극단적 성령의 나타남을 추구하는 것을 공격했음에도 불구하고, 아마 중국의 모든 기독교인들이 핍박을 계속해서 받고 있기 때문에 정통 오순절주의자들과 은사주의자들은 이들 신은사주의자들을 덜 비판하는 경향을 나타내고 있다. 신은사주의 운동이 급속히 성장하고 있는 다른 아시아 나라들로는 한국, 인도, 필리핀, 인도네시아, 일본 등이 있다. 라틴 아메리카는 지속적으로 가장 많이 오순절주의화 된 대륙으로 세 가지 갱신운동의 물결 모두 급성장하고 있다. 그러나 이들 정통 오순절주의자들과 은사주의자들과 신은사주의자들 간에는 서로 인정하지 않고, 비협조적 형태를 보이는 문제가 존재하고 있다. 하나의 물결운동에 속한 사람들은 나머지 두 물결운동에 속한 사람들의 존재조차 부인하는 일이 비일비재하고, 하나님께서 다른 그룹들에게도 임재 한다는 생각조차 거부한다. 전통적으로 라틴 아메리카의 신은사주의자들은 사회적으로나 정치적으로 카톨릭 은사주의자들이나 정통 오순절주의자들보다 더 진보적인 경향을 나타낸다. 그래서 신은사주의 운동은 많은 수의 경제적으로 가난한 사람들을 성공적으로 교회 안으로 이끌어 들이고 있다. 브라질은 오순절주의가 가장 큰 영향력을 미치고 있는 나라이다. 현재까지 실제로 신은사주의자들의 수가 정통 오순절주의자들의 수를 훨씬 능가하고 있다.

중요한 신은사주의 그룹들로는 'the Legion Mariae'(케냐에서 시작된 '마리아의 군대')와 'the Egreja Mana'(포르투칼에서 기원됨)가 있다.

세계적으로 권위있는 교회성장운동
리더중의 한명인 피터 와그너

지난 20년 동안 라틴 아메리카의 모든 대도시에 세워진 초대형 교회들은 외국 선교사나 선교 기관들과는 전혀 무관한 토착 목회자들에 의해 세워졌다고 피터 와그너는 의미있는 지적을 한다. 신은사주의 운동은 넓은 범주에서 미국에서 확산되고 있는 제3의 물결운동을 포함한다. 제3의 물결운동의 대표적인 예로는 신사도 교회, 빈야드 교회 등을 들 수 있다. 제3의 물결 운동은 정통 오순절주의나 은사주의로 분류할 수 없는 수많은 독립적이고 자생적(토착적)인 교회들과 그룹들을 포함하고 있다는 점에서 넓은 범주에서 신은사주의 운동의 일부로 볼 수 있다. '제3의 물결'이란 용어는 전통 오순절운동(제1의 물결)과 은사주의 운동(제2의 물결)과 유사하지만, 그 운동의 구성원들이 자신들을 위의 두 운동과는 구별되게 여기는 것을 묘사하기 위해 풀러 신학교의 피터 와그너가 붙인 명칭이다.

이 운동의 구성원들은 주로 복음주의적 그리스도인들로서 앞의 두 가지 물결운동의 성령의 역사를 환호하고 지지하지만, 자신들을 그들과는 동일시하지 않는다. 제3의 물결주의자들의 열망은 병자

치유, 축귀, 예언, 기타 은사의 나타남에 보여지는 성령의 능력을 그들 자신의 교회를 지배하고 있는 현재의 목회철학을 방해하지 않으면서, 체험하기를 바라는 것이다. 제3의 물결의 특징을 피터 와 그녀는 다음과 같이 설명한다.

첫째, 성령세례는 중생 후의 두 번째 은혜의 사역이라기보다는 회심 시에 일어난다고 믿는다(고전12:13).

둘째, 중생 후에 뒤따르는 여러 번의 성령충만을 기대하고, 몇몇 경우는 소위 **'성령세례'**와 매우 유사하게 보일 수가 있다.

셋째, 방언은 하나님께서 어떤 사람에게는 주시고, 다른 사람에게는 주시지 않는 신약의 많은 영적 은사들 중의 하나로서 높게 평가하지는 않는다. 방언 말함은 성령체험의 최초의 신체적 증거로 여기지 않고, 오히려 사역이나 기도를 위해 사용되는 하나의 은사로 여긴다.

넷째, 성령의 능력과 기름부음의 사역은 앞의 두 물결의 전형적인 영적체험이라기 보다는 제3의 물결로 들어가는 출발점이다. 사역의 배경은 신유 사역자 같은 개인적 활동보다는 거의 대부분 믿는 자들의 공동체에서 행해진다.

다섯째, 어떤 경우라도 분열은 피한다. 예배 시에 손을 드는 것, 대중 앞에서의 방언, 병자를 치유하는 방법들과 같은 부분에서 이 운동에 참여하지 않는 사람들과의 조화를 유지하기 위해 기꺼이 타협을 받아들인다. '은사주의자들'과 '성령 충만한 성도'라는 용어는 거부한다. 왜냐하면 그런 용어가 이류 그리스도인보다 위에 있는 일류의 영적인 엘리트 그룹 같은 의미를 내포해서 분열을 조장할 수 있기 때문이다.

제3의 물결은 1980년경에 현저하게 나타났고, 이 용어는 피터 와그너에 의해 만들어졌다. 제3의 물결은 신은사주의 범주의 일부로 받아들일 수 있다. 신은사주의는 전통 오순절이나 은사주의로 분류할 수 없는 세계적으로 펴져있는 수많은 독립적이고 토착적(자생적) 교회나 그룹들을 포함하기 때문이다. 즉 신은사주의는 전통 오순절 혹은 은사주의 교단과는 전혀 관련이 없이 오순절과 유사한 체험을 하는 기독교의 지체들을 말하는 것이다.

빈야드 교회의 초대 목사이자 국제
빈야드 사역의 총재인 존 윔버

제3의 물결의 대표적 예로는 빈야드교회를 들 수 있다. 빈야드 운동(Vineyard Movement)은 존 윔버(John Wimber) 목사를 중심으로 빈야드 크리스챤 펠로우쉽(Vineyard Christian Fellowship)에 소속된 교회와 목회자들이 중심이 되어 '**표적과 기사**'(Signs and Wonders)를 통한 사역을 하면서 기독교 세계에 새로운 영향력을 미치고 있다. 미국 캘리포니아의 애나하임에 소재한 빈야드교회(Vineyard Christian Fellowship)는 존 윔버로부터 시작되었으며, 그가 사역하고 있는 교회의 이름을 붙여 '**빈야드 운동**'이라고 불려지게 되었다. 존 윔버의 빈야드교회가 빈야드 운동의 진언지라고 할 수 있다.

존 윔버는 1977년부터 1983년까지 척스미스의 갈보리교회(Calvary Chapel Fellowship)에 속해 있다가 갈보리교회를 떠나 켄 글리크센(Kenn Gulliksen)에 의해 인도된 '**빈야드스**'(Vineyards)라 불리는 여섯 교회의 연합체에 가입하였다. 윔버는 1985년에 빈야드교회 연합체(the Association of Vineyard Churches)를 조직하였고, 이 기관은 그의 계승자인 토드 헌터(Todd Hunter)에 의해 관리되고 있다. 국제 빈야드 사역(Vineyard Ministries International)은 세미나, 책, 테이프와 기타 자료 등을 통해 빈야드 사역을 국제적으로 감독하고 협력해 주는 기관이다. 윔버의 애나하임에 소재한 빈야드교회는 1977년에 50명이었던 교인이 1983년에 3천명이 되었고, 1987년에는 5000명이나 되는 절정기를 이루었다.[112] 윔버의 빈야드교회가 성장함과 동시에 많은 빈야드 교회들이 개척되어 미국과 세계에 큰 영향을 주고 있다. 빈야드 교단은 급속히 성장하여 1983년에 6개였던 교회가 1987년에는 250교회로 성장하였고, 1995년에는 500교회 이상으로 성장하였다.

빈야드 운동의 특징은 자유로운 예배, 능력 전도, 능력 목회 등을 들 수 있다. 윔버로부터 시작된 '**능력 전도**'(Power Evangelism)라는 이름은 빈야드 운동을 구별지어주는 특징이 되고 있다. 윔버는 성령충만의 목적이 능력 전도에 있다고 본다. 그는 표적과 기사가 일어남으로써 사람들이 복음에 귀를 열어 복음전도가 보다 쉬워지고, 효과적이 될 수 있다고 말한다. 그는 "**능력 전도의 전제는 하나님 나라가 그리스도인 안에 이미 임했고, 모든 그리스도인들은 오늘날에도 하나님 나라의 복음을 선포하고 그 능력을 나타내도록 부름 받았다**"고 말한다.[113] 윔버는 지금까지의 전도방법이 사람들로 하여금 그리스도에 대한 결신의 단계를 넘어 제자가 되는 단계로 성장해 갈 수 있게 하는 방법을 모르기 때문에 좌절하는 경우가 있다고 하면서, 표적과 기사를 통해 하나님의 능력을 드러내는 전도방법인 능력 전도가 그리스도의 제자로 성장해 갈수 있게 하는 길이라고 설명한다. 그는 표적과 기사를 통해 하나님의 능력을 드러냄으로 전도하는 능력 전도를 많은 사람들에게 가르치며 실천하고 있다.

빈야드 운동의 또 다른 특징은 자유로운 예배이다. 예배에 참석하는 대부분의 사람들은 거의 정장을 하지 않고 편리한 복장으로 참석한다. 예배 인도자인 윔버 목사도 청바지와 티셔츠 차림 등의 편한 복장으로 설교한다. 예배는 음악 사역자가 인도하는 경배와 찬양시간을 약 30-40분간 갖는다. 음악 사역자들은 기타, 드럼, 키보드 등의 대중적인 악기를 사용하며, 찬양 인도자는 회중들로 하여금 대형 화면에 나오는 찬양가사를 자연스럽게 따라 부르도록 하면서 찬양을 인도한다.

찬양은 회중의 정서에 맞는 가사와 자연스럽고 자발적인 참여 분위기로 인도되어 어떤 사람들은 눈물을 흘리며 회개하고 감격하기도 하고, 다른 사람들은 손을 들어 찬양하면서 영적 깊이에 몰입되면서 예배 분위기는 거룩한 무질서를 이루게 된다. 어떤 사람들은 무릎을 꿇고 기도하면서 자연스러운 분위기 속에서 찬양에 몰입되며, 하나님의 은혜를 체험하여 **'아멘'**, **'할렐루야'**, **'주께 영광을'** 등으로 응답하게 된다. 찬양이 끝나면 담임목사가 나와서 약 15분 동안 설교한다. 빈야드교회의 경우에 설교시간 보다는 찬양시간에 더 많은 시간이 할애된다.

빈야드교회의 예배시 부르는 찬송은 부담없이 들을 수 있다. 비교적 간단한 곡조들이 대부분이고, 그 가사는 일반인들도 쉽게 이해할 수 있는 단순한 것들이 많아, 예배 참석자들이 자연스럽게 부르며 활력을 얻게 하며 청량감을 불어넣어 주려고 한다. 빈야드교회의 찬송들은 동시대의 시적, 음악적 전통을 반영하려고 한다. 참석자들은 이러한 찬양시간을 통해 하나님의 임재를 체험하기를 원하며, 하나님의 초자연적인 능력을 체험하기를 바란다. 그리고 실제로 예배 참석자들에게 초자연적인 성령의 역사가 많이 나타난다.

빈야드 운동의 또 하나의 특징은 예배 가운데 하나님의 임재와 성령의 역사하심, 그리고 이로 인해 현상적으로 두드러지게 나타나는 통회, 통곡, 방언, 쓰러짐, 입신, 진동, 거룩한 웃음, 치유와 축사, 지식의 말씀의 은사와 예언 등이 있다. 이런 성령의 임재로 인한 현상적인 것들이 현저하게 나타나는 특징이 빈야드 운동을 구별짓게 해주고 있다. 그리고 성령이 임재하실 때, 그 분의 사랑을 새롭게 느끼고 깨달았을 때 넘쳐흐르는 마음의 기쁨으로 인해 거룩한 웃음이 많이 나타나기도 한다. 특히 토론토공항 빈야드교회에서 이것이 많이 나타나고 있다. 성령의 새 술에 취해(행 2:13) 형언할 수 없고, 억제할 수 없는 기쁨의 웃음으로 여겨지는 거룩한 웃음(Holy Laughter)은 보통 웃음과는 달리 다른 사람들 앞에서 당황해 하지도 않고, 부끄러워하지도 않고, 억제하지도 않는 특징을 보여준다.

존 아놋트(John Arnott)의 캐나다 토론토공항 빈야드교회는 '**토론토 블레싱**'(Toronto Blessing)으로 유명하다. '**토론토 축복**'은 그의 교회에서 일어난 성령의 새 술에 취한 현상을 말한다. 이 교회의 담임목사인 죤 아노트는 1986년에 캐나다에서 열린 존 윔버의 세미나에 참석한 후 은혜를 받고, 1987년에 빈야드 교단에 가입하였다.

그 후 그의 예배에 성령의 임재로 인한 **'쓰러짐'**과 **'거룩한 웃음'**이 넘쳐나게 되었고, 그의 교회 예배에 대한 소문이 곧 사방으로 퍼져나갔다. 1992년부터 1993년까지 성령의 새 술에 취해 **'거룩한 웃음'**과 성령의 능력으로 인한 여러 현상들이 나타남으로 인해 1994년 1월 20일에 토론토공항 빈야드교회에 20만 명 이상이 모이게 되었고, 이 성령의 역사가 전 세계적으로 알려지게 되었다. 제3의 물결은 빈야드 운동과 함께 출발했고, 함께 성장하고 확산되고 있다. 제3의 물결은 복음주의자들의 폭넓은 지지와 함께 계속 확산되고 있다. 제3의 물결은 1980년대 중반부터 1990년까지는 논쟁적인 국면이었으나, 그 후 이 단계를 벗어나서 목회에 적용하는 단계로 들어갔다고 평가된다. 미국에서의 신은사주의자들인 제3의 물결 운동주의자들은 계속 성장하며 세력을 넓혀가고 있다.

1) 신사도 운동 (New Apostolic Reformation)

대부분의 신학자들과 전통적인 교회들은 **'사도'**와 **'선지자'**를 사도 시대에 국한되는 직분들로 여기고 있지만, **'피터 와그너'**는 지금 시대가 **'제2사도시대'**라고 언급하며, 이 직임이 교회를 위해 여전히 존재함을 강조한다.

바로 이 주장이 신사도 운동의 핵심사상으로 와그너는 그의 저서 『사도와 선지자』에서 교회에 대한 **'사도'**와 **'선지자'**의 필요성을 성경적 배경과 그의 실천적인 활동을 통해 강변하고 있다.[114] 그가 주장하는 이 운동에 대한 성경적 배경으로는 에베소시 4장 11절과 에베소서 2장 20절, 고린도전서 12장 28절이다. 이 구절에서 사도 바울이 **'사도'**와 **'선지자'**는 교회를 위한 직임일 뿐만 아니라 여러 가지 직분들 중에서 첫째와 둘째로 여길 만큼 강조한 것을 바탕으로 한다.

그럼에도 불구하고 많은 전통 교회들이 '**목사**'와 '**교사**'는 인정하지만, '**사도**'와 '**선지자**'에 대한 직임을 인정하지 않고 있다며, 이는 많은 그리스도인들에게 지난 2세기 동안 '**사도**'와 '**선지자**'들이 교회의 터를 놓는 일을 이미 완수했다는 생각이 자리 잡고 있기 때문임을 지적한다. 이에 대해서 와그너는 에베소서 4장 11절의 말씀을 통해 고찰을 해야 한다고 말하는데, 이 본문에서 하나님이 직분에 대한 기한을 정해 주셨기 때문이다.

바로 "**우리가 다 하나님의 아들을 믿는 것과 아는 일에 하나가 되어 온전한 사람을 이루어 그리스도의 장성한 분량이 충만해질 때까지**"(엡 4:13)라고 정해진 것이다.[115] 이러한 점에서 볼 때, 와그너는 아직 현재 교회의 영적 수준이 하나님 보시기 충분히 만족하실만한 '**그리스도의 장성한 분량**'까지 도달했다고 보기는 어렵기 때문에 교회를 위한 다섯 가지 직분이 여전히 존재해야 함을 주장하고 있는 것이다.[116] 이렇게 그가 주장하는 사도는 수직적 사도와, 수평적 사도, 하이픈으로 연결된 사도, 이렇게 네 가지로 구분 되며, 사도들이 교회에서 뿐만 아니라 사회 전반적인 영역까지 세워져 하나님의 선하신 뜻을 이루어가는 것에 대해 보다 구체화해야 한다고 주장한다.[117]

그래서 세상을 종교, 가정, 교육, 정부, 미디어, 예술과 연예, 비즈니스 영역으로 나누고 이들에 대해서 부름 받은 사도들이 정복해야만 사회 변혁이 가능하다고 말한다.[118] 이렇게 피터 와그너는 이 '**사도**'와 '**선지자**'가 지금도 교회에 존재하며, 교회와 사회를 성령 안에서 강력하게 이끌어가는 원동력이 됨을 강조하고 있는 것이다. 한편 그는 국제 사도 연합(International Coalition of Apostles: ICA)을 조성하여 사도로 부름 받은 사람들을 협회 안에서 함께 모이고 있다. 이렇게 함으로써 사도의 직분에 대해 훨씬 광범위한 상호 인증을 하고, 현대의 사도 사역에 대한 신뢰도를 높이는 활동을 하고 있다.[119] 이 모임에서 정의하는 사도의 역할은 다음과 같다.

> "사도는 지정된 사역의 영역 내에서 교회의 기초적인 구조를 세우기 위해 하나님으로부터 권위와 더불어 은사와 가르침과 위임과 파송을 받은 기독교 지도자이다. 사도는 성령께서 교회들에 들려주시는 말씀을 들음으로써, 그리고 하나님 나라의 확장을 위해 질서를 세워 나감으로써 이 일을 성취할 수 있다"[120]

데이비드 캐니스트레이시 (David Cannistraci)는 사도에 대해서 "사도는 영적 권위와 인격과 은사들과 능력을 가지고 사람들에게 다가가서, 특별히 지역 교회들을 설립하고 감독하는 일을 통해, 그들을 하나님 나라의 진리와 질서에 거하게 하는 일을 위해 그리스도에 의해 부름을 받고 보내진 자들이다."[121] 라고 정의한다.

해럴드 에버롤 (Harold Eberle)의 정의는 좀 더 간단명료하다. "진정한 사도는 특정한 임무를 성취하기 위해 하나님에 의해 보냄을 받은 사역자이다" 그리고 사도들에게 기대할 수 있는 사역을 이 단체에서 열두 가지로 구분하였다.

1. 계시를 받음 2. 비전제시 3. 태동시킴 (새로운 일들을 자발적으로 계획하고 시작함) 4. 풀어주기 (하나님은 다른 사람들 안에 축복을 풀어 주기 위해 사도들을 사용하심. 롬 1:11). 5. 세워나감 (사도들은 어떤 프로젝트를 주의 깊게 계획하고, 의도된 방

향을 따라 그것을 성취할 방법들을 모색함) 6. 질서부여 (사도들은 선지자들과 함께 하나님 나라의 성경적 토대를 놓는다. 엡 2:20). 7. 가르침 (행 2:42). 8. 파송 (자기 역할을 충실히 행할 준비가 된 자들을 파송함) 9. 완성 (사도들은 하나님의 프로젝트나 하나님의 한 계절을 의도된 방향으로 완성할 수 있음) 10. 전투 (사도들은 하나님 나라 군대의 장군들로서, 영적 전투에서 교회를 지휘 함) 11. 연결 (다음 세대의 리더들을 양육한다. 그들은 믿음의 자녀들에게 영적 아비와 어미의 역할을 한다. 고전 4:15). 12. 준비시킴 (사도들은 사역을 위해 성도들을 준비시킨다. 엡 4:12)[122]

한편 이렇게 사도의 직분을 추구하는 이들이 인도하는 집회에는 금가루 현상, 예언, 입신 등 다소 극단적이라고 부를 수 있는 신비주의 현상도 일어난다.

2) 신사도 운동의 확산

밥 존스(Bob Jones)

지난 40여 년 동안 이 신사도 운동의 대부이자 선지자로 추앙 받은 밥 존스(Bob Jones)는 현대 '*사도적 예언 운동*'의 대표적 인물로 알려져 있다.[123] 바로 피터 와그너가 신사도운동을 신학적으로 체계화 했다면, 그는 이 운동을 본격적으로 시작한 인물이다. 바로 그의 사역은 일곱 살 때 미국 중부에 있는 알칸소의 비포장도로를 걷고 있다가 천사 가브리엘을 만났던 것에 기인한다. 그 천사는 두 개의 은 트럼펫을 불었으며, 그의 발아래 오래된 황소 가죽을 던졌다. 이 모습을 본 그는 심히 두려워하였지만, 이때부터 그의 선지자적 사명이 시작되었다고 공언해 왔다.

이후 하나님은 그에게 지진, 해일, 혜성, 기상 패턴을 예언 할 수 있도록 하심으로 그의 예언이 40년 동안 이루어질 수 있도록 하셨고, 다니엘처럼 주신 꿈과 경험을 교회 지도자들에게 전하게 하심으로써 주위를 놀라게 했다. 1975년 그는 사망하였지만, 하나님이 다시 살려 보내심으로써 많은 성도들로 하여금 영적은사를 이해할 수 있도록 하였다. 그리고 마지막 수확의 큰 물결 속에서 하나님의 나라로 들어오는 10억 명의 영혼을 보게 될 것이라는 예언을 하였다.

　이렇게 천국 간증과 신비주의적 집회, 예언 운동을 활발히 전개한 그는 하나님의 표적과 기사가 온 세계를 누비게 될 것이라 예언하며 제3의 물결이 임할 것을 주장했다. 국제기도의 집(IHOP)의 마이클 비클, 폴 케인(Paul Cain) 등과 함께 캔사스시티 예언자 그룹(Kansas City Prophets)의 대부로도 존경을 받았던 그는 피터 와그너와 함께 신사도 운동을 전파하는데 앞장선 대표적인 인물로 평가된다.

　현재 신은사주의자들은 오순절주의자들 가운데서 가장 큰 세력으로 부상하였다. 신은사주의 운동은 2000년도 통계에 의하면 전 세계적으로 225개국에서 18,810개 교단이 참여하고 있는 것으로 보고되고 있다. D.B. Barrett의 통계에 의하면 2000년도에 전 세계 신은사주의자의 숫자는 약 2억9천5백만 명으로 보고되고 있다. 이 숫자는 전 세계의 정통 오순절주의자들(약 6천6백만 명)과 은사주의자들(약 1억8천만 명)을 합친 것보다 많은 숫자로 오순절주의 운동의 가장 큰 세력으로 등장하였다. 신은사주의자들은 다가오는 2025년에는 약 4억6천만 명이 될 것으로 예상되고 있다.[124]

전체 오순절주의자(정통 오순절주의자, 은사주의자, 신은사주의자 포함)의 수는 2000년도 통계에 약 5억3천만 명으로 나타나고 있고, 다가오는 2025년에는 약 8억 명에 이를 것으로 예상되고 있다.

3장

미국 오순절 교회의 역사

1. 오순절 내부의 그룹들과 특징
    A. 웨슬리 계열의 오순절 교회들
    B. 비웨슬리 계열의 오순절 교회들
    C. 유니테리언 오순절 교회들

2. 미국 오순절 교회사
    A. 하나님의 성회 (Assemblies of God)
    B. 하나님의 교회 (Church of God: Cleveland, TN.)
    C. 예언 하나님의 교회 (Church of God of Prophecy)
    D. 그리스도 하나님의 교회 (Church of God in Christ)
    E. 국제 오순절성결교회 (International Pentecostal Holiness Church)
    F. 국제 사중복음교회 (International Church of Foursquare Gospel)
    G. 세계 오순절성회 (Pentecostal Assemblies of the World)
    H. 국제 연합오순절교회 (International United Pentecostal Church)

한국 오순절 교회의 신앙과 신학
Pentecostal Churches in Korea

III. 미국 오순절 교회의 역사

1. 오순절 내부의 그룹들과 특징

 빈슨 사이난에 따르면 오순절 교회들은 교리적 차이의 관점에서 볼 때, 세 개의 주요 그룹으로 나눌 수 있다고 말한다. 즉 웨슬리 계열 오순절교회, 웨슬리 계열이 아닌 개혁주의 침례교 그룹, 그리고 유니테리언 그룹으로 분류할 수 있다. 미국 오순절 교회사를 고찰하기에 앞서 먼저 오순절 내부의 세 그룹과 그 특징을 간략히 살펴보자.

A. 웨슬리 계열의 오순절 교회들

 오순절주의의 내부에 속해있는 이 교회들은 오순절주의 밖에 있는 교회들(예를 들면 나사렛 교단)과 분명하게 구분해야 할 필요가 있다.

넓은 관점에서 볼 때, 일반적으로 감리교 전통은 성화를 하나의 단계가 아닌 지속적인 과정으로 받아들였다. 웨슬리 계열의 성결교 교회들은 자유주의 성향의 감리교회들이 웨슬리 전통을 올바로 실천하지 못하는 것에 반발하여 탈퇴하였고, 성화의 교리를 아주 진지하게 받아들였다.

성화를 '**단계**(step)'로 보는 견해와 '**과정**(process)'으로 보는 견해 둘 다 웨슬리의 저서에서 유추될 수 있다. 하지만 그가 내주하는 죄를 근절할 수 있다고('기독교인의 완전' 또는 '완전한 사랑') 가르친 것은 사실이다(웨슬리 계열이 아닌 사람들은 이것을 '완전주의'라고 보통 부른다). 감리교의 전통은 이러한 완전교리를 잘 포장해 왔고, 이것은 아마도 의심할 여지없이 웨슬리의 저서들이 성화를 '**과정**'의 접근 보다 '**단계**'의 접근에 귀결시켰기 때문일 것이다. 그래서 모든 웨슬리 계열의 성결교회들이 이 접근방식을 지지한다.

오순절 운동에 합류하지 않은 성결교 교회들은 기독교인의 삶을 두 단계 모델로 가르쳤다. 첫 번째는 중생이고, 그 후 또 하나의 구별되는 사건으로 두 번째 축복인 성화(내주하는 죄를 근절하는 것)를 말한다. 이 두 번째 단계를 웨슬리 계열이나 케스윅 성결교 계열에서는 성령세례라고 부르기도 한다. 첫 번째 단계인 중생은 단지 외적인 정화(external purification)를 성취하는 것일 뿐이다. 이에 반해서 오순절 운동 내부에 있는 성결교회들은 세 단계 모델을 제시하였다. 처음 두 단계(나사렛 교회와 같이)에 방언을 수반하는 성령세례를 세 번째 단계로 추가시켰다. 이들은 두 번째 단계를 성화라고 불렀고, 성령은 정화된 마음에만 오실 수 있다고 주장하며 이것이 세 번째 단계에 일어난다고 믿었다. 물론 이것은 중생과 성화시의 성령의 역할에 대해 상당한 문제를 야기하는 부분이다.

오순절 부흥운동의 가장 초기의 주역인 파함(캔사스 주의 토페카 부흥)과 시무어(아주사 거리 부흥)가 이 세 단계 교리를 가르쳤다. 미국내 오순절 교회의 절반가량이 이 초기의 오순절 교리(세 단계 접근)를 지지하고 있다. 오순절 교단인 그리스도 하나님의 교회(Church of God in Christ), 하나님의 교회(Church of God)와 오순절 성결교회(Pentecostal Holiness Church)가 여기에 속한다. 이 흑인 주류 교회인 그리스도 하나님의 교회는 1895년 메이슨(C.H. Mason)에 의해 창립되었고, 1977년에는 전 세계에 약 550만 명의 성도가 있다. 규모가 큰 오순절 교단 중의 하나인 백인 주류의 하나님의 교회(Church of God)는 1886년에 설립된 가장 오래된 오순절 교회로 전 세계에 1990년대 말까지 약 400만 명의 성도가 있다는 것으로 보고되고 있다(테네시 주 클리블랜드에 본부가 있다). 웨슬리 계열에 속한 또 다른 오순절 교단은 오순절 성결교회(Pentecostal Holiness Church)이다. 이 교회는 1998년도에 전 세계에 약 270만 명의 교인을 확보하고 있다.

이 세 단계 교리의 한 가지 흥미로운 점은 이 교리가 어디에서 시작되었는지를 분명히 알 수 없다는 점이다. 처음 두 단계는 분명히 웨슬리 성결교 전통에서 나왔고, 세 번째 단계는 케스윅 성결교 전통에서 왔다. 케스윅 그룹은 중생 후에 성령세례가 있다고 가르쳤지만, 내주하는 죄를 완전히 근절한다는 부분은 거부했다. 이들(케스윅)의 두 번째 단계는 '*내석인 정화*'가 아니라 '*능력으로 덧입는 것*' 또는 '*기름 부음*'이라고 하는 것이었고(초기 오순절 운동에서는 이것을 세 번째 단계로 받아들였다), 웨슬리 성결교 전통에서 이것은 성화와 연결된 과정이 아닌, 일종의 단계였다. 이러한 케스윅의 입장이 무디, 토레이, 고든(A.J. Gordon), 알렉산더 다위, 심슨(A.B. Simpson)에 의해 미국에 소개된 후에 웨슬리 전통의 두 단계(중생과 성화)에 성령세례를 덧붙이면서 방언을 성령세례의 최초의 외적인 증거라고 하는 내용과 연결시켰을 수가 있다. 그리고 이 부가된 부분이 바로 오순절 교단이 만든 작품이라고 할 수 있다.

B. 비웨슬리 계열의 오순절 교회들

갈보리의 완성된 사역을 주장한
윌리엄 더햄

오순절 신학에 있어서의 두 번째 주된 조류는 시카고 출신인 더햄(W.H. Durham)의 비웨슬리주의적인 신학적 접근과 연관되어 있다. 더햄은 미국 오순절 운동에 있어서 유일한 초기 신학자로 간주될 수 있다. 그는 그리스도께서 갈보리에서 이루신 것은 완성된 사역이라는 확신을 가졌고, 따라서 세 단계의 웨슬리주의 성결교 교리는 비성경적이라고 보았다. 그에게 있어서 성화는 평생 동안 이루어지는 과정이었고, 이 견해는 후에 하나님의 성회(Assemblies of God)에 의해 받아들여졌다.

초기 오순절파 교인들은 성령세례가 세 번째 경험을 나타낸다고 믿고, 계속 성화를 뚜렷한 두 번째 은혜활동이라고 가르쳤다. 그러나 많은 사람들, 특히 침례교나 개혁주의적 배경을 가진 사람들은 실제로 성경이 이것을 가르치고 있는지에 대해 의문을 가졌고,

많은 사람들이 자신의 경험에서 뚜렷한 두 번째 은혜활동을 구별할 수 없었다.

초기 웨슬리안 성결론자는 성화를 제2의 순간적 영적 위기로 생각했다. 그런데 시카고의 윌리암 더햄(William Durham)은 이 견해를 거부하고, **'갈보리의 완성된 사역'**을 주장하였다. 즉 갈보리 십자가는 단지 과거의 죄만 담당한 것이 아니라, 신자의 성화까지도 단번에 이루었다고 가르쳤다. 십자가의 사역은 구원과 성화를 단번에 이루었다는 것이다. 더햄은 사람을 의롭게 하는 신앙이 그 사람을 그리스도 안으로 이끌어온다고 가르쳤다. 그리스도안에서 신자는 성화에 관하여 완전하며, 구원의 부분을 이루고 있거나 구원과 관련된 다른 모든 것에 대해서도 완전하다. 회심 경험에는 그리스도께서 영혼을 깨끗케 하여 신자가 새로운 피조물이 되는 경험이 포함되므로 성화를 위한 차후의 은혜 활동은 필요치 않다. 신자는 그리스도 안에 거하고, 성령을 받아 행하고, 은혜 안에서 그리고 하나님과 그리스도에 대한 지식에서 자라야 할 필요만 있을 뿐이다.

이것은 구원 혹은 중생이후에 또 다른 2차적인 성화의 교리를 주장하는 웨슬리안 성결론과는 명백히 구분되는 가르침이었다. 구원이후에 또 다른 은혜가 필요없이 갈보리의 십자가가 모든 것을 완성하였다는 의미에서 더햄의 주장을 **'완성된 사역론'**(Finished Work)이라고 부른다. 더햄의 견해를 따르는 비웨슬리 계통의 오순절주의자들은 성화를 중생시에 주어지고, 농시에 그리스노인의 삶을 통해 점진적으로 발전해 나가는 것으로 이해한다. 그래서 성화는 두 번째 은혜의 사역이 아니며, 성령세례 전에 일어나야 할 준비단계가 아닌 것이다. 오히려, 신자의 마음은 중생시에 본질적으로 성결케 되는 것이다. 그러므로 성령세례를 받기위해 마음을 정결케 하는 준비단계는 필요없는 것이다. 따라서 더햄은 신자가 추구해야 할 것은 이차적인 은혜가 아니라 이미 받은 성화의 은혜를 지속적으로 발전시키는 것이라고 주장했다. 더햄은 사람들에게 내적 삶이 완전해지도록 그리스도안에 거하며 은혜 안에 자라며, 말씀의 순전한 젖을 사모하여 점점 자라 성숙하라고 요구했다. 비웨슬리 계통의 오순절주의자들은 칭의와 최초의 성화가 동시에 일어난다고 본다. 칭의는 하나님 앞에서 신자에게 새로운 지위를 주며, 성화는 신자를 새로운 상태로 들여보낸다고 본다. 그래서 두 번째 은혜사역의 체험을 부정하며, 우리가 영화될 때까지는 완성되지 않는 점진적인 성화를 주장한다. 더햄의 이러한 주장은 시카고 지역에서 수많은 사람에 영향을 끼쳤고, 심한 논쟁을 일으켰다. 많은 사람들은 그들의 신앙이 성화의 경험보다는 그리스도안에 있어야 한다는 더햄의 주장을 어렵지 않게 받아들였다. 더햄의 **'갈보리의 완성된 사역'** 논쟁은 결국 2단계 성화론을 탄생시켰다.

이것은 침례교인이었던 더햄에게는 이미 익숙해 있던 평범한 교리였다. 소위 내주하는 죄의 근절을 거부한다는 점에서 케스윅 전통에 가깝지만, 성화가 시작되는 구체적인 시기(특정한 때)가 없고, 따라서 하나의 상태로 유지되어야 한다는 점에서 케스윅 전통과 다르다. 케스윅 성결교 전통에서는 성령세례를 특정한 때에 일어나는 것으로 보고, 이때부터 계속되는 과정이라고 가르쳤다. 더햄의 침례교인적 관점은 이 과정(성화)이 하나님께 항복하고 더 깊은 삶을 추구하는 어떤 특정한 시점에서 시작되는 것이 아니라, 중생할 때 중생과 함께 시작된다는 것이다. 물론 더햄이 사용한 성령세례라는 용어는 두 번째 단계로 성령의 능력을 받는 의미로 사용하였다.

이러한 견해는 그가 주장한 그리스도의 완성된 사역에 대한 교리에 아무런 위협을 주지 않았던 것이다. 그가 말하는 두 번째 단계는 구원과 직접적인 관련이 없고, 단지 복음을 전하는 능력있는 증인이 되기 위해 성령의 능력으로 덧입혀지는 것으로 방언을 그 증거로 주장하였다.

더햄의 주장은 비웨슬리안 계통의 오순절파에 인기가 있었다. 전통적으로 칼빈주의는 성결을 중생이후의 점전적인 성장으로 간주하였다. 따라서 칼빈주의적 신학을 가진 장로교나 침례교적 배경을 가지고 오순절주의자가 된 사람들은 더햄의 주장을 받아들였다. 남침례교 목사 출신으로 하나님의 성회 초대 총회장이었던 벨(E.N. Bell)도 더햄의 주장을 받아들이고 지지하였다. 더햄의 영향력은 미국 내의 비웨슬리안 뿐만 아니라 전 세계의 오순절 운동에도 널리 확산되었다. 하나님의 성회는 처음에는 어느 정도 웨슬리안 오순절파의 입장을 고려하여 중간적 입장을 견지하였으나, 대세는 반웨슬리안 입장으로 기울어지게 되었다. 따라서 하나님의 성회는 점점 더 햄의 주장을 지지하여 교리로 정립하게 되었다. 이 견해를 지지하는 비웨슬리 계통의 오순절 교회들로는 하나님의 성회, 엘림 오순절교회, 국제 사중복음교회 등이 있다. 은사주의 계통의 교회들도 대체로 이 견해를 지지한다. 비웨슬리 계통의 교회인 성공회, 루터교, 장로교의 은사주의자들은 대체로 이 견해를 지지하며, 성령세례를 받기 위한 선결 조건으로 두 번째 은혜사역을 주장하지 않고, 대체로 믿음과 그리스도의 죄 사함의 정결함을 성령세례의 유일한 선행조건으로 본다. 1990년에 전 세계에 약 3천만 명의 신자가 있는 하나님의 성회가 이 같은 주장을 하는 가장 큰 그룹이다.

C. 유니테리언 오순절 교회들

오순절 교단의 세 번째 그룹이 유니테리언 그룹에 속하는 교회들이다. 이 그룹의 지도적인 역할을 감당하는 교단이 연합 오순절 교회(United Pentecostal Church)로 1945년에 '오직 예수이름'으로만 세례를 받아야 한다고 믿었던 여러 단체들이 합병하여 만들어진 교회이다. 1998년 현재 전 세계에 약 260만 명의 성도가 있는 것으로 알려지고 있다. 미국 내의 약 20%-25%의 오순절 교회들이 삼위일체를 부인하는 이 견해를 지지한다. 이 그룹에 속하는 다른 교단으로는 사도 극복 하나님의 성결교회(Apostolic Overcoming Holy Church of God)와 사도 신앙의 우리 주 예수 그리스도 교회(Church of Our Lord Jesus Christ of the Apostolic Faith)가 있다.

이 그룹은 오순절 운동의 비웨슬리 계열에서 파생되었으며, 성화에 관해 케스윅의 입장 또는 침례교적인 입장을 지지하고 있다. 예레미야 31장 22절에 근거해서 주님께서 어떻게 새 일을 창조하시는가에 관한 설교를 통해 이 교리가 태동하였다. 존 쉐프(John Scheppe)와 프랭크 에와트(Frank Ewart)가 오순절 교회들에 이 교리를 전파하였다. 이들은 골로새서 2:9와 사도행전 2:38에 기록된 침례에 관한 기록을 인용하여 '오직 예수이름'으로 물세례를 받는 것을 강조한다. 또 삼위일체를 부인하고, 한 인격에 의한 세 가지 역할을 주장하는 양태론적 교리를 믿게 되었다.

미국내 부흥운동에서 그리스도 중심의 메시지가 강조된 것이 이 교리를 발전시켜 나가는 데 한 가지 요소로 작용하였다. 이 그룹이 '오직 예수'(Jesus Only) 그룹으로 불리어지는데 대해 당사자들은 찬성하지 않았는데, 그 이유는 아버지와 성령을 전적으로 부인하는 것처럼 보이기 때문이다. 대신에 데이빗 리드(David Reed)는 복음주의적 유니테리언 오순절주의(Evangelical Unitarian Pentecostalism)라는 이름을 선호하였다. 물론 19세기 뉴잉글랜드 지역에서 자유주의와 이성주의적 회중주의에서 발생한 유니테리언 운동은 그리스도가 아닌 아버지 하나님에 초점을 맞추었다. 하지만 그들 중에는 삼위일체를 받아들이며 새롭게 개종한 사람들에게 예수의 이름으로 세례를 주는 사람들도 있었다. 아마도 그들은 사도행전에 기록된 침례의 형식에 충실하려고 그랬을 수도 있다.

그렇지만 이 그룹의 성경과 계시에 관한 접근 방법은 전형적인 보수주의적 복음주의에 속하며, 자유주의적 유니테리언의 이성주의와 광신적인 유니테리언의 추가 계시는 거부하였다. 이 그룹은 다른 오순절그룹과는 달리 자신의 교리를 국외에 널리 알리는 데는 별로 관심이 없었다. 그래서 이 그룹은 주로 미국 내에만 남아있게 되었다.

2. 미국 오순절 교회사

아주사 거리 부흥으로 촉발된 오순절 운동은 많은 오순절 교회들과 교단들을 탄생시켰다. 웨슬리 성결교 계통의 하나님의 교회, 그리스도 하나님의 교회, 예언 하나님의 교회와 오순절 성결교회 등이 탄생하였다. 비웨슬리 계통의 오순절 교회로 하나님의 성회, 국제 사중복음교회, 열린 표준성경교회 등이 생겨났다. 그리고 유니테리언 교회로는 하나님의 성회에서 분파되어 나온 세계 오순절 성회와 연합 오순절교회 등이 생겨났다.

초기에 새로 만들어진 오순절 그룹들은 새로운 교단을 만드는 데는 그다지 관심이 없었다. 하지만, 혼돈과 불화가 증대되면서 그들은 더 안정되고 견고한 조직의 필요성을 절감 하게 되어 새로운 교단을 창설하게 된다. 미국 내에서 약 40여개의 오순절 교단이 1895년부터 1925년 사이에 만들어졌다. 그들은 인종, 정치, 교리 문제 등으로 인해 갈등과 불화를 겪게 된 후에 분파되어 나와 새로운 교단을 형성해 갔고, 오순절 교회들은 성장을 계속하며 큰 세력으로 부상하게 되었다. 미국 오순절 교회의 역사를 주요 교단을 중심으로 간략하게 살펴보도록 하자.

A. 하나님의 성회 (Assemblies of God)

하나님의 성회는 전 세계 오순절 교단 중에서 가장 규모가 크고, 가장 강력하고, 가장 부유한 백인 오순절교단으로 1914년에 설립되었다. 하나님의 성회는 협력 사역이 자신들의 목표를 더 신속히 완수할 수 있게 만들 것이라고 믿고 있던 오순절 사역자들의 친교 단체로서 알칸사 주의 핫 스프링스에서 조직되었다. 하나님의 성회는 오순절 교단들 가운데서 최초로 웨슬리 계통에 서지 않은 비웨슬리 계열의 오순절 교단이었다.

초기 하나님의 성회 형성기의 주역들은 그 당시에 영향을 미치고 있던 여러 가지 오순절의 가르침, 특히 회복주의(Restorationism)에 강조를 둔 가르침을 받아들이고 있었다. 즉, 찰스 파함의 영향, 사도적 믿음운동, 기독교선교사연맹(C.M.A), 알렉산더 다위의 시온 도시 건설, 시카고 지역의 독립 선교사역 등에 영향을 받고 있던 사역자들이 오순절 교단을 형성했던 것이다. 그 당시 미국 오순절은

미주리주 스프링필드에 소재한 하나님의 성회 본부와 교단 출판사

동은 사도의 신앙협회, 하나님의 교회, 오순절 성결교회 같은 조직체에 의해 지도를 받고 있었지만, 이들 조직체에 가입하지 않은 수많은 오순절 추종자들이 각지에 존재하고 있었다. 이들은 자신들의 친목과 유대를 추구할 전국적인 조직체의 필요성을 느끼고 있었고, 이런 배경 하에 전국 도처에 산재해 있던 오순절 단체들과 교회들이 연합하여 하나님의 성회를 결성하게 된 것이다.

하나님의 성회의 형성은 1913년에 벨(Eudorus N. Bell), 고스(Howard Goss), 오퍼만(Daniel C.O. Opperman), 콜린스(Archidald P. Collins)와 핀슨(Mack M. Pinson)에 의해 주도된 결과였다. 이들은 오순절주의의 구체적 목표들을 성취하고, 수용할 수 없는 교리들과 신앙들을 제거하고자 노력하였다. 그들은 **'말씀과 증인'**(Word and Witness)이라는 잡지를 통해 총회를 소집하였다. 1914년에 두 차례에 걸쳐 독립 교회들로 남아있을 경우의 문제점들을 거듭 지적하고, 창립모임의 건설적 취지를 **'말씀과 증인'**을 통해 설명하며 강조하였다. 1914년 4

월 2일에 미국 22개 주의 지도자들과 해외 선교사 약 3백 명 이상이 알칸사 주의 핫 스프링스에 모여 교단을 창립하였다. 하지만 그 당시 대부분의 오순절주의자들은 교단설립에 대해 불신하는 반응을 보이며 거리를 두고 있었는데, 그 이유는 신약성경이 지역교회 이상을 뛰어넘는 교단 형성을 지지하지 않고 있고, 기관은 성령의 역사를 억제할 수 있다고 믿었기 때문이다. 그래서 초기에 형성된 하나님의 성회는 교단 헌법이나 교리가 없이 느슨한 구조의 기관으로 출범하였다. 하나님의 성회는 교단 본부를 1915년에 알칸사 주에서 미주리 주의 세인트루이스로 옮기며 활동을 시작하였다. 초대 총회장으로는 벨(E.N. Bell) 목사가 인준되었고, 플라워(Joseph R. Flower) 목사가 서기로 선출되었다. 총회장인 벨과 총무 역할을 했던 플라워는 하나님의 성회의 주간지인 '오순절 복음'의 전신을 출간하며 문서전도에 노력했고, 교단은 성장을 거듭하였다.

하나님의 성회는 1910년대를 지나면서 세 가지의 중요한 신학적인 논쟁에 직면하게 되었다. 첫째는 삼위일체에 관련된 논쟁이었고, 둘째는 성화에 관련된 논쟁이었고, 셋째는 성령세례의 유일한 증거로서 방언에 관한 논쟁이었다. 이 논쟁들을 통해 하나님의 성회의 교리들이 형성되어 갔다. 첫 번째 신학적 논쟁은 삼위일체에 관련된 것이었다. 1913년 캘리포니아의 파사디나 근처에서 열린 전 세계 사도 신앙 캠프집회에서 여자 부흥사인 우드워드 에터(Woodword Etter)는 신유집회를 인도하며 적어도 2천명 이상의 사람들에게 예수 그리스도의 이름으로 안수했고, 그 결과 많은 기적과 치유가 일어났다. 또한 '오직 예수운동'에 큰 영향을 준 강사는 맥커리스터(R.E. McArister)였다. 캐나다 출신의 맥커리스터는 사도들이 마태복음 28장 19절에 나오는 삼위일체의 이름으로 세례를 준 것

1959년부터 1985년까지 하나님의 성회를
이끌었던 세계적인 오순절 운동의 리더
토마스 짐머맨

이 아니라, 사도행전 2장 38절의 주 예수 그리스도의 이름으로 세례를 주었다고 주장한 후, 근처에서 몇 사람에게 예수의 이름으로 재세례를 주었다. 이것이 '**오직 예수운동**'(Jesus Only) 혹은 '**예수의 이름 운동**' (In the name of Jesus)이라고 불리어지는 단일성(Oneness)운동의 시작이 되었다. 그 집회에 참석했던 선교사 쉐프(John G. Scheppe)는 '**예수 이름**'의 의미심장함에 크게 감동되어 그날 밤 철야기도를 하였다. 다음날 아침 그는 "*예수 이름의 능력의 계시를 보았다*"고 하며 예수 이름의 능력의 "*새로운 계시*"(New Revelation)를 전파하여 많은 오순절 교회들에 순식간에 영향을 끼치게 되었다. 그리고 '**오직 예수이름으로**'라는 새로운 세례형식으로 재세례를 주기 시작했다.

이 새로운 쟁점이 야기되며 미국 전역으로 확산되어가자, 1915년 5월에 세인트루이스에서 긴급회의가 소집되었다. 이 문제 해결에 결정적인 공헌을 한 사람은 플라워(Flower)였다. 플라워는 성경과 교리를 연구한 후에 "*새 계시*"는 고대 이단의 부활이라고 결론을 내렸다. 그는 교회사 연구를 통해 이 "*새로운 계시*"는 성부와 성자와 성령을 동시에 존재하는 동등한 세 위격으로 보지 않고, 하나

III. 미국 오순절 교회의 역사

님의 연속적인 세 가지 양태로 인식한 반 삼위일체 사상인 *'양태론적 단일신론'* 혹은 *'사벨리아니즘'*의 재판이라고 생각했다. 이 긴급모임에서 하나님의 성회는 확실한 삼위일체의 입장을 취했다. 하나님의 성회는 교리 위원회를 만들어 교단의 기초 교리를 만드는 작업을 하게 하였고, 1916년 총회에서 *'근본 진리의 선언'*을 채택하고 삼위일체의 교리를 확고히 하였다. 그리고 여기에 동의하지 않은 사람은 하나님의 성회에 가입할 수 없도록 규정을 만들었다.

이 과정에서 많은 후유증이 발생하였다. 1916년에 전체 585명의 목회자중에 156명이 하나님의 성회를 떠나 *'세계 오순절성회'* (Pentecostal Assemblies of the World)에 가입하였다. 또한 1924년 백인들은 세계 오순절성회(PAW)에서 탈퇴하여, 1945년에 *'연합 오순절교회'* (United Pentecostal Church)를 조직하여 가장 큰 *'오직 예수'* 운동의 교회가 되었다. 이처럼 삼위일체에 관한 논쟁은 하나님의 성회같은 비웨슬리계의 오순절 교회가 *'오직 예수이름으로'*라는 새로운 세례형식으로 재세례를 주기 시작했던 *'오직 예수운동'* (Jesus Only) 혹은 *'예수의 이름 운동'* (In the name of Jesus)이라고 불리어지는 단일성(Oneness)운동주의자들의 유니테리안 오순절 교회들로부터 분리되는 결과를 낳았다.

두 번째의 신학적 논쟁은 성화에 관한 것이었다. 하나님의 성회가 형성되기 전부터 초기 오순절주의자들 가운데는 성화에 관한 논쟁이 있었다. 초기 웨슬리안 성결론자는 성화를 제 2의 순간적 영적 위기로 생각했다. 그런데 시카고의 윌리암 더햄(William Durham)은 이 견해를 거부하고, *'갈보리의 완성된 사역'*을 주장하였다. 즉 갈보리 십자가는 단지 과거의 죄만 담당한 것이 아니라, 신자의 성화까지도 단번에 이루었다고 가르쳤다. 십자가의 사역은 구원과 성화를 단번에 이루었다는 것이다. 이것은 구원 혹은 중생이후에 또 다른 2차적인 성화의 교리를 주장하는 웨슬리안 성결론과는 명백히 구분되는 가르침이었다. 구원이후에 또 다른 은혜가 필요없이 갈보리의 십자가가 모든 것을 완성하였다는 의미에서 더햄의 주장을 '*완성된 사역론*'(Finished Work)이라고 부른다. 따라서 더햄은 신자가 추구해야 할 것은 또 다른 2차적인 은혜가 아니라 이미 받은 성화의 은혜를 지속적으로 발전시키는 것이라고 주장했다.

더햄의 주장은 비웨슬리안 계통의 오순절파에 인기가 있었다. 전통적으로 칼빈주의는 성결을 중생이후의 점전적인 성장으로 간주하였다. 따라서 칼빈주의적 신학을 가진 장로교나 침례교적 배경을 가지고 오순절주의자가 된 사람들은 더햄의 주장을 받아들였다. 남침례교 목사 출신으로 하나님의 성회 초대 총회장이었던 벨(E.N. Bell)도 더햄의 주장을 받아들이고 지지하였다. 더햄의 영향력은 미국 내의 비웨슬리안 뿐만 아니라 전 세계의 오순절 운동에도 널리 확산되었다. 하나님의 성회는 처음에는 어느 정도 웨슬리안 오순절파의 입장을 고려하여 중간적 입장을 견지하였으나, 대세는 반웨슬리안 입장으로 기울어지게 되었다. 따라서 하나님의 성회는 점점 더햄의 주장을 지지하여 교리로 정립하게 되었다. 이로서 성화에 관한 신학적 논쟁은 하나님의 성회 같은 비웨슬리계의 오순절 교회를 하나님의 교회 같은 웨슬리계의 오순절 교회와 구별시키는 결과를 낳게 되었다.

세 번째 신학적 논쟁은 성령세례의 일차적 증거로서의 방언에 관한 것이었다. 그것은 방언을 성령세례의 유일한 증거로 볼 수 있는가에 관한 논쟁이었다. 이 논쟁을 일으킨 인물은 유명한 복음 전도자요, 목사요, 교단의 행정에 참여했던 보스워스(Fred Francis Bosworth)였다. 그는 방언에 대해 교단과 다른 입장을 취했다. 그는 '모두가 방언으로 말하겠느냐?' 라는 소책자를 배포하며 자신의 입장을 고수하였다. 그는 많은 사람들이 방언을 하는 것을 보았지만, 그들이 진정으로 성령세례를 받았는지는 의심스럽다고 말하였다. 또한 방언을 받지는 못했지만 참으로 교회와 이웃을 올바로 섬기는 사람들이 많이 있다고 주장했다.

그는 방언이 성령세례의 유일한 일차적인 증거는 아니며, 많은 증거들 가운데 하나일 뿐이라고 보았다. 보스워스는 오랜 숙고 끝에 방언에 대해 오순절의 견해보다는 오히려 기독교선교사연맹(C.M.A.)의 견해가 옳다는 주장을 고수하였다. 이 문제가 계속 논쟁으로 확대되자, 1918년 9월에 미주리 주의 스프링필드에서 총회의 입장을 공개적으로 논의하기로 했다. 그러나 총회에 참석한 대다수가 그의 주장을 지지하지 않았다. 그들 대다수는 방언이 성령세례의 유일한 표적이라고 믿고 있었다. 1918년 총회에서 방언이 성령세례의 일치된 일차적 증거라는 입장을 확고히 하였다. 보스워스는 싸움을 싫어하는 성격의 소유자라서 1918년 7월에 하나님의 성회를 탈퇴하고, 그해 9월에 자신과 방언에 대한 견해가 일치하는 기독교선교사연맹에 가입하였다.

성령세례의 일차적 증거로서의 방언에 관한 신학적 입장은 현재에도 방언이 성령세례의 일치된 일차적 증거라는 견해를 대체로 견지하는 전통 오순절 교회들과 방언이 성령세례의 유일한 일차적인 증거는 아니며, 많은 증거들(은사들) 가운데 하나일 뿐이라는 견해를 대체로 지지하는 은사주의 교회들을 구별시키는 신학적 쟁점이 되고 있다. 교단 창립 시에는 어떤 특정한 교리를 갖지 않고 출범했던 하나님의 성회는 이와 같은 논쟁을 통해 자신들의 교리를 정립해가며 신학적인 특색을 확립해 나갔다. 1916년에 만들어진 미국 하나님의 성회의 신조인 **'근본 진리의 선언'** 은 다음과 같은 내용을 포함하고 있다(자세한 내용은 부록 A 참조).

① 모든 성경책은 하나님으로부터 축자적 영감을 받아 쓰여졌다.
② 유일하신 참 하나님은 자신을 존재하게 만드는 외부동인이나 원인자 없이 영원히 자존하시는 하나님이시다(사 43:10).
③ 주 예수 그리스도의 신성 : 하나님의 아들이신 주 예수 그리스도는 영원히 존재하신다.
④ 인간의 타락 : 인간은 의지적 선택에 의해 하나님의 말씀을 무시했고, 선악을 알게 하는 과실을 따 먹었다. 그 결과, 인간은 무죄함과 선함으로부터 타락했고, 육체적 사망뿐만 아니라 영적사망 즉 하나님으로부터의 분리가 찾아왔다(창 1:26,27; 2:17; 3:6; 롬 5:12-19).
⑤ 인간의 구원: 인간이 타락한 죄의 상태로부터 구속받기 위한 유일한 희망은 하나님의 아들이신 예수 그리스도의 피, 즉 십자가상에서 죽으시며 흘리신 피를 통해 얻게 된다(마 27장; 막 15장; 눅 23장; 요 19장).
⑥ 교회의 의식들: 하나님의 성회는 그것을 물세례와 성찬식이라고 부르는데, 왜냐하면 그것들은 예수 자신에 의해 시행되고 제정된 종교예식이기 때문이다.

⑦ 성령 안에서의 세례: 성령세례는 구원과는 구별되며 중생의 체험에 뒤따라온다(행 8:12-17;4:8). 하나님을 깊이 경외하게 하며(행 2:43; 히 12:28), 하나님께 열심히 헌신하고 그의 사역에 헌신하게 하며(행 2:42), 그리스도와 그의 말씀과 불신자를 더 적극적으로 사랑하게 만든다(막 16:20).

⑧ 성령 안에서의 세례의 증거(방언 말함): 그리스도인의 성령세례는 성령이 말하게 하심에 따라 다른 방언(배우지 않은 언어) 말함의 첫 육체적(외적) 증거가 수반된다(행 2:4).

⑨ 성화: 성화는 우리 자신을 악으로부터 분리시키는 행위이며, 선하고, 의롭고, 도덕적으로 순결한 것에 우리를 일치시키는 행위이다. 성화는 그리스도인들이 자신을 하나님께 바칠 때 일어나는 하나의 과정이다(롬 12:1-2; 살전 5:23; 히 13:12).

⑩ 교회와 선교: 성경에 기록된 교회는 자신의 죄에 대한 유일한 해결책으로 예수 그리스도를 믿는 모든 사람들로 이루어진다. 인류에 대한 하나님의 목적은 (1) 죄 속에 살고 있는 잃어버린 자들을 찾아 구원하는 것이고(눅 9:10), (2) 모든 사람들이 하나님을 경배하게 하는 것이고(계 9:10; 22:9), (3) 믿음과 지식에서 그의 아들 예수처럼 성숙한 신자들의 통일된 몸을 건설하게 하는 것이다(엡 4:12).

⑪ 사역: 교회는 (1) 세계 복음화(막 16:15-20), (2) 하나님 예배 (요 4:23-24), (3)그리스도의 삶에 부합되는 신자들의 몸을 세우기 위해 사역을 하게 된다.

⑫ 신유: 하나님의 역사에 의한 신유는 복음의 일부분으로 포함되어있다. 병으로부터의 구속은 대속(우리를 하나님과 화목시키기 위한 그리스도의 고난과 죽음)에 포함되어 있다. 치유는 모든 신자들의 특권이다(사 53:4,5; 마8:16,17; 약5:14-16).

⑬ 복된 소망: 이미 사망한 모든 그리스도인들은 미래의 어느 날에 무덤에서 부활하여 공중에서 주님을 만날 것이다. 살아있는 그리스도인들은 휴거되어 주님과 함께 있게 될 것이다. 그때 모든 세대의 그리스도인들은 하나님과 함께 영원히 살게 될 것이다. 주님의 임박한 재림에 관한 성경의 진리는 **"복된 소망"**이다 (롬 8:23; 고전 15:51,52; 살전4:16,17; 딛2:13).

⑭ 그리스도의 천년 통치: 그리스도의 재림은 우리의 복된 소망인 교회의 휴거를 포함하고, 지상에서 천년동안 통치하기 위한 그리스도와 그의 성도들의 가시적 재림이 뒤따라 온다(슥 14:5; 마24:27,30; 계1:7; 19:11-14; 20:1-6).

⑮ 최후의 심판: 사악한 사망자들-그리스도의 구원을 받아들이지 않고 죽은 자들-은 부활하여 그들이 살았던 방식에 따라 심판을 받게 될 것이다.

⑯ 새 하늘과 새 땅: **"우리는 하나님의 약속대로 의가 거하며 영원히 통치하는 새 하늘과 새 땅을 바라"** 본다(벧후3:13; 계21,22장).

하나님의 성회의 신조인 **'근본 진리의 선언'**이 1916년 총회에서 채택되어 확정됨으로 하나님의 성회는 교리적인 혼란에서 점차 회복되어 갔다. 아울러 활발한 출판과 교육사업을 벌이며 적극적인 해외 선교정책을 통해 급성장을 계속 할 수 있었다.

하나님의 성회는 다른 복음주의 교회와의 연합을 통해 복음주의자들과 오순절주의자들 간에 벽을 허무는데 기여했으며, 오순절 연합체에 주도적으로 참여하여 오순절운동의 확산에 중요한 역할을 하고 있다. 다른 복음주의자들과 함께 연합하여 하나님의 나라 확장에 공헌하고 있는 것이다.

하나님의 성회는 전 세계 오순절 교단 중에서 가장 큰 교단이다. 하나님의 성회는 1960년대 이후 급속한 성장을 거듭해오고 있으며, 세계에서 가장 급속한 성장을 이룬 교단으로 보고되고 있다. 하나님의 성회는 1990년에 세계 126개국에 약 3천만 명의 교인을 가진 대 교단으로 성장하였다.

B. 하나님의 교회 (Church of God: Cleveland, TN.)

하나님의 교회는 테네시 주의 클리블랜드에 본부를 두고 있는 미국에서 가장 오래된 오순절 교회들 중의 하나에 속한다. 하나님의 교회는 미국 50개 주에 교회가 세워져 있고, 세계 107개국에 선교지부를 두고 있다. 1986년에 165만 명의 교인들이 자신들의 100주기 기념식을 성대하게 개최하기도 했다. 하나님의 교회는 테네시 주의 몬로 카운티((Monroe County)에서 1886년 8월 19일에 크리스천 유니온(Christian Union)이라는 이름으로 출범하였다. 이 단체에는 스펄링(R.G. Spurling) 외에 8명이 창립 멤버로 참여하였다. 그들 단체의 목적은 **"초대 기독교를 회복하고 모든 교회의 연합을 도모"** 하는 것이었다. 그들은 원 구성원(멤버)들을 연합시키고자 하는 이 단순한 목적을 표현하기 위해 **'크리스챤 유니온'** 이라는 이름을 채택하였다.

얼마 후에 스펄링이 죽게 되자, 그의 아들 리처드 스펄링(Richard G. Spurling)이 이 기관을 이끌게 된다. 그리고 1896년 여름에 이상하고도 놀라운 부흥을 체로키 카운티에 있는 교회 건물에서 체험하게

하나님의 교회의 국제본부 건물

된다. 그 곳에 모인 남녀가 성령에 사로잡혀 알 수 없는 방언을 말하였다. 약 130명의 사람들이 그 곳에서 성령의 부어주심을 체험하였는데, 그것은 성경에 나타난 성령세례와 똑같은 체험이었고, 수많은 병자들이 치유를 받았다. 그런 일은 그들에게 있어 지금까지 한번도 들어보지 못한 생소한 것이었다. 하지만 그 후에 그들을 반대하는 핍박이 일어나서 그들의 교회와 집들이 방화되었고, 사람들은 채찍에 맞거나, 돌에 맞았고, 총으로 피격되는 등의 핍박을 겪게 되었다.

1902년 5월 15일에 이 교회는 새 규약과 규정을 만든 후에 '성결교회'(Holiness Church)로 교명을 바꾸었다. 그 후 1903년에 톰린슨(A.J. Tomlinson)이 이 교회에 부임하여 담임목사로 피택되었다. 1905년까지 테네시, 노스캐롤라이나, 조지아의 3개주에는 네 교회가 설립되어 있었고, 1906년 1월 26-27일에 이 네 교회가 함께 모여 노스캐롤라이나의 체로키 카운티에서 '총회'(General Assembly)를 만들게 되었다. 그 후 매년 혹은 반년마다 총회를 개최했고, 이것이 하나님의 교회의 특징이 되었다.

1904년 초에 활동의 중심지가 클리블랜드로 옮겨졌고, 이곳은 1907년에 영구적 총회본부가 되었다. 1907년 1월 11일에 이 교회는 '**하나님의 교회**'라는 이름을 공식으로 채택하였다. 1906년부터 하나님의 교회는 성령세례를 전파하는데 더 적극적이 되었다. 그들은 자신들의 성령체험을 간증하며 다른 사람들도 '**그 축복**'을 함께 나누기를 원했다. 1906년에 아주사 거리 부흥이라는 자신들과 유사한 체험의 소식을 전해 듣자, 그들은 자신들의 체험을 확신하면서 성령세례를 하나의 교리로 받아들였고, 모든 믿는 자들을 위한 영적체험으로 성령세례를 전파하는데 더 적극적이 되었다.

1909년에 첫 행정기구를 만들고 톰린슨이 총감독으로 부임하였다. 그는 '**하나님의 교회의 복음**'이라는 잡지를 발행하고, 교단 출판사를 설립하는데 기여했고, 1917년에 하나님의 교회 소속인 클리블랜드 성경훈련학교의 교장으로 일하며 활약하였다. 톰린슨은 유능한 지도자였지만, 1922년의 한 유감스러운 논쟁으로 인해 하나님의 교회 장로회와 관계가 벌어지기 시작했다. 그는 재정의 부정행위로 고소를 당했으나, 나중에 무죄로 판명을 받았다. 그 후에 그는 1923년에 하나님의 교회를 탈퇴하고, 새로운 교단인 '**예언 하나님의 교회**'(Church of God of Prophecy)를 조직하였다. 본부는 테네시 주의 클리블랜드에 두고 있다. 톰린슨은 1943년 사망시까지 이 분파 교단의 총감독으로 봉사하였다. 하나님의 교회는 1990년대 말까지 약 120개 나라에서 사역을 펼치고 있으며, 전 세계에 약 400만 명의 교인이 있다.

C. 예언 하나님의 교회 (Church of God of Prophecy)

예언 하나님의 교회는 1923년에 톰린슨(A.J. Tomlinson)이 하나님의 교회를 탈퇴한 후에 설립한 교단이다. 적극적으로 오순절 운동의 개척자 역할을 하였던 톰린슨은 그가 사망한 1943년까지 이 교단의 총감독으로 활약하였다. 톰린슨의 하나님의 교회와 기존 하나님의 교회(클리블랜드, 테네시) 사이에는 수 년 동안이나 긴장감이 조성되어 있었고, 법적 소송이 진행되고 있었다. 법적 소송이 진행되면서 톰린슨이 이끄는 교회는 톰린슨 하나님의 교회(the Tomlinson Church of God)로 불리게 되었고, 톰린슨의 하나님의 교회는 클리블랜드 법원의 판결에 따라 1952년까지 **'하나님의 교회'** 대신에 **'예언 하나님의 교회'** 로 이름을 바꾸어 사용할 수 있게 되었다.

1943년 톰린슨이 사망하자 그의 막내아들인 밀턴(Milton)이 후계자로 선출되었고, 이 과정에서 방언통역의 메시지가 큰 역할을 한 것으로 알려졌다. 이 후계자 결정은 1944년에 총회에서 인준을 받았다. 밀턴 톰린슨(M.A. Tomlinson)은 총감독직을 1990년까지 계속 맡아 수행하였고, 이것은 국제 오순절교회 지도자들 가운데서 그리스도 하나님의 교회 창시자인 메이슨 다음으로 오랜 기간 재임한 것으로 보인다. 밀턴 톰린슨은 1990년에 사임하였고, 후임 총감독으로 빌리 머레이(Billy D. Murray)가 취임하였다. 머레이는 2000년에 은퇴하였고, 그의 후임자로 프레드 피셔(Fred S. Fisher Sr.)가 뒤를 이었다. 예언 하나님의 교회는 그리스도인 순례의 길에 있어 예배를 필수적 부분으로 강조하며 중요시하였다. 그래서 교인들은 일주일에 최소한 네 번의 예배와 함께 수 주간이나 계속되는 특별 집회에는 꼭 참석해야 했다. 더욱이 교인들은 기도회와 다양한 전도행사, 그리고 특별한 친교모임에 대부분 참석하는 열성을 보였다. 예언 하나님의

테네시주 클리블랜드에 소재한 예언 하나님의 교회의 총 본부

교회는 공식적 소식지로 월간지인 '*하얀 날개의 사자*'(White Wing Messenger)를 8개 국어로 발간하여 6천5백 명의 구독자를 확보하며 교단의 소식과 정책을 홍보하고 있다. 예언 하나님의 교회는 2000년도에 미국 내에 약 7만5천여 명의 교인을 확보하고 있고, 115개 카운티에 1,882개의 교회가 세워져 있다. 해외에는 7,250개의 교회가 설립되어 약 52만 명의 교인들이 예배에 참석하고 있다.

D. 그리스도 하나님의 교회 (Church of God in Christ)

그리스도 하나님의 교회는 1977년도에 약 550만 명의 교인을 확보하고 있는 북미에서는 가장 규모가 큰 흑인 성결오순절교회이다. 그리스도 하나님의 교회는 찰스 존스(Charles P. Jones: 1865-1949)와 찰스 메이슨(Charles H. Mason: 1866-1961)에 의해 1896년에 세워졌다. 이 두 명의 침례교 사역자는 1895년에 미시시피 주의 잭슨에서 만났고, 1896년에 자신들이 다니던 침례교에서 쫓겨났다. 그 이유는 그들이 두 번째 은혜의 사역으로 온전한 성화의 더 깊은 영적 체험을 주장했기 때문이었다. 이것은 성결교 사람들의 기본 체험이었다. 그 해에 존스와 메이슨은 미시시피 주의 렉싱톤에서 성공적으로 성결부흥운동을 이끌었고, 그 후 하나님의 교회를 만들었다.

그리스도 하나님의 교회의 총회

1897년 3월에 메이슨은 알칸사 주의 리틀락의 거리를 거닐고 있을 때, 주님께서 그에게 나타나 '*그리스도 하나님의 교회*'라는 이름을 계시해 주셨다(살전 1:1-2:4)고 한다. 그 해에 '*그리스도 하나님의 교회*'가 설립되었고, 교회 본부는 테네시 주의 멤피스로 옮겨갔다.

1907년 3월에 메이슨은 시무어가 이끄는 아주사 거리 부흥회에 참석하여 성령세례를 받고 방언을 말하게 되었다. 그 후 멤피스에 다시 돌아왔을 때, 교회는 성령세례의 교리문제로 이미 분열이 되어 있었다. 1907년 8월에 미시시피의 잭슨에서 열린 교단총회에서 오순절 교리인 방언이 거부되었다. 메이슨은 약 절반가량의 사역자와 교인들과 함께 교단을 떠나 '*그리스도 오순절 하나님의 교회의 첫 총회*' (the first General Assembly of the Pentecostal Church of God in Christ)를 개최하고, 교단을 재조직하였다.

1909년 메이슨과 존스는 교회 이름을 놓고 법정소송을 벌인 끝에 메이슨은 '*그리스도 하나님의 교회*' 라는 이름을 그대로 사용하도록 허가를 받았다. 교회의 설립년도는 1907년이 되었고, 성령께서 성부와 성자로부터 발현하시고, 신격에 있어 삼위일체가 되신다는 신조를 포함하는 조항을 만들었다. 또한 그리스도는 교회의 머리이시고, 치유자이시고, 재림주가 되신다는 신조도 분명히 하였다. 한편 존스와 그의 추종자들은 '*미국 그리스도 성결교회*' (Church of Christ Holiness U.S.A.)로 이름을 바꾸고, 감독제 구조를 갖추며 성결교회를 계속 유지하였다. 그리스도 하나님의 교회는 '*온전한 진리*' (The Whole Truth)라는 정간물을 발행하였고, 1934년까지 21개주로 확장된 345개 교회로 성장하였고, 교인이 2만5천명을 넘게 되었다. 1962년에는 교인수가 약 38만 명이상으로 성장하였고, 1977년에는 550만 명의 교인수를 확보할 만큼 성장하게 되었다. 2005년도 미국 교회연감에는 미국 내에 약 545만 명의 교인들을 확보하고 있는 것으로 나타나고 있다.

그리스도 하나님의 교회는 미국 내에서 제일 먼저 합법성을 갖추며 인종적으로 통합된 오순절 교단중의 하나로 모든 인종의 사람들에게 목회자 임명장을 발부하였고, 초기의 백인 오순절 지도자의 대부분이 제일 처음 여기서 목사 안수를 받았다. 이 교회 안에는 1914년 하나님의 성회가 생기기 전까지 많은 백인 집회가 있었다.

E. 국제 오순절성결교회 (International Pentecostal Holiness Church)

국제 오순절성결교회는 미국에서 가장 오래되고 규모가 큰 오순절 교단들 중의 하나이다. 그 기원은 19세기의 성결운동에 두고 있으며, 오순절 운동이 출현하기 전에 이미 조직이 되어 있었다. 이 교회는 아주사 거리 부흥에 직접적으로 영향을 받아 오순절 신조를 채택한 초기 교단들 중의 하나이다. 교회의 기원은 1867년에 뉴저지 주의 빈랜드에서 시작된 전국성결연맹(the National Holiness Association)에서 찾을 수 있다. 서부지역 교회의 뿌리는 1879년에 시작된 아이오와 성결연맹(Iowa Holiness Association)에 두고 있고, 동부지역 교회는 1896년에 시작된 노스캐롤라이나 성결연맹(North Carolina Holiness Association)에 그 뿌리를 두고 있다. 이 성결운동의 원래 목표는 온전한 성화의 웨슬리주의 체험을 활성화시키고 부흥시키자는 것이었다.

현재의 교회는 불세례 성결교회(Fire-Baptized Holiness Church), 노스캐롤라이나 성결교회(Holiness Church of North Carolina)와 성막 오순절교회(Tabernacle Pentecostal Church)가 통합하여 만들어진 교회이다. 위의 세 교회는 모두 1906년 이후 오순절 부흥운동을 받아들인 웨슬리계의 교회들이었다. 세 교회의 역사와 통합과 성장과정을 간략히 살펴보면 다음과 같다.

1) 불세례 성결교회 (The Fire-Baptized Holiness Church)

이 교회는 세 그룹 중에 가장 먼저 세워진 교회로서 1895년 아이오와 주의 올미츠에서 아이오와 불세례성결협회로 벤자민 어윈(Benjamin Hardin Irwin)에 의해 설립되었다. 어윈은 1879년 회심 후에 아이오와 성결협회에서 목회 사역을 하며 *"존 웨슬리의 감리교도"* 가 되었다. 그는 곧 이어 감리교에 가입하여 신유사역을 특징으로 하는 텐트 전도사역을 하였다. 어윈은 웨슬리와 그의 동료였던 존 플레처에 관해 연구를 한 후, 플레처가 말한 *"불타는 사랑의 세례"* 를 체험하였다. 그 당시 어윈은 완전한 성화의 *"제2의 축복"* 후에 *"불세례"* (Baptism of Fire)라고 불리는 성결하게 된 모든 사람들을 위한 *"제3의 축복"* 이 있다고 주장했다.

이 가르침은 주류 성결운동 지도자들로부터 *"제3의 축복에 관한 이단 가르침"* 이라고 비난을 받게 되었다. 그리고 불세례 예배는 주님 앞에서 소리치며 춤추는 것이 특징이었다. 또한 넥타이 매는 것을 금지하며, 돼지고기 먹는 것을 금지하는 등의 엄격한 음식과 의복에 대한 율법을 적용시켰다. 그래서 어윈의 추종자들은 *"돼지고기를 먹지 않고, 넥타이를 매지 않는 사람들"* 이라고 비난을 받기도 했다. 1898년까지 불세례운동은 미국 8개주와 캐나다 2개 지역에 퍼지게 되었다. 그 해 8월에 전국적 조직이 사우스캐롤라이나 주의 앤더슨에서 결성되었고, 어윈은 평생직 총감독으로 추대되었다. 창설자인 어윈이 1890년에 물러난 후, 조셉 킹(Joseph H. King)이 교회를 이끌며 구성원들을 결속시키려고 노력했다.

2) 노스캐롤라이나 성결교회 (The Holiness Church of North Carolina)

이 교회는 노스캐롤라이나의 감리교 목사인 암브로스 크럼플러(Ambrose Black Crum pler)에 의해 시작되었다. 크럼플러는 1896년에 그의 고향인 노스캐롤라이나로 돌아와서 성결운동을 벌이기로 결심했다. 그는 1897년 노스캐롤라이나의 매그놀리아에서 노스캐롤라이나 성결협회를 조직하고, 성화와 신유사역을 특징으로 하는 텐트 전도사역을 시작하였다. 1898년까지 크럼플러는 그의 개종자들을 돌보기 위해 독립교회를 조직하기 시작했다. 노스캐롤라이나의 감리교 지도자들과의 갈등이 심해지고, 감리교 징계 위원회에 회부되는 사건이 벌어지자, 그는 감리교를 떠난 후 1900년에 독자적인 교단을 만들었는데, 그것이 노스캐롤라이나 오순절 성결교회이다. 그가 창설한 새 교회는 교리와 정치면에서 나사렛 교회와 동일한 체제를 갖추고 있었다.

1901년에 이 교회는 성결보다는 오순절파로 자신들의 정체성을 오해받을 소지가 있다고 해서 오순절(Pentecostal)이란 단어를 삭제하였다. 그 당시 오순절이란 단어는 방언 말함의 의미보다는 성령체험의 동의어를 널리 사용되어지고 있었다.

3) 성막 오순절교회 (The Tabernacle Pentecostal Church)

성막 오순절교회는 1898년에 사우스캐롤라이나에서 니클 홈스(Nickle John Holmes)의 지도아래 시작되었다. 장로교 목사였던 홈스는 1896년에 메사추세츠 주의 노스필드에서 무디의 *'제2의 축복'*의 가르침을 받아들였다. 그는 성화를 가르친다는 문제로 인해 장로회에서 압력을 받았고, 1898년에 장로교를 떠나 페리 마운틴(Parris Mountain)에 독립 교회와 성경학교를 설립하였다. 대부분이 사우스캐롤라이나에 소재해 있던 다른 교회들도 그를 추종하여 브르어턴 장로교회를(Brewerton Presbyterian Churches)를 결성하였고, 후에 성막 오순절교회로 이름을 바꾸게 되었다.

소규모인 위의 세 성결 그룹들은 1906년 이후에 크럼플러의 교회의 사역자인 개스턴 캐쉬웰(Gaston Barnabas Cashwell)의 사역 하에 오순절 운동에 참여했다. 캐쉬웰은 1906년 아주사 거리를 방문한 후에 노스캐롤라이나의 던으로 돌아와서 12월에 오순절 부흥집회를 개최하였다. 1908년까지 위의 세 교회 모두는 방언이 성령세례의 필수적인 첫 번째 증거라는 오순절의 *'첫 증거'*의 가르침을 받아들였다. 세 교회의 지도자들은 자신들이 직접 성령세례의 증거인 방언을 받았고, 교인들로 하여금 방언을 체험하도록 권장하였다. 1908년 1월에 노스캐롤라이나 성결교회는 캐쉬웰의 지도 하에 오순절 신조를 채택하여, 모든 사역자들과 교인들이 그 교리를 받아들이도록 요구하였다. 그리고 1909년에 교회이름을 오순절 성결교회(Pentecostal Holiness Church)로 바꾸었다. 불세례성결교회도 1908년에 오순절 신조를 채택하였고, 성막 오순절교회 또한 이 새로운 가르침을 받아들였다. 오순절 성결교회는 1911년에 불세례 성결교회와 통합되었고, 1915년에는 성막 오순절교회와도 통합되었다.

이 교단의 신학은 전형적인 성결 오순절 그룹의 신학을 보여주고 있다. 이 교단의 다섯 가지 교리는 다음과 같다. 믿음에 의한 칭의, 두 번째 은혜 사역으로서의 성화, 방언으로 증거되는 성령세례, 대속에 포함된 신유, 임박한 전천년주의, 그리스도 재림을 믿는 것이 그것이다. 교회의 정치형태는 감리교의 뿌리가 반영되어 있다. 교단 구조는 총회, 연회, 구역회, 선교회 등의 여러 협의회로 구성되어 있다. 1975년에 교단 이름을 국제 오순절성결교회(International Pentecostal Holiness Church)로 바꾸었다.

교단은 꾸준히 성장을 하고 있다. 미국 내에서 1920년에 6천 명이었던 교세가 1950년에는 4만 명으로 커졌고, 1980년에는 11만 명으로 늘어났고, 1998년에는 17만 명으로 성장하였다. 이 교단의 교세는 1960년대와 1980년대의 칠레와 브라질 교회의 급성장으로 인해 전 세계적으로 확대되어가고 있다. 1980년까지 81개국에 선교지부를 두고 있다. 1998년도에 국제 오순절성결교회는 전 세계에 약 270만 명의 교인이 있는 것으로 발표했다.

F. 국제 사중복음교회 (International Church of Foursquare Gospel)

국제 사중복음교회는 1927년에 탁월한 여성 복음전도자였던 에이미 샘플 맥퍼슨(Aimee Semple Mcpherson)에 의해 창설되었다. 초기 오순절주의자들 가운데 가장 두드러진 활약을 보인 여성 사역자인 맥퍼슨은 미국 오순절 운동사에 하나의 전환점을 가져오며, 사회 최하층 계급에만 환영받는 교단으로 인식되어 왔던 오순절 교단을 사회 중상류 계층을 포함한 전체 대중의 관심을 받는 교단으로 발전시킨 최초의 인물이었다. 에이미 맥퍼슨은 1890년 캐나다의 온타리오의 잉거솔에서 태어나 기독교 가정의 교육을 받으며 성장하였고, 구세군 활동에 열성주의자였던 어머니의 돈독한 신앙아래 성장하였다. 그녀는 일생 동안 세 번 결혼하였는데 한 번은 사별로, 두 번은 이혼을 하게 되어 그리 행복하지 못했던 결혼생활을 하였다.

그녀는 1915년부터 캐나다의 온타리오에서 사역을 하였고, 1916년부터 1918년까지 미국의 동해안을 따라 메인에서 플로리다까지 일련의 천막집회를 열어 대성공을 거두었다. 1918년에 미국의 여러 주요 도시들을 순회하며 대륙횡단 전도집회를 다니기 시작했고, 1922년에는 국제 성회를 호주 멜버른, 시드니, 에델레이드 등지에서 열어 대성황을 이루었다. 맥퍼슨의 대륙횡단 전도여행은 여러 교단의 광범위한 지지를 얻어냈고, 지지자들로부터 모금된 헌금으로 이 교단의 모체가 된 앙겔루스 템플(Angelus Temple)을 1923년 로스엔젤레스에 건축할 수 있었다. 로스엔젤레스에 정착한 그녀는 1924년 라디오 방송국을 개국하였고, 1926년에 목사, 부흥사, 선교사들의 훈련을 위한 성경대학(L.I.F.E) 건물을 준공하였고, 1927년에는 사회 구제사업을 위한 물자 배급소인 앙겔루스 템플 물자 배급소가 세워져서, 경제적 대공황 시절에는 150만 명의 빈민들에게

캘리포니아 주 로스엔젤레스에 있는 앙겔루스 성전과 에이미 맥퍼슨

도움을 베풀기도 하였다.

또한 라이프(L.I.F.E) 신학교의 졸업생들이 배출되면서 교회가 세워졌고, 점차 그 수가 증가하면서 새로운 사단법인의 필요성이 대두되어, 1927년 12월에 사중복음교회(Church of the Foursquare Gospel)라는 이름으로 공식적인 교단을 창설하였다. 에이미 맥퍼슨은 1944년 9월 27일 소천하기까지 이 기관의 창시자이며 총회장으로 사역하였고, 그녀가 소천한 후 아들인 랄프 맥퍼슨(Ralf K. Mcpherson)이 총회장직을 이어 받아 1987년까지 교단을 이끌었다. 그 후 존 홀랜드 박사(Dr. John R. Holland)가 1988년에 새 총회장에 취임하였고, 1998년에는 해롤드 헬름즈(Harold E. Helms)가 총회장이 되어 교단을 이끌었다. 또한 국제 사중복음교회 가운데서 가장 큰 교회인 '길 위의 교회' ('Church on the Way')의 담임목사인 잭 헤이포드는 그 뒤를 이어 총회장으로 선출되어 교단을 이끌었다.

에이미 맥퍼슨은 1922년 7월에 캘리포니아 오클랜드에서 열

앙겔루스 성전 (현재)

린 부흥집회 마지막 날에 에스겔서 1:4-10에 대한 설교를 하던 중 '**사중복음**'(Foursquare Gospel)에 관한 영감을 받았다. 이때부터 그녀는 구세주, 성령 세례자, 치료자, 다시 오실 왕이신 예수 그리스도에 대한 사중복음을 전파하기 시작했다. 그녀는 에스겔서의 네 얼굴을 가진 네 생물들을 복음의 상징적인 의미들로 해석하였다. 즉 인간의 얼굴은 구세주이신 예수를, 사자는 성령 세례자이신 예수를, 소는 치료자이신 예수를, 독수리는 곧 오실 왕이신 예수로 해석한 것이다. 그녀는 이러한 예수님의 사역의 사중적인 표현을 '**완전한 복음**'(Perfect Gospel)이라고 불렀다. 그녀가 만든 이 사중복음은 교단의 중심교리로 자리잡게 되었다.

에이미 맥퍼슨의 비전은 오순절 여자 성도들의 활동영역을 확장시켜 사역에 동참시키는 것이었다. 그녀를 모델로 삼은 많은 여성들이 수많은 사중복음교회를 개척하여 목회를 하고 있다. 이 교단은 처음부터 여성들에게 목사 안수를 주었고, 오늘날에도 남녀 모두에게 교회 내에서 모든 수준의 직분을 동등하게 허락해주고 있다. 현재 이 교단에서 사역하는 목회자들 가운데 약 40%정도가 여성 목회자일 정도로 목회사역에 있어 여성 목회자의 사역이 활발하게 전개되고 있다.

1996년 통계에 의하면, 이 교단은 전 세계 83개국에 약 2만4백여 교회들로 구성되어 있으며, 약 2백만 명의 신자들이 사중복음의 교리를 따르고 있는 것으로 보고되고 있다.

G. 세계 오순절성회 (Pentecostal Assemblies of the World)

세계 오순절성회는 가장 오래된 다인종 단일성 운동주의자의 오순절 교파중의 하나로서, 아주사 거리 부흥 후에 첫 모임을 1907년에 로스엔젤레스에서 가졌다. 이 모임에서 프레지(J.J. Frazee)가 초대회장으로 선출되었고, 1912년부터 1916년까지 총회장을 역임하였다. 인디애나폴리스 출신의 흑인 단일성(Oneness) 운동 지도자였던 헤이우드(G.T. Haywood)는 1911년부터 명성을 쌓아가고 있었다. 1918년에 세계 오순절성회는 헤이우드의 도움을 받아서 사도의 성회 총회(General Assembly of Apostolic Assemblies)를 흡수 통합시킴으로서 교세를 확장시켰다. 이 단체는 1917년에 *"새로운 문제"* 즉, 단일성 운동의 목회자들과 회중들이 하나님 성회로부터 배척을 받은 후에 만들어졌다. 1919년 통합된 이후에, 흑인 회중의 수는 헤이우드의 영향을 주로 받으며 북부지역에서 급속한 성장을 하였다. 세계 오순절성회는 완전히 통합이 이루어진 상태였지만, 남부지역의 백인 회중들과의 인종적 긴장이 조성되어 있었고, 마침내 1924년에 분열을 하게 되었다. 세계 오순절성회는 성공회의 정책을 채택하며, 헤이우드를 초대 감독으로 선출하여 교단을 재조직하였다. 헤이우드는 그가 사망한 1931년까지 감독직을 유지하였다.

백인 회중들은 세 그룹으로 나뉘어졌다. 한 그룹은 1931년에 예수 그리스도의 사도교회와 다시 통합되었고, 예수 그리스도 오순절 성회(Pentecostal Assemblies of Jesus Christ)를 형성하였다. 이 그룹은 1937년에 다시 붕괴되었고, 대부분의 흑인 회중들은 다시 세계 오순절성회로 되돌아갔다. 세계 오순절성회는 주로 흑인들로 구성된 단체로서, 헤이우드의 단일성 *'신생'* (Oneness New Birth)의 교리를 엄격히 고수하며 세족식을 행한다. 성찬시에 포도주의 사용을 권하며, 배우자의 간음이나 불신자 배우자가 결별을 요구할 경우에 이혼과 재혼을 허용한다. 본부는 인디애나폴리스에 두고 있다. 1977년도에 미국 내에 1,800개의 교회와 해외에 3,400개의 교회가 있으며, 전체 교인 수는 약 1백만 명에 달하고 있다.

H. 국제 연합오순절교회 (International United Pentecostal Church)

국제 연합오순절교회는 1945년에 두 개의 단일성 운동 오순절 단체인 통합오순절교회(Pentecostal Church, Incorporated)와 예수그리스도 오순절성회(Pentecostal Assemblies of Jesus Christ)가 통합되어 조직된 교단이다. 그 뿌리는 1901년 시작된 오순절 부흥운동까지 거슬러 올라간다. 1901년 찰스 파함의 토페카 부흥으로 시작된 오순절 운동은 아주사 거리 부흥을 거친 후에 오순절 교단인 하나님의 성회가 조직되었다. 그런데 *'오직 예수'* 운동으로 야기된 문제는 하나님의 성회가 *'근본 진리의 선언'* (Statement of Fundamental Truths)을 채택하게 만들었고, 이 근본 교리에 동의하지 않은 사람은 교단에서 축출하기로 결의하였다. 정통 삼위일체 교리를 거부했던 *'오직 예수'* 운동주의자들은 하나님의 성회를 탈퇴하고 새 교단을 형성하게 되었다.

1917년 1월에 단일성 운동 목회자들의 한 그룹은 세인트루이스에서 만나 '**사도의 성회 총회**'(General Assembly of Apostolic Assemblies)를 결성하였다. 그 후 1918년 1월에 이 단체는 1906년 로스엔젤레스에서 시작된 오순절 단체인 세계 오순절성회(Pentecostal Assemblies of the World)와 통합하게 된다. 처음 몇 년 동안은 순조롭게 운영되어 오던 이 교단은 1921년부터 인종간의 갈등이 나타나기 시작했다. 남부지역의 백인 목회자들은 흑인들만을 배려해 항상 북부지역에서만 열리는 모임에 대해 불평하였다. 그 당시에 남부에서 북부지역까지의 여행은 쉽지 않았을 뿐만 아니라, 흑인 목회자들이 총회의 대부분의 중요 직책을 차지하고 있었기 때문에 불만이 고조되어 있었다. 양 인종간의 긴장은 몇 가지 사건들이 계속 벌어지면서 한층 더 고조되어 갔다. 마침내 1924년에 대부분의 백인 목회자들은 세계 오순절성회를 탈퇴했고, 1925년 말까지 세 개의 단체를 만들었다. 1925년 2월에 백인 목회자들의 한 그룹은 테네시의 잭슨에서 만나 '**오순절 사역자 연맹**'(Pentecostal Ministerial Alliance)을 결성하였다. 그 후 1932년에 이 단체는 이름을 '**통합 오순절교회**'(Pentecostal Church Incorporated)로 바꾸었다. 한편 '**오순절 사역자 연맹**'이 교회의 상황을 제대로 인식하지 못하고 있다고 생각하던 많은 목회자들은 1925년 10월에 텍사스 주의 휴스턴에 모여 '**예수 그리스도 임마누엘 교회**'(Emmanuel's Church in Jesus Christ)를 조직하였다.

또한 세 번째 그룹은 1925년 11월에 세인트루이스에 본부를 둔 '**예수 그리스도의 사도교회**'(Apostolic's Church in Jesus Christ)를 결성하고 위팅턴(W.H. Whittington)을 초대의장으로 선출하고, 1926년 4월에 교리 선언문을 만들었다. 그들 대부분의 목회자들은 단일성 운동주의자들 간의 분열을 좋아하지 않았다. 그래서 이 모든 단체를 다시 한 조직체로 통합시킬 수 있는 방안을 모색하였다. 첫 번째 통합이 1928년에 '예수 그리스도 임마누엘교회'와 '예수 그리스도의 사도교회' 간에 이루어졌고, 통합 교단의 명칭을 '예수 그리스도의 사도교회들'로 바꾸었다.

그리고 그 다음 통합은 1932년에 일어났다. **'예수 그리스도의 사도교회들'**은 **'세계 오순절성회'**와 통합하여 다시 다인종 통합 교단을 결성하였다. 이 새로운 단체의 이름은 **'예수 그리스도의 오순절성회'**(Pentecostal Assemblies of Jesus Christ)로 불렸다. 그러나 이 통합은 모든 흑인 목회자들에 의해 거부되었고, 그들은 **'세계 오순절성회'**를 계속 유지하였다. 연합 오순절교회는 1945년에 **'예수 그리스도의 오순절성회'**와 **'통합 오순절교회'** 간의 통합으로 결성되었다. 많은 단일성 운동주의자들은 이 연합이 지난 수년간의 꿈을 실현시킨 것이라고 생각했다. 이 교단은 1945년 이후부터 빠른 성장을 해오고 있다. 연합 오순절교회는 6대주 136개국에서 활동하고 있는 선교사를 후원하고 있다.

이 교단의 교리는 성결운동에서 나온 신조와 오순절 운동에서 나온 교리들이 섞여져서 만들어졌다. 이 교단은 성결운동의 신조들을 많이 받아들이고 있다. 또 오순절의 견해인 성령세례의 첫 증거로서 방언 말함, 예수 그리스도의 재림에 대한 소망, 죽은 자의 부활, 심판, 악인의 영원한 형벌, 천년 왕국, 구원받은 자의 영원한 행복을 믿고 있다. 연합 오순절교회의 교리적 독특성은 비삼위일체적 견해와 더불어 예수 그리스도의 이름으로만 물세례를 주는 데에 있다. 이들은 하나님에 관한 삼위일체의 견해를 거부하고, 단일성(Oneness) 견해를 고수한다. 하나님은 창조시에 성부로 현시되시고,

우리의 구속을 위해 성자로 나타나시고, 우리의 중생에 관련해 성령으로 나타나신다는 양태론적 견해를 고수하고 있다.

이 교단의 기본 정치구조는 회중적 체제로서 각 지역교회가 자신들의 사업을 독자적으로 추진해 간다. 또한 교단은 수정된 장로 정치 체제도 가지고 있다. 목회자들은 임원 선출과 사업 추진을 위해 지역별, 교구별, 총회로 모이게 되고, 목회자들만이 이 모임에 참석하여 투표할 수가 있고, 사업에 참여 할 수가 있다. 본부 건물은 미조리 주의 헤즐우드에 있다. 연합 오순절교회는 1998년 현재, 미국과 캐나다에 3,861개의 교회와 8,219명의 사역자와 약 60만 명의 교인을 확보하고 있다. 해외에는 1998년에 21,407개의 교회가 있고, 약 2백만 명의 교인들이 있는 것으로 보고되고 있다.

III. 미국 오순절 교회의 역사

4장

오순절 신학의 특징과 쟁점들

1. 오순절 신학의 특징
    A. 비학구적 신학을 수용
    B. 체험적, 적용적 성서해석을 강조
    C. 교리적 배경은 성결운동
    D. 교회일치와 토착화 신학의 특성을 포함

2. 은사주의 신학의 기여

3. 오순절 신학의 교리적 특징과 쟁점들
    A. 성령세례
    B. 방언
    C. 은사
    D. 신유
    E. 부와 번영신학
    F. 성화
    G. 전천년주의 종말론

한국 오순절 교회의 신앙과 신학
Pentecostal Churches in Korea

IV. 오순절 신학의 특징과 쟁점들

1. 오순절 신학의 특징

　오순절 신학은 20세기 초의 오순절 운동의 전개와 함께 형성되어 온 신학을 말한다. 오순절 신학은 그 교리적 뿌리와 토대를 성결운동에서 나온 사중복음에 두고 있다. 즉, 사중복음은 구원자, 성령세례자, 치유자와 재림주로서 예수 그리스도를 설명하는 내용을 담고 있다. 오순절 신학의 성서 해석상의 특징은 역사비평이나 문학비평의 방법론과 함께 구전이나 실제 삶에 적용되는 체험도 강조하며 수용한다는 것이다. 근본주의자들이 성서의 원저자의 참된 역사적 의도를 발견하는데 적합한 방법과 본문의 정확성 등에 관심을 기울이는데 반해, 오순절주의자들은 자신들의 일상 삶에 적합한 본문의 의미를 영적으로 분별하는 것도 함께 추구하는 것이다. 오순절 신학은 학구적 신학의 기반위에 비학구적(nonacademic) 신학을 수용하는 특징이 있다. 여기서 비학구적이란 의미는 학문적 성서해석 작업과 신학적 반영을 배제한다는 뜻이 아니라, 일반적으로 의도적인 비평적, 문맥적, 방법론적 접근 방식만을 고집하는 진영과는 차이가 있다는 뜻이다. 그래서 많은 오순절신학자들은 합리적이고 과학적 성서해석과 신학 방식과 함께 오순절 고유의 극적 요소와 구전(oral) 방식으로 표현되는 공동체 안의 실제 체험도 마찬가지로 중요시하고 있다. 오순절 신학의 교리적 특징은 성령론 중심의 신학으로 성령세례, 성령세례의 증거로서 방언과 신유 등의 기타 은사들을 강조하는데 있다. 또한 하나님의 임재와 권능이 나타나는 초자연적 세계관을 갖고 있으며, 하나님의 나라의 임재를 통한 능력 대결과 능력 전도를 강조한다. 그리고 전천년주의 종말론을 믿으며, 종말론적 긴박감을 가지고 성령 중심적인 선교를 추진하는 특징을 가지고 있다.

오순절 신학은 그 동안 수많은 교리논쟁을 통해 교리를 정립하고, 신학적 특색을 갖추어 왔다. 하지만 오순절 신학은 아직도 완벽한 체계를 정립하지 못하고, 계속 발전 중에 있는 상태라는 것을 인식할 필요가 있다. 앞으로 오순절 신학을 지속적으로 발전, 계발시켜 완벽한 체계를 갖춘 신학으로 정립시키는 것이 필요하다. 오순절 신학을 시대적인 범주별로 분류하면 크게 세 가지로 나눌 수 있을 것이다. 즉, 20세기 초에 시작된 오순절 운동을 통해 전통 오순절주의자들이 형성한 정통 오순절신학과 1960년대부터 시작된 은사주의 운동으로 인해 만들어지기 시작한 은사주의 신학과 전 세계에서 자생적, 토착적 독립단체로서 은사운동을 활발히 전개하면서 형성되어지고 있는 토착적 신학의 요소가 강한 신은사주의 신학으로 나눌 수가 있다. 정통 오순절신학과 은사주의 신학, 그리고 신은사주의 신학을 다 총괄하여 오순절 신학이라 부를 수 있을 것이다. 그러므로 미래에는 오순절 신학내의 다양성을 인식하고, 통전적 관점에서 오순절 신학을 파악하고 이해할 수 있도록 하는 통전적 연구 작업을 통해 온전한 오순절 신학과 신앙을 정립하고 제시하는 것이 필요할 것이다. 오순절 신학이 일반 신학과 비교되는 특징들을 통해 오순절 신학의 독특성을 살펴 볼 수 있다. 전통 오순절주의 신학의 방법론적 특성은 다음과 같다.

A. 오순절 신학은 학구적 신학의 기반 위에 비학구적(nonacademic) 신학을 수용하는 특징이 있다.

전통 오순절주의자들은 복음을 해석하는 수단으로 지적, 비평적 반영도 중요시하지만, 체험과 기도도 중요시하여 왔다. 후오순절주의 신학자인 홀렌웨거(Walter Hollenweger)는 주로 비서구적 뿌리를 가진 흑인들로부터 기원한 오순절주의자들은 복음을 신학적으로 해석하기 위한 주요 수단으로 구전 전통, 환상, 꿈, 춤을 강조해 왔다고 말한다. 그들은 복음을 이해하고 표현하기 위한 극적 요소와 구전 방식과 오순절 공동체의 실제 체험을 강조한다. 과거에 일부 전통 오순절주의자들의 그룹에 존재했던 이 비학구적 방식은 체험을 개념화하기 위하여 현재 오순절 교회들이 사용하고 있는 교리에 초점을 두는 방식(학구적 방식)과는 구별되는 방식이다.

홀렌웨거가 오순절 신학을 묘사하는 '구전'(oral)이린 용어는 과거 오순절 신학의 전통을 좀 더 학구적인 신학방법들과 비교하는 데 유용하다. 비학구적 신학은 방법론적 조직신학과는 대조되는 용어로서, 학구적 신학방법들은 표현에 있어 너무 제약이 뒤따르는

춤이나 간증 등의 형식으로 전개되는 비학구적 방식을 수용하기가 힘들다. 하지만 현대의 오순절 신학은 학구적 신학방법과 함께 비학구적 신학방법도 수용하고 있는 특징을 가지고 있다.

주목해야 할 중요한 사항은 일부 오순절주의자들의 소위 '**비학구적**' 신학이 다양한 신학 내에 존재하는 학문적 해석 작업과 신학적 반영을 결코 배제하지 않는다는 것이다. 이런 학문적 해석과 조직 신학적 반영은 중요하다. 왜냐하면 비학구적 신학은 일반적으로 의도적인 비평적, 문맥적, 방법론적 접근방식을 취하고 있지 않기 때문이다. 많은 오순절주의자들은 과거의 비학구적 신학의 수용과 함께 현대의 합리적 성서해석과 신학적 접근방식이 다양한 오순절 신학의 개발에 사용되어져야 한다는데 의견을 같이하고 있다. 이런 신학에 대한 합리적 접근이 오순절주의자들의 과거의 비학구적 신학 방법과 결합하여 오순절 신학을 더욱 풍부하게 보완해 줄 수 있기 때문이다.

그리고 과거의 비학구적 신학방법은 학구적 신학방식이 지배하는 현 신학 풍토에서 의미있는 소리를 제시해 줄 수 있다. 다양화, 다원주의 시대인 후현대주의 시대에는 다양한 신앙 공동체의 독특한 체험들을 반영하는 다양한 신학 방식이 요구되고 있다. 특히 문화적으로 소외된 사람들은 학구적 학습방식과 과학적 방법, 문학적 분석 방법들을 거의 접해보지 못했기에 이 방법은 그들에게 더 필요한 방식이 된다. 그들의 비학구적 신학화 방식들과 경험을 학구적 신학 토론의 장으로 가져와 발전시킬 수만 있다면 더욱 풍부한 오순절 신학의 개발을 기대할 수 있을 것이다.

19세기의 현대적, 과학적, 합리적 조직신학이 등장하기 전에 이미 기도, 주석들, 경건 생활, 논쟁 등의 형식을 가진 **'비학구적'** 신학은 계속 존재하여 왔었다. 오순절 신학은 기존의 학구적 신학 방법과 함께 오순절 고유의 전통방식인 비학구적 방식도 함께 사용하여 신학을 더 풍성하게 할 수 있는 가능성을 가지고 있다. 가장 창의적 오순절 신학은 비학구적 신학의 장르로서 만들어 질 수도 있기 때문이다. 다른 복음주의 진영에 비해 상대적으로 짧은 역사에도 불구하고, 많은 발전을 거듭해오고 있는 오순절 신학은 현대의 학구적 신학의 기반위에 과거의 비학구적 신학의 형태들을 수용하여 더욱 풍부한 내용의 오순절 신학을 개발하고 발전시켜야 할 것이다.

B. 오순절 신학은 체험적, 적용적 성서해석을 강조하는 특징이 있다.

오순절 신학은 단순히 이야기, 노래, 춤을 통해 종교적 체험을 해석하려는 시도가 아니다. 오순절주의자들은 복음주의 조상들로부터 성경에 대한 헌신을 유산으로 물려받았다. 초기부터 오순절주의자들의 신학은 일반적으로 의도적인 비평적 방법론을 사용하지는 않았지만, 오순절주의자들의 신학은 하나의 성경신학이었다. 그들에게 있어 *"성경이 새롭고 생소한 세계"* 로 인식되는 문맥 아래에서 그들은 자신들의 체험들을 구전이나 극적 요소로 표현하거나 해석했다. 과거에 오순절주의자들의 신학은 친교와 교회의 전도사명을 완수하기 위해 성경의 메시지를 명확히 하는 것을 의미했고, 전통적 성경신학의 형식들은 주로 학문적으로 훈련받은 오순절주의자들에 의해서만 선호되었다.

오순절주의자들이 성경신학을 선호한 것은 부분적으로 오순절주의는 회복주의라는데 있다. 즉 사도교회 시대에 체험되었고, 우리들을 위해 약속된 신약의 성령 충만한 삶을 회복하려는 목표 때문이었다. 예수님은 *"어제나 오늘이나 영원토록 동일하신"* 분이시다. 오순절주의자들에게 성경의 말씀과 사건들은 *"현재 시제"* 이므로 성경시대에 일어났던 것은 현재도 일어나며, 그 당시 약속된 말씀은 오늘날의 그리스도인들에게 확신과 소망을 주는 것이 된다. 독자가 본문을 읽는 것은 성령의 인도하심아래 살아있는 진리로서 성경을 체험하며 변화되는 것을 의미한다.

오순절주의자들은 현대의 상황에서 고대의 본문을 읽고 해석해야 하는 어려움에 의도적으로 개입될 필요가 없이 성령의 사역을 통해 성경의 세계에 들어갈 수 있고, 살 수 있다고 믿는다. 그러므로 오순절주의자는 역사 비평의 타당성과 한계에 관련해 근본주의자와 현대주의자들 간의 논쟁의 대상이 되지 않는다. 근본주의자들이 성경저자의 참된 역사적 의도를 발견하는데 적합한 방법들과 본문의 객관적 사실 여부에 관심을 두는 반면에, 오순절주의자들은 자신들의 일상 삶을 위해 본문의 의미를 영적으로 분변하는 것을 추구한다. 결과적으로 근본주의자들이 역사적으로 오순절 운동을 가장 심하게 적대시한 부분적인 이유가 여기에 있었다. 즉 오순절주의자들은 성경해석에 있어 **'객관적인'** 과학적 방법보다는 오히려 말씀과 하나님의 계시가 나타나는 임재의 동시대적 체험에 근본적으로 의존하고 있기 때문이다. 오순절주의자들의 성경해석은 학문적인 방식에만 의존하지 않고, 동시대적 체험에도 의존하고 있다. 교회의 친교와 예배가 오순절주의자들의 성경해석을 위한 해석적 문맥을 형성했다고 핀란드 오순절 신학자인 칵카이넨(V.M.

Karkkainen)은 말한다. 오순절주의자들에게 있어 성경의 진리와 권위는 언제나 성령의 은사와 **'기름부음'** 받은 설교에 의해 능력을 얻게 된 믿음의 공동체에 의해 영적으로 분변되어 왔다. 이 진리와 성경의 권위는 과학적 방법에만 의존하지 않고, 믿음의 공동체인 교회의 말씀선포(케리그마), 친교(코이노니아), 예배의 문맥에서 성령의 체험에 의존하였다. 이런 이유 때문에 과거에 오순절주의자는 비현대적, 구시대적 사람으로 불렸던 것이다.

과거에 오순절주의자들의 신학적 고찰의 문맥은 기본적으로 교회의 예배에 중심을 두었고, 교회의 예배를 신학적 반영의 중심으로 만들었다. 웨인라이트(Wainwright)는 예배와 실천의 관계처럼 교리와 예배의 관계간의 상호 조명을 시도한 학자이다. 그러나 최근에 오순절주의자들은 해석적 문맥에 예배와 실천적 삶, 둘 모두를 포함시키기 위해 신학적 반영의 주요자리(locus)로서 예배보다는 **'영성'**(spirituality)이란 용어를 더 선호하는 경향이 있다. 그래서 오순절 신학자인 사이몬 챈(Simon Chan)은 신학을 영성에 기초하여 고찰하려고 했다. 그는 계몽주의 시대 이전에 모든 신학은 영적인 것으로 여겨졌다고 말한다. 그것은 기도에 기초하였고, 하나님의 영광을 지향하였다. 유사하게 스티븐 랜드(Steven J. Land)도 영성이 신학의 기초로 여겨진다고 말한다. 왜냐하면 다가올 하나님 나라의 관점에서 영성은 성화와 능력의 삶으로 인도하기 때문이다. 이 근본적 신념은 미래의 삶에 대한 의미있는 안내 지침이고, 믿음의 참된 표현으로 여겨진다. 랜드는 신학의 뿌리를 근본적으로 기도에 두려고 시도한다. 오순절주의자들이, 그들의 주장처럼, 성경해석을 위한 주요문맥으로 예배만큼 많은 비중을 일상의 삶에 두고 있는지에 대해서는 논란의 소지가 있다. 하지만 과거 오순절 신학의 관심이 세속적 삶의 문맥을 등한시하는 것을 고려할 때, 경배 혹은 예배를 신학적 반영과 실천의 중심에 두려고 하는 웨인라이트의 주장은 오순절 신학 작업의 가장 일반적 방향을 제시하는 것일 수가 있다. 특별히 오순절주의자들은 그들의 실천적 삶에 관해 의식적으로 반영해보는 경우는 드물기 때문이며, 더욱이 오순절주의자들의 삶은 예배시에 하나님의 영광을 나타내기 위해 주로 간증의 형태로 신학적 반영을 하기 때문이다.

물론, 오늘날의 오순절주의자들은 과거와는 달리 성서해석을 함에 있어 의식적으로 교회의 범주를 넘어서 현대의 사회와 문화의 문맥에서 성경 당시의 본문을 해석하려는 문제에 도전하고 있다. 성서해석 작업에 역사적 방법론을 활용할 필요가 있는 것이다. 오순절주의자는 성서 해석에 있어 근본주의자들의 역사적 방법론뿐만 아니라 본문해석 과정에서 영적 분별의 자리를 무시해서도 안 된다. 즉 비학구적 성서해석의 한계를 극복하기 위해 본문의 중심 주제인 살아계신 그리스도를 만나려는 열정과 함께 과학적인 방법과 기타 성서해석 방법들을 지혜롭게 사용하여 성령의 인도하심을 받는 것이 필요한 것이다.

과거에 많은 오순절 신학자들은 성경교리를 만드는 과정에서 전통적으로 간증, 설교, 경건의 시간들을 통한 체험적이고 구전적인 신학화 작업을 하여왔다. 그러나 최근에는 오순절 주의자들의 성서해석은 오순절 운동 밖의 다양하고, 합리적이고, 과학적인 방법들을 반영하려는 경향이 강하게 일어나고 있다. 성서해석 작업에 있어 역사 비평, 문학 비평 등의 방법을 채택하려는 시도가 진행되고 있는 것이다. 미래의 오순절 신학의 발전을 위해 오순절주의자의 독특한 성서해석 방식과 더불어 과학적이고 합리적인 방법을 도입하여 통합하는 작업이 필요한 것이다.

C. 오순절 신학의 교리적 배경은 성결운동에 두고 있다.

오순절 운동의 신학적 구조는 오순절 운동이 시작되기 전에 이미 존재하고 있었다. 도날드 데이턴은 그의 책 「오순절 운동의 신학적 뿌리」에서 오순절 신학의 교리적 뿌리를 성결 운동의 사중복음에 두고 있다. 초기 오순절 신학의 뿌리가 된 사중복음은 구세주, 성령세례자, 치유자와 재림 왕으로서의 예수 그리스도를 설명한다. 또한 성화케 하시는 예수 그리스도를 덧붙인다면 오중복음으로 묘사할 수 있다.

오순절 신학의 독특함은 성령세례 혹은 방언 말함에만 있는 것이 아니다. 온전한 복음(Full Gospel)을 구성하는 구원, 성령세례, 치유와 종말론의 4가지 주제는 그 자체로서 독특한 것은 아니다. 왜냐하면 이것들은 성결운동과 기타 복음주의의 영향에 힘입어 각각 도입되어 형성된 것이기 때문이다. 하지만 이 사중복음은 신학적 설득력과 방향뿐만 아니라 복음주의적 경건을 재설명하고, 그리스도 중심의 오순절 신학을 제시한다는 점에서 독특한 것이다.

사중복음은 오순절 신학의 기원을 이해하고, 오순절 신학의 등장을 설명하기 위해 중요하다. 오순절 신학의 중심을 차지하는 그리스도는 추상적이거나 이론적 원리가 아니라, 오늘날 성령의 능력을 통해 성부의 뜻을 현재에도 여전히 성취하고 계시는 살아계신 그리스도이시다. 신학적 반영을 위한 핵심으로서의 살아계신 그리스도는 이론적이고 교리적인 반응이 아닌, 대화적이고 겸손한 반응을 요구한다. 신학의 중심으로서의 살아계신 그리스도를 이해하려면 잠재적으로 다원주의적이고, 교회 일치적인 신학적 반영을 요구하기 때문이다. 왜냐하면 어떤 하나의 문화적 혹은 교회론적 관점이 그리스도를 온전히 파악할 수 없기 때문이다.

오순절 신학은 명확히 기독론적이며 성경적인 표준을 제시할 수 있는 잠재력을 여전히 가지고 있다. 특히 오늘날의 세계는 성령에 관한 광범위한 오해와 왜곡이 일어나는 상황이므로 오순절주의자들은 다른 복음주의 진영에 설득력있게 명확한 성령론을 제시하는 것이 시급하다. 나사렛 예수의 인격과 사역에서 결정적으로 실현된 하나님의 나라, 오늘날에도 승귀하신 그리스도와 성령의 사역을 통해 계속되고 있는 하나님의 나라, 그 나라의 사역에 신실하신 성령, 성경의 증거자이신 성령, 그리고 그리스도 중심적인 성령을 묘사하는 성령론을 명확히 정립하여 제시하는 것이 필요한 것이다.

또한 오순절주의자들은 '*사중복음*'의 온전한 복음이 지니고 있는 오순절 신학의 한계를 뛰어넘어 그 범위를 넓히기 위해서는 성결케 하시는 분으로서의 그리스도를 포함하는 '**오중복음**'을 발전시킬 필요가 있다. 그 외에 삼위일체론, 창조론, 예정론, 성경론, 교회론 등의 다양한 분야를 발전시키는 것이 필요할 것이다.

D. 오순절 신학은 교회일치와 토착화 신학의 특성을 포함하고 있다.

전통 오순절주의자들의 오순절 신학에 관한 기원과 발전을 이해하기 위해 온전한 복음(Full Gospel)의 신학적 위치를 파악하는 것이 중요했던 것처럼, 은사주의자들의 신학을 이해하기 위해서는 1960년대부터 일어난 은사주의 운동의 배경과 전개, 그리고 그들의 입장을 파악하는 것이 필요하다.

1960년대에 은사주의 운동이 전개되었을 때, 많은 오순절주의자들은 자신들의 오순절 예배와 영성의 특징을 닮은 은사 갱신운동을 보면서 일종의 충격을 경험했다. 그들은 은사주의자들이 신학적으로, 문화적으로 오순절주의와 매우 다르다고 여겼었다. 하지만 은사주의 운동은 여전히 개신교적이었고, 대부분이 오순절 신학에 가까웠다. 그래서 그것은 정통 오순절주의자들에게 큰 도전으로 받아들여지지는 않았다. 그러나 은사주의 운동이 카톨릭 교회에 확산되자, 오순절주의자들은 교회 일치를 위한 도전에 직면하게 되었다. 성례적 영성과 교회 갱신은 순식간에 오순절주의자들에게 부흥의 추구와 종말론적 열정 대신에 성령 체험의 해석을 위한 신학적 문맥을 제공하였다. 은사주의자들은 오순절주의자들에게 교회 일치를 위한 도전을 주었고, 교회 일치를 위한 운동이 펼쳐졌다. 오순절주의자들과 은사주의자 특히 로마 카톨릭교회 간에 대화가 시작되었고, 여러 모임들이 전개되었다. 이런 일련의 교회 일치를 위한 신학 모임들을 통해 그들의 신학적 교류가 활발해지면서 그들 간에는 신학적 공감대가 형성되는 부분이 나타나게 되었다. 그들 사이의 접촉이 오순절 신학의 개발과 발전에 어떤 영향을 미쳤는지는 후에 역사가 판명해 줄 것이다. 하지만 은사주의자들의 등장과 그들의 신학적 작업, 그리고 오순절주의자들 간의 활발한 교류는 오순절 신학의 개발과 정립에 많은 영향을 미치게 되었다.

미국 밖에서 급속히 일어나고 있는 신은사주의 운동은 토착화 신학의 특색을 나타내고 있다. 토착화 신학은 오순절 운동의 본질과 삶에 위배되지 않으면서, 오순절 운동을 자신의 고유의 토착문화에 적응시키면서 만들어진 신학이다. 하지만 토착화 신학은 오순절 운동의 본질에서 벗어나 형성될 때에는 혼합주의로 빠질 위험이 항상 공존하고 있다. 오순절 운동이 다양한 토착문화에 적용되면서, 오순절 문화의 다양성과 신학적 다양성을 만들어내고 있다. 이런 오순절주의 내의 문화적, 신학적 다양성의 결과는 교회 일치를 향한 창의적 도전을 요구하고 있다. 신은사주의자들의 토착신학은 오순절 신학의 발전과 정립에 영향을 미치게 된다. 필리핀의 일부 지역에서는 오순절의 초점을 샤마니즘적 민속 종교와 혼합된 치유와 기적의 영적 은사들에 두면서 적용시키려는 혼합주의적인 오순절 교회들이 나타나고 있다. 그러므로 원 오순절주의 전통인 그리스도 중심적인 성령론의 관점과 건전한 오순절 신학의 관점에서 현대의 오순절주의 토착신학을 명확히 분별하는 것이 필요하고도 중요해지고 있다. 신은사주의의 토착화 신학이 잘못된 혼합주의에 빠지지 않고, 건전한 오순절 신학의 개발과 정립에 긍정적으로 기여하도록 유도하는 적극적인 노력이 필요하다. 이를 위해 건전한 오순절 신학을 그들에게 올바로 전달하고 가르쳐서 인식시키는 작업이 중요하다. 그들이 건전한 오순절 신학을 이해하고 인식하게 되면, 토착적인 미신적 요소가 가미된 혼합주의의 오류에 빠지는 것을 많이 예방할 수 있을 것이다.

2. 은사주의 신학의 기여

오순절주의 내에서 두 번째로 큰 세력을 형성하고 있는 은사주의자들은 오순절 신학의 형성에 직, 간접적으로 많은 영향을 미쳤다. 1960년대 초에 시작된 은사주의 운동의 확산에 따라 형성되기 시작한 은사주의 신학은 정통 오순절 신학의 단점을 보완해 주는 역할을 하면서 복음주의적 신학을 제시하는 데 많은 기여를 하였다.

우리는 먼저 오순절 교단이 양적 증가와 신학적인 면에 있어 아직도 발전 단계에 있다는 점을 인식할 필요가 있다. 현대 오순절운동이 전개되고 확산됨에 따라 전통 오순절운동에 대한 편견은 점차로 약화되었고, 주요 개신교 교단 못지않게 은사주의 운동에 대해 열정적인 오순절 교회들도 점차로 증가하게 되었다. 이전에 있었던 기존 주류 교단으로부터의 오순절 교단의 고립은 오순절주의자들이 은사주의 컨퍼런스와 세미나에 참석하여 활발한 의사소통이 이루어지면서 점차 없어지게 되었다.

오순절 신학에 많은 영향을 미친 은사주의 신학을 전통 오순절 신학과 비교하여 그 특징을 살펴보면 두 신학간의 차이점도 있지만 함께 공유되는 부분도 있음을 알 수 있다. 양쪽 그룹 간에 상당한 의견의 다양성 - 예를 들면, 성령세례의 유일한 증거로서의 방언 문제 -이 있지만, 때로는 서로 공유되는 부분도 있기 때문이다. 어떤 전통 오순절교회들은 부분적으로 은사주의적인 입장을 취하기도 하고, 다른 은사주의 교회들도 부분적으로 전통 오순절교회의 입장을 취하기도 하기 때문이다. 특별히 초교파적 갱신운동(nondenominational renewal)은 때때로 전통적인 오순절주의에 가깝고, 하나님의 성회와 같은 비웨슬리계 오순절 교단(Non-Wesleyan Pentecostal)은 때때로 일부 은사주의의 견해를 공유하기도 한다.

은사주의 운동의 확산에 따라 형성되기 시작한 은사주의 신학은 정통 오순절신학의 단점을 보완해 주는 역할을 하면서 복음주의적 신학을 제시하는 데 많은 기여를 하였다. 많은 종교적 체험을 하면서도 상대적으로 신학화 작업에는 소홀해 왔던 전통 오순절주의에 은사주의 신학이 등장하여 발전하게 됨으로써 오순절 신학은 더욱 풍부해지고 견고해지는 계기가 되었다. 은사주의자들의 은사주의 신학 정립을 위한 학문적 노력은 많은 결실을 맺었고, 이를 통해 오순절 신학의 정립과 발전에 직, 간접적으로 많은 영향을 미쳤던 것이다.

3. 오순절 신학의 교리적 특징과 쟁점들

오순절 신학의 교리적 특징은 성령론 중심의 신학으로서 성령세례와 충만, 방언, 은사, 신유, 축복과 번영, 성화와 전천년적 종말론을 강조한다. 이것들은 오순절 신학의 교리적 특징일 뿐만 아니라, 다른 복음주의 진영의 신학과는 구별되는 신학적 쟁점들이기도 하다. 오순절 신학의 교리적 특징과 쟁점들을 살펴봄으로써 오순절 신학의 독특성을 파악해 보도록 하자.

A. 성령세례 (Baptism of the Holy Spirit)

오순절 교리 중에서 가장 중요한 위치를 차지하고 있는 교리는 성령세례이다. 전통 오순절주의자와 은사주의자들 모두 성령세례 체험을 중요시한다. 성령세례는 오순절 신학의 핵심이며, 가장 독특한 특징이라고 해도 과언이 아닐 것이다. 이처럼 중요한 성령세례에 관한 정의, 의미, 성경적 근거와 목적을 살펴보는 것은 오순절 신학의 핵심을 파악하기 위해 매우 중요하고, 필요하며, 의미 있는 고찰이 될 것이다. 또한 성령세례에 관한 여러 진영의 제 견해를 살펴보는 것 또한 성령세례를 명확히 이해하고 파악하는데 많은 유익을 줄 것이다. 먼저 성경에 나타나는 성령세례 사건과 그 의미부터 살펴보기로 하자.

1) 성령세례의 의미

독특한 체험으로서의 성령세례는 사도행전 2장 1-4절에 나타난 오순절 날의 사건을 말한다. 예수님의 초기 사역시에 세례요한은 자신은 *"죄 사함을 받게 하는 회개의 세례"*를 전파한다고 말하면서, 예수께서는 *"성령으로 너희에게 세례를 주시리라"*(막 1:8)고 말했다. 예수께서도 그의 제자들에게 *"아버지의 약속하신 것을 기다리라. 요한은 물로 세례를 베풀었으나 너희는 몇 날이 못 되어 성령으로 세례를 받으리라"*(행 1:4-5)고 약속하셨다. 그러므로 *"아버지의 약속하신 것"*은 예수께로부터 오시는 성령이셨고, 아버지의 약속하신 것을 받는 것은 성령세례를 받는 것을 의미한다. 그 약속은 오순절 날에 성취되었다. 오순절 날에 제자들은 *"저희가 다 성령의 충만함을 받고 성령이 말하게 하심을 따라 다른 방언으로 말하기를 시작"*했다(행 2:4). 그리고 동일한 선물이 거기에 모인 수천 명의 사람들에게도 주어졌다(행 2:38,39). 성령세례의 약속은 모든 세대의 모든 사람에게 주어졌고, 그리스도의 이름을 믿는 사람들은 성령을 선물로 받았다(행 2:41). 그들은 독특한 그리스도인의 체험인 성령세례 혹은 충만을 경험하였던 것이다.

성령세례의 의미는 성령세례에 관한 여러 가지 용어들을 살펴보면 더욱 명확히 알 수 있다. *"성령세례"* 란 용어는 사도행전에는 두 번 나타난다. 첫 번째는 예수님이 말씀하신 것이고, 두 번째는 사도행전 11장 16절에 나타난다. 베드로는 예루살렘 교회에서 이방인 고넬료의 집에서 일어난 사건을 설명했다. *"내가 주의 말씀에 요한은 물로 세례를 주었으나 너희는 성령으로 세례 받으리라 하신 것이 생각났노라"* (행 11:16). 여기서 성령세례는 오순절 날의 예루살렘 교회에 한정된 사건이 아니라, 모든 시대를 통해 모든 사람에게 계속해서 일어나는 사건임을 보여주고 있다. 성경에 나타난 성령세례의 의미는 다음과 같다.

① *'세례'* 의 본질적 의미는 *'잠기는 것'* (immersion)을 뜻한다. 그래서 오순절주의자들은 자주 성령으로 세례 받는 것을 성령 안에 잠기는 것이라고 설명한다. 이것은 성령의 실재 안에 완전히 잠기는 것을 의미한다. 그러므로 성령세례를 받은 사람은 성령의 임재와 능력을 분명히 느끼게 되는 것이다. 물에 잠기는 것과 유사하게 성령의 실재 안에 잠기는 것은 오순절 신학의 핵심적인 강조점이 된다.

② 사도행전에 나타나는 *'세례'* 에 관한 다른 용어는 *'충만'* 이 있다. 사도행전 2장 4절에 오순절 날에 *"저희가 다 성령의 충만함을 받고"* 라고 기록되어 있다. 예수께서 약속하셨던 성령세례가 오순절 날에 실제로 성령의 충만함을 받는 것으로 성취되었던 것이다. *'세례'* 란 용어가 성령 안에 잠기는 것을 나타낸다면, *'충만'* 은 내적 침투 혹은 확산을 나타낸다. 두 용어 모두가 외적, 내적인 완전성을 표현한다. 사도행전 9장 17절에 보면 사울(바울)은 아나니아에 의해 *"성령으로 충만"* 하게 된다. 여기서 바울의 성령충만

의 체험은 성령세례로 볼 수 있기 때문에 **'세례'**와 **'충만'**은 동일한 사건을 달리 나타내는 용어임을 알 수 있다. 오순절주의자들은 가끔 이것을 **'성령의 내주하심'**의 경험과 구별하기 위해 **'성령의 채우심'** (infilling)으로 표현한다. **"채우심"**은 내주하시는 성령의 완전한 점령을 뜻한다. 은사주의자들은 이것을 **'성령의 방출'** (release)로 표현하기도 한다. 내주하시는 성령께서 신자의 완전한 내적 점령을 위해 방출되기 때문이다.

③ 사도행전에 나타난 **'세례'**에 대한 다른 용어는 **'부어주심'** (outpouring)이다. 오순절 날에 성령으로 세례를 받은 베드로는 이 사건을 요엘서 2장 28-29절에 기록된 예언의 성취라고 선포했다.

"하나님이 가라사대 말세에 내가 내 영으로 모든 육체에게 부어 주리니... 그때에 내가 내 영으로 내 남종과 여종들에게 부어 주리니 저희가 예언 할 것이요" (행 2:17, 18)라고 했다. 또 이것은 예수를 통해 주어지는 것으로 선언한다. *"하나님이 오른손으로 예수를 높이시매 그가 약속하신 성령을 아버지께 받아서 너희 보고 듣는 이것을 부어 주셨느니라"* (행 2:33). 성령의 부어주심에 대한 장면은 고넬료 가정의 체험에 또 다시 나타난다. *"베드로와 함께 온 할례 받은 신자들이 이방인들에게도 성령 부어 주심을 인하여 놀라니"* (행 19:45).

'부어주심'의 용어는 완전성을 나타내며, 또한 풍성함을 나타낸다. 하나님께서는 아낌없이 우리에게 성령을 주신다. *"하나님의 보내신 이는 하나님의 말씀을 하나니 이는 하나님이 성령을 한량없이 주심이니라"* (요 3:34). 하나님께서는 신자들에게 성령을 한량없이 주신다. 성령은 인간의 방식처럼 한 번에 조금씩 부어지는 것이 아니다. 성령의 부어주심은 풍성하게 일어나는 것이다.

④ **'세례'**에 관한 또 다른 표현은 성령의 강림(falling)이다. 베드로와 요한이 빌립이 복음을 전하던 사마리아에 갔을 때, 그들은 사마리아인들도 성령 받도록 하기위해 기도했다. ***"이는 아직 한 사람에게도 성령 내리신 일이 없고 오직 주 예수의 이름으로 세례만 받을 뿐 이더라"*** 고 했다(행 8:16).

성령강림은 고넬료의 가정에서도 일어났다. ***"베드로가 이 말할 때에 성령이 말씀 듣는 모든 사람에게 내려오시니"*** (행 10:44). **"내려오심(강림)"** 의 용어는 순간성과 강력함을 나타낸다. 오순절 날에 ***"홀연히 하늘로부터 급하고 강한 바람 같은 소리가 있어 저희 앉은 온 집에 가득 하며"*** (행 2:2)라고 했다. **"내려오심"** 은 성령세례의 순간성과 강력함을 나타내며 증거하는 용어로 자주 사용된다.

⑤ 사도행전에 나타난 **'성령세례'**에 관한 또 다른 용어는 **'성령의 임하심'** (coming on)이다. 예수님께서는 제자들에게 ***"오직 성령이 너희에게 임하시면"*** (행 1:8), 너희가 땅 끝까지 권능있는 그리스도의 증인이 될 것이라고 말씀하셨다. 그래서 오순절 날의 성령세례는 성령이 임하시는 체험이었다.

'성령의 임하심' 은 바울이 에베소 교회에서 사역할 때도 나타난다. ***"바울이 그들에게 안수하매 성령이 그들에게 임하시므로 방언도 하고 예언도 하니"*** (행 19:6)라고 했다. **'성령의 임하심'** 이란 용어는 **'능력으로 입혀짐'** (clothed with)과 관련이 있다. 누가복음 24장

29절에 예수께서 부활하신 후 제자들에게 나타나셔서 *"볼 찌어다 내가 내 아버지의 약속하신 것을 너희에게 보내리니 너희는 위로부터 능력을 입히울 때까지 이 성에 유하라"*고 말씀하셨다.

'성령의 임하심'과 '능력의 입히움'이란 용어 모두는 활동적이고 지속적인 성령의 부여를 표현한다. 둘 다 성령에 의한 소유됨과 부여를 나타낸다. 성령의 임하심은 오순절주의자들에게 특별한 의미를 지닌다. 오순절주의자들은 성령의 내주하심 뿐만 아니라, 성령의 임하심을 강조하기 때문이다. 성령의 임하심은 신자들에 대한 성령의 또 다른 역사이기에 성령세례는 성령의 내적 활동 뿐만 아니라 성령의 외적으로 임하심을 뜻한다. 신자들은 성령으로 채워지고 부여된다는 것을 의미한다.

위에서 살펴본 성령세례에 관한 용어들 모두는 성령임재의 전적인 체험을 나타낸다. 어떤 의미로는 성령에 잠기는 것을 뜻한다. 또 다른 의미로는 무로부터 나오는 침투와 확산을 뜻한다(부어주심, 내려오심, 임하심). 이 용어들은 오순절주의자들의 체험을 다양한 방식으로 묘사하는데 아주 유용하게 사용된다. 그러므로 성령세례는 성령의 선물에 대한 여러 가지 표현들 중의 하나이다. 성령세례는 예수님이 직접 언급하신 단어이고, 하나님의 임재의 실재성에 관한 심오한 체험을 잘 표현하기에 오순절주의자들이 가장 빈번히 사용하는 말이 되었다.

2) 성령세례와 중생

오순절주의는 성령세례 체험의 전제로 회심을 말한다. 오순절주의의 독특한 **"후속성"**(Subsequence)의 교리는 성령세례와 중생을 구별한다. 성령세례는 회심에 후속되어 일어나고 회심과는 구별되는 체험으로 이해한다. 찰스 파함은 성령세례를 중생과 성화에 후속되어 일어나는 제3의 체험으로 복음증거를 위한 능력으로 이해한 첫 선구자였다. 그의 중생, 성화, 그리고 성령세례의 3단계 순서는 성결운동 외부에 있던 오순절주의자들에 의해 의문이 제기되었다. 성결운동파의 오순절주의자들은 완전 성화를 중생에 후속되는 체험으로, 성령세례의 능력을 체험하기 위한 준비단계로 받아들였다. 반면에 비성결파 출신의 오순절주의자들은 성화를 십자가상의 그리스도의 **"완성된 사역"**으로 받아들여 오직 중생과 성령세례의 두 단계만을 인정하였다. 이 두 단계는 성화가 빠진 능력부여의 추구로 비성결파 오순절주의자들에게 인식되었다. 이런 두 파의 견해 차이에도 불구하고, 성령세례는 중생에 후속되고 구별된다는 **'후속성의 교리'**는 오순절주의의 지배적 견해로 오순절 운동의 초기부터 지금까지 유지되어 오고 있다.

그 성경적 근거는 주로 사도행전에 나타난다. 예수께서는 제자들에게 약속하신 성령세례를 기다리라고 말씀하셨다(행 1:4,5). 이때 예수께서는 이미 중생한 제자들에게 말씀하신 것이다. 예수께서는 이미 제자들에게 **"귀신들이 너희에게 항복하는 것으로 기뻐하지 말고 너희 이름이 하늘에 기록된 것으로 기뻐하라"** (눅 10:22)고 말씀하셨는데, 이것은 제자들이 성령세례의 체험을 하기 전에 이미 중생했음을 나타낸다. 또 요한복음 15장 3절에 **"너희는 내가 일러준 말로 이미 깨끗하였으니"**와 요한복음 17장 14절에 **"저희도 세상에 속하지 아니함을 인함이니이다"**라고 말씀하신 것 속에 이미 제자들이 중생했음을 나타내고 있다. 제자들의 중생(회심)은 예수님의 사역기간 동안에 이미 일어났으며, 오순절사건 이전에 일어났던 것이다. 제자들은 먼저 중생했고, 오순절 날에 성령세례를 받았던 것이다.

또 다른 증거는 사도행전 8장의 사마리아인의 성령세례에 나타난다. 베드로와 요한이 그들에게 도착하기 전에 사마리아인들은 이미 빌립의 전도를 받아 믿고, 남녀가 다 세례를 받은 상태였다(행 8:12). 얼마 후 두 사도가 그들에게 가서 안수할 때, 그들은 성령을 받았다(행 8:17). 그들이 성령세례를 받기 전에 회심하고 중생했음은 의심의 여지가 없다. 그 외에 바울이 다메섹도상에서 부활하신 주님을 만난 후, 사흘 후에 아나니아에 의해 성령세례를 받은 사건과 사도행전 19장의 이미 믿고 물세례를 받은 후에, 바울의 안수에 의해 성령세례를 받게 되는 에베소 교회의 기사는 모두 회심에 후속되어 일어나는 성령세례의 증거이다.

성령세례는 구원에 후속되며, 구별되는 사건이다. 가장 큰 오순절 교단인 하나님의 성회는 *"이 놀라운 체험은 신생의 체험과 구별되며, 후속되어 일어난다"*고 선언한다. 이것은 중생이 성령세례보다 시간적으로 반드시 먼저 일어난다는 것을 뜻하는 것이 아니다. 중생과 성령세례는 시간적으로 동시에 일어날 수도 있기 때문이다.

한 가지 예가 고넬료 가정의 성령세례의 기사에 나타난다. 베드로가 예수 그리스도의 복음을 선포하며 증거할 때, 고넬료와 그의 가족들은 성령세례를 받았다(행 10:43, 44). 그리스도를 믿을 때 그들은 성령세례를 받은 것이다. 여기에서 주목해야 할 것은 중생과 성령세례의 시간적 순서가 아니라 논리적 순서이다. 즉, 중생과 성령세례의 체험은 동시에 일어날 수도 있다는 것이다. 그러나 구원과 성령세례가 시간적으로 동시에 발생한다고 해도 구원(회심, 중생)은 논리적으로 성령세례에 선행한다는 것을 주목해야 한다. 그래서 오순절주의의 성령세례 교리는 구원이 성령세례에 선행된다는 독특함을 강조한다. 오순절주의자들은 사도 바울이 에베소 교인들에게 말한 것처럼 *"너희가 믿을 때에 성령을 받았느냐?"* 는 주제를 강조하게 되는 것이다.

그 외에 은사주의 내에서 성령세례에 대한 다양한 견해가 있음도 밝혀두고자 한다. 성령세례는 구원을 받을 때에 동시에 일어난다고 주장하는 은사주의 학자들도 있다. 즉, 구원과 성령세례를 구별되는 체험으로 여기지 않고, 동시적 체험으로만 보는 견해도 일부 학자들에 의해 제기되고 있다. 그러나 오순절주의는 구원과 성령세례를 구별되는 체험으로 받아들이는 견해가 지배적이다.

3) 성령세례의 증거와 방언

오순절주의자들은 특히 성령세례의 *"첫 증거"* 로서 방언 말함을 강조한다. 성령세례의 즉각적인 증거로서 방언 말함이 중요시 되고 있다. 가끔 방언 말함은 성령세례의 *"첫 외적증거"* (사도의 신앙 운동)로 묘사되기도 한다. 여기서 중요한 점은 오순절주의의 독특한 성령세례 사건은 주로 방언 말함을 통해 나타난다는 것이다.

이것의 성경적 근거는 사도행전에 나타난다. 오순절 날에 제자들이 성령의 충만함을 받았을 때, 그들은 *"성령이 말하게 하심을 따라 다른 방언으로 말하기를 시작"* (행 2:4)했다. 가이사랴의 고넬료 가정에서도 그들이 성령세례를 받고 *"방언을 말하며 하나님을 높였다"* (행 10:46). 이방인인 고넬료와 그의 가족이 성령세례를 받은 명백한 증거는 방언 말함과 찬양이었고, 이것은 유대계 그리스도인들이 부정할 수 없는 성령세례의 확실한 증거였다. 또 사도행전 19장 6절에 바울이 에베소 교인들에게 안수하매 **"성령이 그들에게 임하시므로 방언도 하고 예언도 하니"** 라고 했다. 그들에게 성령이 임하셨을 때, 방언과 예언이 뒤따라왔다. 하지만 에베소인들의 성령세례의 첫 증거는 방언 말함이었다.

그 외에 방언 말함에 대해 명백히 언급되지는 않았지만, 방언을 말했을 것이라고 추정되는 것은 사마리아인들의 성령세례 기사에 나타난다. 마술사 시몬이 사마리아인들이 두 사도의 안수에 의해 성령세례 받는 것을 보고, 돈을 주고 그 권능을 사고자 했다. 이때 시몬이 본 것은 성령세례의 분명한 증거인 방언이었을 것이라고 많은 오순절 신학자들은 주장한다. 또한 바울의 경우에도 아나니아에게 안수를 받아 성령세례를 받았을 때, 방언을 했을 것이라고 주장한다. 사도행전에는 바울의 방언 말함이 나타나고 있지는 않지만, 고린도전서 14장 18절에서 **"내가 너희 모든 사람보다 방언을 더 말함으로 하나님께 감사하노라"** 고 바울은 말하고 있기 때문이다.

이상의 세 가지 명백한 구절과 두 가지 암시적 구절은 성령세례의 첫 증거인 방언에 대한 성경적 근거로 제시되고 있다. 전통 오순절주의자들은 대부분 성령세례의 증거로 방언 말함을 주장한다. 하나님의 성회의 경우도 성령세례의 첫 증거로 방언을 주장한다. 하지만 은사주의 운동이 전개되면서 의견이 다양화되고 있다. 성령세례의 증거로 방언이 주로 나타나지만, 방언만이 성령세례의 유일한 증거는 아니라고 주장한다. 많은 은사주의자들은 사도행전에 나타난 방언만이 성령세례를 나타내는 결정적 증거라고 보지 않는다. 그들은 성령세례를 받은 사람은 다양한 은사를 나타내기 때문에 방언이 아닌 다른 영적 은사들(고전12:8-10)도 성령세례의 증거라고 말한다. 많은 은사주의자들은 성령세례의 증거로 영적 은사들을 선호한다.

4) 성령세례와 물세례

오순절주의자들은 일반적으로 물세례를 중요하게 여기지만, 성령세례를 받기 위한 필수조건으로는 여기지 않는다. 사도행전에 보면 물세례는 성령세례에 선행되거나, 뒤따라 행해지는 것이 나타나므로 물세례를 성령세례의 필수적 조건으로 여기지 않는다. 사마리아인들의 성령세례의 경우에 그들은 빌립의 복음증거를 받아들이고 물세례를 받았다(행 8:12). 하지만 성령세례는 후에 베드로와 요한이 그들에게 와서 안수했을 때 받았다. 에베소 교인들의 경우에도 물세례를 받은 후에, 바울이 안수할 때 성령세례를 받았다(행 19:5,6). 두 경우 모두가 물세례 후에 성령세례를 받은 예이다.

사도행전에 나타난 다른 두 경우는 성령세례를 받은 후에 물세례를 받은 것을 나타낸다. 베드로가 고넬료의 집에서 말씀을 선포할 때 성령이 말씀을 듣는 자들에게 내려오셨다(행 10:44). 그리고 그 후에 그들은 예수그리스도의 이름으로 물세례를 받았다(행 10:47,48). 또 다른 경우는 바울이 아나니아에 의해 안수 받을 때 성령세례를 받았고, 그 후에 다시 물세례를 받은 경우이다. 이 두 경우 모두는 성령세례를 받은 후에 물세례를 받은 예를 보여준다. 이상의 예를 통해 물세례는 성령세례의 전제조건이나 통로가 아님을 보여준다. 성령세례의 전제조건은 베드로의 설교에 나타난다고 주장하는 사람들이 있다. 그들은 베드로가 오순절 날에 설교한 **"너희가 회개하여 각각 예수 그리스도의 이름으로 세례를 받고 죄 사함을 받으라. 그리하**

면 성령을 선물로 받으리니" (행 2:38)라는 구절을 인용한다. 하지만 베드로가 고넬료의 집에서 그들이 성령세례를 받은 후에 물세례를 준 것을 주목해야한다. 물세례가 성령세례를 받기위한 전제조건이 아님이 분명하고, 통로 또한 아님도 분명하다.

오순절주의자들은 물세례와 성령세례 간에는 본질적인 관련이 없다고 여긴다. 이 말은 물세례가 중요하지 않다는 의미가 아니다. 물세례의 중요성은 죄 사함과 구원에 연관된다. 물세례는 죄 사함과 연관이 되지만, 성령세례와는 무관하다. 그래서 오순절주의자들은 물세례를 구원의 상징이나 표로 중요하게 여기지만, 물세례가 죄 사함(구원)에 필수적인 것으로 받아들이지는 않는다. 은사주의 내에서 물세례와 성령세례 간의 관계는 다양하게 인식되고 있다. 성례적 경향이 약한 은사주의자들(침례교, 감리교, 장로교 등)은 물세례를 성령세례를 받기 위한 필수조건으로 보지 않는다. 하지만, 성례적 경향이 강한 은사주의자들(로마가톨릭, 동방정교회, 루터교 등)은 성령세례를 일반적으로 물세례 의식과 본질적으로 연관된 것으로 여긴다. 그들은 성령세례는 세례의식에서 분명히 주어진다고 주장한다. 그래서 그들은 성령세례를 그들이 이미 성례를 통해 받은 것을 실제화하거나 구체화하는 것으로 묘사한다. 로마 가톨릭의 신학자인 킬리안 맥도넬(Kilian McDonnell)은 *"물세례는 신약의 문맥에서 볼 때 언제나 성령세례였다"* 고 주장한다.

그리고 *"이미 임재하셨던 성령이 의식적 경험의 실재가 되는 것이 성령의 세례"* 라고 덧붙인다. 이 실재화와 자각화는 주관적이고, 체험적 의미의 성령세례라고 불리어진다. 이런 성례적 이해에 관련된 문제는 두 가지이다. 첫째는 이 견해와 사도행전에 나타난 기록이 부합되기에는 어려움이 많다는 것이다. 예를 들면, 물세례는 어디에도 성령세례가 주어지는 상황에서의 하나의 의식으로 묘사되지는 않는다는 것이다. 둘째는 이 견해가 은사주의자들이 체험한 것을 전에 집전한 성례의 실제화 또는 구체화로 축소시켜 버린다는 것이다. 사도행전 시대와 오늘날에는 성례적 견해의 내용보다 훨씬 더 많은 것들이 주관적이고, 체험적으로 사람들에게 일어난다는 것은 분명한 사실이다. 신약에 나타난 물세례는 신자가 성령 안에서 그리스도와 연합되는 것을 나타낸다. 죄 사함과 중생, 그리고 그리스도와의 연합을 상징하는 물세례는 성령세례와 구별된다는 것이 오순절주의자들의 주 견해이다.

5) 성령세례에 관한 제 견해

성령세례는 성령론의 핵심교리로 오순절 신학의 중심교리이다. 오순절 신학에서 가장 중요한 위치를 차지하고 있는 성령세례는 오순절주의자들 내에서도 다양한 해석과 견해가 제시되고 있다. 오순절 신학의 중심교리가 되는 성령세례에 관해 좀 더 명확하게 파악하고 이해하기 위해서는 오순절주의 내의 다양한 해석과 견해를 고찰해 보는 것이 필요하다. 성령세례에 관한 여러 해석들을 전통 오순절주의자, 은사주의자, 제3의 물결주의자와 복음주의자의 견해로 나누어 살펴봄으로써 성령세례에 관한 각 그룹의 입장을 파악하고, 좀 더 명확한 통찰력과 안목을 갖게 함으로서 독자들로 하여금 성령세례 교리를 정립하는데 도움을 주고자 한다. 각 그룹의 성령세례에 관한 견해들을 살펴보자.

a. 전통 오순절주의

전통 오순절주의자들의 성령세례에 관한 견해는 크게 3가지로 나눌 수 있다. 전통 오순절주의 내의 성결파(웨슬리계), 비성결파(비웨슬리계), 단일성 운동(유니테리안) 그룹의 3가지 견해로 구분할 수 있다. 전통 오순절주의자들이 지지하는 성령세례에 관한 견해의 주요 특징을 살펴보자.

(1) 성결파(웨슬리계) 오순절주의

성결운동의 영향을 받은 이들 성결파 오순절주의자들은 성령세례를 중생과 성화에 후속되어 일어나는 제3의 체험으로 해석한다. 성결운동파의 오순절주의자들은 완전성화를 중생에 후속되어 일어나는 체험으로 이해하며, 성령세례를 체험하기전의 준비단계로 받아들인다. 성결파 오순절주의자들은 제1단계를 회심 또는 중생이라고 하며, 제2단계는 성화라고 보며, 제3단계가 방언을 수반하는 성령세례라고 말한다. 이 3단계 성령세례를 받아들이는 교단들로는 하나님의 교회(클리블랜드), 그리스도 하나님의 교회, 오순절 성결교회 등이 있다.

(2) 비성결파(비웨슬리계) 오순절주의

비성결파 계열의 오순절주의자들은 주로 케스윅 운동파와 침례교적 배경을 가진 사람들로 구성되어 있다. 그래서 이들은 케스윅 오순절주의자 혹은 침례파 오순절주의자로 불리어지기도 한다. 이들은 오직 중생과 성령세례의 두 단계만을 인정하는 2단계 성령 세례론자들이다. 이들은 성화를 십자가상에서 그리스도께서 성취하신 **"완성된 사역"**(Finished Work)으로 받아들인다. 그래서 중생에 후속되고 구별되어 일어나는 성령세례를 인정하며, 성화를 제외시킨 2단계 성령세례를 주장한다. 비성결파 오순절주의자들에게 있어 성령세례는 성결이라기보다는 능력부여의 체험으로 받아들여진다.

이 2단계 성령세례를 주장하는 교단들로는 하나님의 성회, 국제 사중복음교회, 오순절 하나님의 교회 등이 있다.

(3) 단일성 운동파 (유니테리안)

이들은 삼위일체 교리를 믿지 않는 유니테리안 그룹이다. '**오직 예수운동**'의 종파인 이들은 초기 기독교 세례는 성부, 성자, 성령의 이름을 결코 사용하지 않았고, 오직 예수이름으로만 세례를 받았다고 주장하며, 예수 그리스도의 이름으로만 물세례를 받아야한다는 것을 강조한다. 그래서 비삼위일체 교리를 가지고 있는 단일성 운동파 오순절주의자들은 오직 예수이름으로만 물세례를 받아야 한다고 주장하며, 3단계 성령세례론의 중간에 예수 이름으로 물세례 받는 것을 첨가하고 있다. 이들은 1단계로 믿음에 의한 회심, 2단계로 예수의 이름으로 물세례 받는 것, 그리고 3단계로 방언을 동반한 성령세례를 주장한다. 이들은 이 과정이 없으면 구원받지 못했다고 보며, 방언을 하지 못하면 진정한 구원을 받지 못했다고 주장한다. 여기에 속한 교단들로는 국제 연합오순절교회와 세계 오순절성회 등을 들 수 있다.

b. 은사주의

성령세례에 관한 교리는 의심할 여지없이 전통 오순절신학과 은사주의 신학 모두의 중심교리이다. 지난 삼십년 동안 성령세례에 관한 매우 다양한 해석이 시도되어 왔다. 이러한 다양한 해석들에 대한 분석과 평가를 한 후에 결론을 내리고자 한다.

카톨릭 학자인 킬리안 맥도넬(Kilian McDonnell)은 최초로 초기 은사주의 운동에서의 신학적 불균형은 성령세례에 관한 기존의 유일한 해석, 즉 전통 오순절주의의 해석을 은사주의자들이 비평없이 사용한 것에서 비롯되었다고 지적하였다. 그는 은사주의자들이 오순절주의로부터 신학을 빌려오는 경향이 있으며, 그것도 오순절주의가 가장 약한 분야(해석학과 조직신학)에서 빌려온다는 사실을 발견하였다. 그리고 이 과정을 통해 동화되기 힘든 오순절 교리의 요소들이 루터교, 카톨릭, 성공회 그리고 개혁주의 교단에 소개되었다고 한다. 성령세례의 해석상의 주 모델로 앞에서 제시한 전통 오순절주의의 견해와 뒷부분에서 소개될 제3의 물결의 견해와 다양한 복음주의적 견해 외에 다음의 두 가지 은사주의 견해가 제시될 수 있다.

① 신오순절주의적 해석
② 성례주의적 해석

두 가지 은사주의 견해 중에서 먼저 신오순절주의적 해석부터 고찰하고, 계속하여 성례주의적 해석을 살펴보도록 하자.

(1) **신오순절주의적 해석**
이 해석은 은사주의 운동의 초창기에 가장 지배적인 해석이었으며, 아직도 수백만 명의 은사주의자들, 특히 독립 교단과 초교파주의 그룹에서 수용하고 있는 해석이다. 1960년대 미국의 갱신을 이끌었던 대부분의 지도자들은 또한 이 견해를 채택하였다. 그 당시의 주요 인물들을 교단별로 나열하면 다음과 같다.

초교파주의: 돈 바샴(Don Basham)

성공회: 데니스 베넷(Dennis Bennett), 테리 풀럼(Terry Fullam)

루터교: 래리 크리스텐슨(Larry Christensen)

로마 카톨릭: 스티브 클락(Steve Clark)

침례교: 하워드 어빈(Howard Ervin)

장로교와 개혁주의: 로드만 윌리엄스(Rodman Williams) 등이 있다.

신오순절주의의 해석은 전통 오순절주의의 해석에서 크게 벗어나고 있지는 않다. 따라서 이들은 전통 오순절주의의 후속의 신학(theology of subsequence)과 첫 육체적 증거의 교리(the doctrine of initial evidence)를 수용한다. 물론 첫 육체적 증거 교리의 경우에 오순절주의보다 더 완곡하게 수정은 되었다. 어떤 은사주의 학자는 이 두 가지의 중요한 교리를 인정하는 것은 성령세례를 받은 사람들과 그렇지 않은 사람, 즉 두 부류의 그리스도인이 있다고 인정하는 것이 되고, 이러한 분리는 일류와 이류 그리스도인으로 나누는 엘리트주의로 흘러가게 되는 것을 피할 수 없다고 비판한다.

신오순절주의는 그리스도인의 삶을 기본적으로 두 단계 구조로 설명한다. 즉 처음에는 회심이 있고, 그 후에는 성령세례를 체험한다. 한 은사주의 학자에 의하면 이 견해는 성령세례를 기독교의 궁극적 단계로 간주함으로서 영적인 면에서 **"목적지에 다 왔다"** 라는 결론에 도달하게 만들고, 이것은 성령세례를 받은 후에 다시 죄를 짓고 타락한 사람들에게 커다란 번민을 야기하게 된다고 말한다. 어떤 사람들에게는 자신이 영적 승리의 산 정상에 영원히 거하는 사람인 것처럼 행세해야 하는 시험에 빠지게도 하고, 다른 사람들에게는 낙심하여 희망을 포기하거나 또는 새로운 열심을 가지고 또 다른 영적인 체험을 찾게 만든다고 말한다. 중생도 성령세례도 모두 즉각적인 체험으로 보기 때문에 점진적이거나 통합적인 구원의 전체 과정의 일부분으로 받아들이지 못한다는 것이다. 하지만 기독교 가정에서 성장하여 서서히 믿음을 키워온 사람들은 그들의 삶에 극적이고 혁명적인 변화를 경험하는 경우는 매우 드물기에 이 견해는 수용하는데 어려움이 생긴다고 말한다.

돈 바샴은 그의 소책자 「성령세례 안내서」에서 *"성령세례는 하나님과의 두 번째 만남으로 성령의 초자연적인 능력을 개인의 삶에 받기 시작하는 것"* 이라고 설명하고 있다. 성령세례에 관한 신오순절주의의 해석은 케스윅 성결운동의 견해, 즉 두 번째 경험은 마음속의 죄의 성향을 근절하는 것이 아니라, 능력으로 입혀지는 것이라는 해석을 의식적으로 발전시켜 왔다.

그들은 또한 성령세례를 구체적 사건으로 보기 때문에 이것을 구별할 수 있는 증거가 있어야 하는데, 무엇이 성령세례를 받았다는 증거인가? 라는 질문을 피할 수 없게 된다. 이 부분에 있어서 신오순절주의는 전통 오순절주의처럼 방언 한 가지만을 고수하지는 않는다. 하지만 전통 오순절주의를 완전히 벗어나지는 못한다. 데이빗 두 플래시스(David du Plessis)는 이러한 신오순절주의의 입장을 이렇게 잘 설명하였다. *"방언을 해야 할 필요는 없다. 그러나 하게 될 것이다."*[125]

방언은 쉽게 눈에 띤다는 점에서 외적인 표적으로서의 장점이 있다. 신오순절주의 입장을 가진 대부분의 은사주의자들은 기타 성령의 은사들(예언이나 신유 등)도 성령세례의 표적으로 받아들인다. 하지만 여전히 방언을 은사들 가운데 가장 빈번히 나타나는 최초의 외적인 증거로 받아들인다. 신오순절주의자들은 개인이 기도할 때 사용하는 언어로서의 방언은 모든 그리스도인에게 주어지는 것이며, 성령세례 시에 경험하지 않았다면 나중에 소유하게 될 것으로 기대한다. 신오순절주의는 또한 성령세례를 받을 때까지 성령의 완전한 능력에 접근할 수 있는 사람은 아무도 없다고 믿는다. 따라서 방언이 다른 은사들로 통하는 대문(통로)의 역할을 한다. 신오순절주의자는 다음의 세 가지 전제에 근거하여 그들의 입장을 주장한다.

첫째, 예수님의 삶도 두 단계의 형태를 나타내고 있다. 첫 번째 전제에 대해서 그들은 성령으로 인한 예수님의 탄생은 그리스도인들이 성령으로 거듭나는 초자연적인 중생의 경험과 상호관련이 있다고 본다. 하지만 예수님이 그의 공적인 사역을 시작하기 전에 또 다른 성령의 기름부음이 필요했었고, 이로 말미암아 능력으로 입힘을 받아 표적과 기사를 동반하는 사역을 감당할 수 있었다고 해석한다.

둘째, 사도들의 체험은 후속의 신학을 지지한다. 두 번째 전제는 요한복음 20장 22절에 나오는 소위 *"요한의 오순절(Johannine Pentecost)"* 을 제자들의 중생 또는 회심의 사건으로 보는 견해이다. 그 후에 예수께서 제자들에게 예루살렘을 떠나지 말고 성령의 부어주심을 기다리라고 명령한 것은 제자들이 받아야 할 두 번째 단계의 성령 체험을 언급한 것이라고 해석한다.

셋째, 사도행전은 여러 곳에서 회심이후 두 번째 체험을 경험하는 기본적 패턴을 보여주고 있다. 세 번째 전제는 사도행전에 다섯 번 나오는 경우를 언급하고 있다. 이를 나열하면 2장의 오순절의 경우, 8장의 사마리아인의 경우, 9장의 바울의 경우, 10장의 고넬료의 경우, 그리고 19장의 에베소의 제자들의 경우이다. 이 중에서 방언이 언급된 곳은 세 경우(2장, 10장, 19장)이지만, 다른 두 경우에도 방언을 했을 것이라고 신오순절주의자는 가정한다. 두 단계의 교리를 입증하기 위해 이들이 주로 인용하는 기사는 8장과 19장인데, 이 두 경우가 두 단계 교리를 가장 잘 나타내고 있다고 보기 때문이다.

사도행전 8장 16절의 *"이는 아직 한 사람에게도 성령 내리신 일이 없고 오직 주 예수의 이름으로 세례만 받을 뿐 이러라"* 는 구절은 사마리아인들이 세례를 받은 후(이것을 중생으로 본다), 얼마 동안의 시간이 지나서 성령을 받았다고 해석하는 그들의 근거이다. 또한 사도행전 19장 1-7절은 신오순절주의자들이 후속의 신학을 지지하는 데 흔히 인용하는 성경구절이다.

(2) 성례주의적 해석

은사주의 운동의 영향력이 의식과 성례전을 중요시하는 '**고 교회**(High Church)' 속으로 점점 더 확산되면서, 이 '**고 교회**'의 전통 안에서 *"오순절 체험"*을 받아들일 수 있는 어떤 형태의 해석이 필요하게 되었다. 로마 카톨릭교회는 자신들 안에 이미 다양한 영적인 전통들이 존재하고 있었기 때문에, 은사주의적 요소를 그들의 것으로 통합하는 것이 상대적으로 쉬웠다. 따라서 '**고 교회**'에 속하는 카톨릭, 루터교, 성공회 내부에서 성령세례에 대한 성례주의적 해석이 발전하게 되었다.

그 기초 작업은 수넨스(Suenens) 추기경이 작성한 문서들(후에 '멜린 문서'로 알려지게 됨)에 의해 시작되었다. 베네딕토회 신학자인 킬리언 맥도넬(Kilian McDonnell)이 첫 멜린 문서(Malines document)를 작성하는데 크게 기여하였다. 이 문서의 제목은 *"카톨릭 은사주의 갱신에 관한 신학과 목회 방향"* (Theological and Pastoral Orientations On The Catholic Charismatic Renewal)이었다. 제2차 바티칸 종교회의에서 조성된 새로운 신학적 분위기는 이전에 있었던 카톨릭주의 신앙노선보다 은사주의 운동에 더 잘 일치하였다. 종교회의에서 수넨스 추기경은 성령의 은사들을 특별하고 일시적인 것들과 일상적이고 영원한 것들로 구분해서는 안 된다는 것을 성공적으로 잘 제시하였고, 이 결과로 카톨릭 내부에서 모든 성령의 은사들에 대해 새로운 열린 자세를 갖게 되었다.

맥도넬은 오순절 신학과 문화가 카톨릭에 생소함을 경고하였다. 따라서 은사주의 체험을 설명하기 위해 대체 용어를 찾기 위한 노력이 시도되었다. 하지만 성령세례라는 용어는 영어를 쓰는 은사주의 세계에서 이미 정착되어 있었기 때문에 그대로 수용하였다. 이러한 이유로 신오순절주의의 용어들이 폭 넓게 채택되기는 했지만, *'후속의 신학'* 이나 *'첫 외적 증거의 교리'* 로 알려진 오순절적인 요소는 철저하게 거부되었다.

성령세례에 관한 성례주의적 해석은 카톨릭, 동방 정교회, 성공회 그리고 루터교의 신학자들에 의해서 발전되었다. 이 해석에 의하면 하나님의 은혜가 인간에게 성사(sacrament)를 통해 일차적으로 이미 전달되었다고 본다. 따라서 성령세례는 유아세례 시에 주어졌던 성례적 은사가 *"풀려 나오는 것*(release)*"* 이라고 해석했다. 그렇다면 이것은 새로운 경험이 아니라 갱신이 되는 것이다. 왜냐하면 그것은 이미 내부에 존재하고 계시는 성령에 대한 깊은 체험적 자각이기 때문이다. 그래서 그리스도인의 삶에 일어난 변화는 하나님의 새로운 역사로 인한 결과가 아니라, 신자의 주관적인 인식의 변화로 인한 결과인 것이다.

첫 **'멜린 문서'**에서 맥도넬(McDonnell)은 성령세례의 신학적 의미와 체험적 의미를 구분함으로 이것을 설명하였다.[126] 신학적 의미에서 모든 교인들은 그리스도인의 삶을 시작하는 성사를 받았을 때, 성령세례를 받은 것이다. 체험적인 의미에서 성령세례는 의식적인 경험으로 잠재해 있던 세례의 은혜가 개인적인 자각을 통해 밖으로 뚫고 나오는 것이다. 대수도원장 패리(Abbot David Parry)가 내린 성령세례의 정의는 성례주의적 해석을 간결하고 명료하게 설명해준다.

성령세례는 개인의 내부에서 성령의 역사로 이루어지는 경험적 영적 갱신이다. 그리스도인의 경우, 원래 유아세례 시에 주어진 신적인 생명이 견진성사와 성체성사를 통해서 지속되어오다가 마침내 활짝 꽃이 피어나고 열매를 맺음으로 실현되는 것이다.[127] 루터교 은사주의 지도자인 래리 크리스텐슨(Larry Christensen)은 몇몇 은사주의 지도자들이 후속의 신학과의 결별을 위해 **'유기적 견해'**(organic view)를 의식적으로 선택한다고 지적하였다. 그는 이렇게 말한다.

전통 오순절주의의 두 단계 교리(중생과 성령세례)는 1960년대 초기에 은사주의 갱신에서 신학적 모델로 널리 사용되었다. 그러나 60년대 후반에 와서 역사적인 견해에 더 가까운 새로운 견해가 나타나기 시작했다. 이것은 성령의 역사의 **'유기적 견해'**(organic view)로 특징지어 질 수 있다. 성례주의적 전통에 더 가까운 교회들(주로 루터교와 카톨릭)에서 은사주의적 체험을 그리스도 안으로 접붙임을 받았을 때 시작된 성령의 역사가 발아되고 마침내 실현된 것으로 보기 시작했다. 이러한 유기적 견해가 은사주의 갱신에서 신학적 모델로 점점 더 널리 사용되고 있다.[128] 신오순절주의 해석 모델보다 이러한 성례주의적 해석이 여러 고 교회의 전통들에 보다 더 잘 부합되어 발전하게 되었다.

c. 제3의 물결주의

1980년대부터 미국 내에서 활발하게 일어나고 있는 제3의 물결 운동은 그리스도인의 능력 사역에 대해 적극적 반응을 보이며 수용하고 있다. 특히 교회 성장학자인 피터 와그너와 빈야드 운동의 주역인 존 윔버 목사를 중심으로 추진되어 왔던 제3의 물결운동은 하나님 나라의 신학에 기초한 능력 전도를 강조하며, 교회성장에 초점을 둔 능력 목회를 추구한다. 이들은 성령세례는 중생과 구별되는 것으로 보지 않고, 중생시에 받는 것으로 보고 있다. 성령세례는 중생 뒤의 두 번째 은혜의 역사라기보다는 회심시에 일어난다고 믿는다. 그리고 중생 후에 여러 번의 성령충만이 뒤따르는 것으로 보고 있고, 몇몇의 경우는 성령세례와 매우 유사하게 보일 수가 있다고 말한다. 또한 방언 말함은 성령세례의 첫 육체적 증거로 여기기 않고, 오히려 사역이나 기도를 위해 사용되는 하나의 은사로 받아들이고 있다. 제3의 물결에 속한 대표적 예는 빈야드 운동을 일으킨 존 윔버의 빈야드교회와 **'토론토 블레싱'**으로 유명해진 토론토공항 빈야드교회 등이 있다.

d. 다양한 복음주의 해석들

성령세례에 관한 복음주의의 해석은 신오순절주의나 성례주의처럼 단순하지 않고 다양하다. 교단이나 지역적인 경계가 너무 넓기 때문이다. 또한 앞에서 말한 두 가지의 해석은 주로 그 중심이 미국에 있는 반면에, 복음주의의 해석은 영국, 노르웨이, 미국, 독일 그리고 이태리에서 발전되었다. 이 그룹은 소위 '**고 교회**'(High Church)에 속한 교단들뿐만 아니라 장로교와 개혁주의 교회, 침례교, 자유교회(Free Church)를 다 포함하고 있다. 복음주의에 속한 견해들의 공통점을 찾기는 쉽지 않다. '**통합적**'(Integrative)이라는 말은 그리스도인의 삶을 두 개의 단계로 나누는 것이 아니라, 통전적인 것으로 본다는 개념을 나타낸다. 또 '**복음주의적**'(Evangelical)이란 말은 하나님의 은혜가 성례(Sacraments)와 반드시 결부되어 있는 것만은 아니라는 입장을 나타낸다. 이처럼 산만하고, 장황하며, 광범위하게 산재해 있는 해석들은 크게 네 가지로 요약될 수 있다.

첫 번째 견해는 성령세례를 그리스도인이 되는 입문의 마지막 단계(the final stage of Christian initiation)로 보는 견해이다. 이 견해에 따르면 회심(conversion), 중생(regeneration), 회개(repentance), 칭의(justification), 신생(new birth), 그리고 성령 안에서 세례를 받는 것(being baptized in the Spirit) 등의 이 모든 것이 그리스도인의 입문과정의 일부분이며, 서로 겹치는 개념들도 있게 된다고 한다. 여기에서 사용된 "**성령 안에서 세례를 받는 것**" (being baptized in the Spirit)이라는 표현은 적절한 성경적인 의미가 아니라, 생명의 은사 차원의 문맥에서 사용되었다는 것을 분명히 인식해야 한다.

성령세례를 그리스도인이 되는 것(입문)을 완성시키는 것으로 보는 이 견해의 한 가지 유익한 점은 은사의 경험을 그리스도인의 삶의 필수적인 요소로 보는 것이다. 하지만 이 견해를 논리적으로 따

져보면, 이 입문과정의 필수 요소를 빠뜨리는 사람은 모두 다 완성되지 못한 그리스도인이거나, 결코 그리스도인이 아니라는 결론에 도달하게 된다. 특정한 형태의 외적으로 확인될 수 있는 경험을 매개체로 하는 과정을 통과해야만 그리스도인의 입문과정을 완성할 수 있다고 주장할 때, 이것은 문제가 된다. 우리는 신오순절주의적인 사건중심(event-centered)의 유산이 이 견해에 영향을 미쳤음을 인식할 필요가 있다.

두 번째 견해는 성령세례를 **'성령으로 충만하게 되는 것'**(filled with the Spirit)과 동일하게 보는 견해이다. **'세례'**와 **'충만'**은 사도행전에서 상호 교환될 수 있는 것처럼 보인다. 이 견해는 사도행전 2장의 체험을 **'세례를 받는 것'**(being baptized)과 **'충만하게 되는 것'**(being filled)의 두 가지 표현을 다 사용해서 언급하고 있다. 따라서 이 견해는 은사주의적인 경험이나 요소를 채우심(infilling) 또는 충만(fullness)으로 설명하며, 성령세례의 개념을 초기의 적절한 의미로 유지해 주는 장점이 있다.

이 견해의 또 다른 장점은 **'성령으로 세례를 받는다는 것'**이 에베소서 5장 18절에 기록된 **"성령충만을 받으라"**는 말씀에 쉽게 연결이 되며, 은사주의적인 경험이나 요소를 성령의 충만함으로 설명함으로서 은사주의가 사건중심(event-centered)이 되게 만들었던 주된 장애물을 제거해 준다. 왜냐하면 충만(fullness)이나 채우심(infilling)은 성령세례를 **'마지막'**이나 **'최종적'**이라든지 혹은 **'입문'**이나 **'완성'**이라는 일회적 개념이 아닌, **'점진적'**인 지속적 개념으로 설명할 수 있기 때문이다.

하지만 이 견해는 성령충만과 성화와의 관계에 있어 심각한 문제점을 나타낸다. 그것은 **'충만'**이라는 표현이 은사주의적인 요소인 은사들과 거룩함에 이르는 성화를 구분하지 않고, 둘 다를 포함하는 이중적인 의미로 포괄적으로 사용되는 것을 피할 수 없기 때문이다. 은사를 개발하여 사용하는 것과 성화에 이르는 것 사이에 직접적인 관련이 있다고 단정하기는 매우 힘들기 때문이다.

세 번째 견해는 성령세례를 그리스도인이 되는 입문과 은사주의적 경험의 요소를 둘 다 포함하는 것으로 보는 견해이다. 단지 은사주의적인 요소에 **'성령 안에서 갱신'**(renewal in the Spirit)이라는 새로운 명칭을 부여했다. 이 견해는 사건중심적인 요소를 효과적으로 해결하였을 뿐만 아니라, 성령의 은사를 사용하기 위해서는 특정한 경험이 필요하다는 생각을 제거해 준다.

이 견해의 가장 놀라운 것은 이 견해가 개신교뿐만 아니라 로마 카톨릭, 그리고 자유교회(Free Church)에까지 많은 영향을 주었다는 점이다. 성례적인 해석이 침례교나 초교파적 독립 교회들로부터 지지를 받지 못했다는 사실을 기억할 때, 이것은 더 큰 의미가 있다. 성례적인 해석이 발전된 후에 나온 이 해석은 보다 많은 교회가 이 갱신을 온전히 수용할 수 있도록 도와주는데 큰 역할을 하였다. 성령세례의 카톨릭적인 해석보다 더 완숙한 이 해석은 개신교의 것과 비슷하기 때문에 이 모델은 종종 성령세례의 신학적 모델로 제시되기도 한다.

네 번째 견해는 앞의 세 번째 견해와 거의 동일하며, 차이점은 그리스도인의 삶에 있어 체험적 차원을 위한 성례적 갱신의 배경은 필요없다는 점이다. 성령의 오심으로 표현되기도 하는 특정한 체험은 교회사를 통해 일어났으며, 오순절 체험이라 불리어지는 이것도 그리스도인의 체험중의 하나로 동일하게 설명될 수 있다고 본다. 바바라 펄시(Barbara Pursey)는 이 견해를 다음과 같이 잘 요약하여 주고 있다.

오늘날 용어로 **'성령세례'**는 성령께서 우리의 총체적 존재 안으로 침투(breakthrough) 하시 거나 방문(visitation)하시는 한 형태를 경험적 언어로 설명한 것이다. 이러한 영적인 침투의 경험들은 교회사의 모든 시대에서 찾아 볼 수 있다. 하지만 성령의 이러한 더 깊게 변화시키는 역사에 대한 명칭들은 시대마다 달랐다. 이러한 침투적 체험(breakthrough experience)의 본질적인 요점은 그 개인이 하나님에 대한 새로운 차원의 인식과 함께 그리스도의 제자로서의 효과적인 삶이 시작된다는 것이다. 이러한 **'세례들'**은 영혼 안의 점진적이고 거의 인 지할 수 없는 성령의 역사와는 대조된다. 성령의 은혜로운 은사들(점진적이고 거의 인지할 수 없는 성령의 역사)은 이러한 침투적 체험과 상관없이 일어난다. 교회사 초기에 **'세례'** 체험은 종교적인 삶, 깊은 묵상의 삶, 제사장 또는 선교사의 활동으로의 부름과 연결되어 있었다. 지난 세기에는 성결(holiness)과 영적인 완전(spiritual perfection)과 관련되었다. 오늘날에는 먼저 사역을 위한 능력과 특정한 성령의 은사들과 관련시킨다. 어떻게 해석하느냐 하는 것은 성령세례를 경험하는 본인의 종교적 문맥의 문제이다. 이 모든 역사에 관여하시는 분은 같은 성령이시다.[129]

6) 성령세례의 목적

사도행전에 나타나는 성령세례의 주 목적은 능력(power)의 부여이다. 성경에 나오는 헬라어 '뒤나미스'($\delta\upsilon\nu\alpha\mu\iota$, 능력, 완력, 힘)는 영적 능력의 부여를 뜻한다. 예수님은 제자들에게 그들이 성령세례를 받으면 권능을 받게 될 것이라고 약속하셨다. **"오직 성령이 너희에게 임하시면 너희가 권능을 받을"** 것이라고 말씀하셨다(행 1:8). 예수님의 약속은 누가복음 24장 49절에도 똑같이 나타나고 있다. **"볼찌어다 내가 내 아버지의 약속하신 것을 너희에게 보내리니 너희는 위로부터 능력을 입히울 때까지 이 성에 유하라 하시니라"** (눅 24:49). 이와 같이 성령세례의 목적은 하나님께로부터 오는 초자연적인 능력은 받는 것이었다.

예수님도 사역을 시작하실 때 이미 성령세례를 받으셨다(눅 3:22). 결과적으로 예수님은 성령의 충만함을 입었고(눅 4:1), 사단의 시험을 물리치신 후에 성령의 권능으로 갈릴리로 돌아오셨다(눅 4:14). 그러므로 예수님은 자신에게 임하셨던 성령이 그의 제자들에게도 임하기를 바라셨다. 예수께서 받으셨던 사역의 능력이 제자들에게도 주어지기를 바라셨던 것이다. 성령세례를 받았던 제자들의 즉각적인 반응은 위를 향해서는 하나님을 찬양하는 것이었고, 밖을 향해서는 사람들에게 사역하는 것이었다.

성령세례의 주 목적은 복음증거를 위한 능력이다. 예수께서는 권능을 받은 제자들이 **"예루살렘과 온 유다와 사마리아와 땅 끝까지 이르러 내 증인이 되리라"** 고 말씀하셨다(행 1:8). 오순절 날에 성령세례를 받은 베드로는 담대하게 복음을 전하였다. 삼천 명이나 되는 사람들이 양심에 죄책감을 느끼고, 회개하고, 죄 사함을 받고, 구원을 받게 된 것(행 2:37-41)은 바로 성령세례가 임한 베드로의 능력있는 복음증거에 의한 것이었다.

사도행전에는 이 복음증거의 능력이 베드로나 바울에게만 국한되지 않고, 모든 그리스도인 공동체에 나타난다. 그들은 **"다 성령이 충만하여 담대히 하나님의 말씀을 전하였다"**(행 4:3)고 했다. 그래서 성령으로 충만해지는 것은 능력있는 복음증거를 위해 중요하였음을 알 수 있다.

성령세례는 또한 복음증거를 위해 권능의 사역을 행하게 한다. 성령의 권능으로 갈릴리로 돌아오신 예수님은 가르침과 설교사역뿐만 아니라, 권능의 치유사역도 행하셨다. 예수님께서는 **"천국복음을 전파하시며 백성 중에 모든 병과 모든 약한 것을 고치셨다"**(마 4:23). 누가는 **"병을 고치는 주의 능력이 예수와 함께 했다"**(눅 5:17)고 증거한다. 예수께서는 **"하나님의 성령을 힘입어 귀신을 쫓아내었고"**(마 12:28), 여러 가지 기사를 행하셨다. 오순절 날에 성령세례를 받은 예수님의 제자들도 수많은 기적들을 행하기 시작하였다(행 2:43; 5:15; 19:12.). 이 기사와 이적은 사도들뿐만 아니라 집사였던 스데반과 빌립에 의해서도 행해졌다(행 6:5,8; 8:6,7). 성령의 기름부음을 입은 하나님의 사람들은 능력을 행하였던 것이다.

오순절주의자들은 성령의 기름부음을 받은 복음증거와 기사 행함은 서로 분리될 수 없는 것으로 본다. 복음증거가 계속된다면, 기사가 뒤따라오게 되는 것이다. 능력있는 복음증거와 기사를 행하는 것은 모두 성령세례를 통해 유효하게 된다. 그러므로 오늘날 많은 그리스도인들에게 필요한 것은 정확히 말해 이 능력의 세례인 것이다. 구원받은 그리스도인들은 능력있는 사역의 생명력을 위해 성령세례 또는 충만을 받아야만 하는 것이다.

성령세례의 목적은 능력을 받는 것이다. 오순절주의자들은 특히 이 특별한 능력의 기름부음을 강조한다. 믿는 자들의 능력은 내주하시는 성령에 의해 공급되며, 성령세례는 신자들의 능력의 확장인 셈이다. 좀 더 깊은 섬김을 위해 신자들에게 필요한 것은 바로 이 능력부여의 성령세례이다. 따라서 믿는 자들은 그리스도와 그의 복음을 능력있게 전하기 위해 성령세례를 반드시 체험해야만 하는 것이다.

B. 방언

방언은 초기 오순절운동 시대의 중요한 특징이었다. 방언은 늦은 비 시대에 복음화를 위해 주어진 사도적 능력의 회복으로 받아들여졌다. 그리고 성령세례의 첫 증거로서 인식되었다. 방언 말함은 성령을 체험하는 최초의 증거로서 중요시 되었던 것이다.

방언은 자신이 결코 배운 적이 없는 언어를 말하는 외국어 방언('제노랄리아')과 개인적인 경건생활을 위해 사용되는 성령의 은사로서의 방언('글로솔라리아')이 있다. 즉, 표적으로서의 방언인 **'제노랄리아'** 와 은사로서의 방언인 **'글로솔라리아'** 로 구분할 수 있다.

표적으로서의 방언인 **'제노랄리아'** 는 사도행전 2장의 오순절 날의 성령강림 사건에 나타난다. *"저희가 다 성령의 충만함을 받고 성령이 말하게 하심을 따라 다른 방언으로 말하기를 시작하였다"* (행 2:4). 오순절 날에 임한 방언은 외국어 방언으로 그 곳에 모인 사람들에게 표적으로 기능하였다. 그 곳에 모인 사람들이 이로 인해 *"다 놀라며 의혹하여 서로 가로되 이 어찐 일이냐 하며 또 어떤 이들은 조롱하여 가로*

되 새 술에 취하였다"(행 2:12)라고 말하였던 것이다.

은사로서의 방언인 '글로솔라리아'는 고린도전서 12장과 14장에 나타난다. 방언은 성령의 은사로서 하나님과 영적으로 교통하는 통로로서 기능한다. 로드만 윌리엄스는 방언은 하나님과의 최상급의 교제라고 말한다. 방언은 하나님께 깊은 비밀을 말하는 기도(고전 12:2)이며 찬양이다(고전14:15). 고린도전서 14장 2절에 **"방언을 말하는 자는 사람에게 하지 아니하고 하나님께 하나니 이는 알아듣는 자가 없고 그 영으로 비밀을 말함"** 이라고 기록되어 있다. 이것은 방언이 우리와 하나님 사이에 대화할 수 있는 기도의 언어로 기능하고 있음을 보여준다. 또한 고린도전서 14장 15절에 **"내가 영으로 기도하고 또 마음으로 기도하며 내가 영으로 찬미하고 또 마음으로 찬미하리라"** 라고 말씀하고 있다. 여기서 **"영으로 찬미"** 한다는 말은 **"방언으로"** 찬양하는 것을 의미한다고 하워드 어빈 박사는 해석한다. 즉 방언으로 하나님께 찬양하며 예배드린다는 것을 뜻한다. 이처럼 은사로서의 방언은 개인기도로서 자기의 덕을 세우며, 방언 찬송을 통해 하나님께 예배드리는 기능을 하게 됨을 알 수 있다. 방언은 성도들의 기도와 찬양을 위해 주어졌다.

방언은 다른 은사들과 마찬가지로 교회의 유익을 위해 주어진 것이다(고전12:7). 방언은 개인적 기도로서 개인의 덕을 세우며 통역을 통해 신앙 공동체에 유익을 줄 수 있으며, 믿지 아니하는 불신자들에게 표적이 된다. 방언은 하나님의 임재의 체험인 동시에 하나님과 영적으로 교통하는 하나의 방법이기에, 실제로 방언을 말하여 기도하는 사람의 신앙 성장에 큰 도움을 줌으로서 개인의 덕을 세울 수가 있다. 그래서 바울은 고린도전서 14장 4절에서 "방언을 말하는 자는 개인의 덕을 세운다"고 말씀하고 있다.

또한 방언은 통역의 은사를 통해 예언과 동일한 효과를 나타내므로 신앙공동체에 덕을 세우게 된다. **"예언하는 자는 교회의 덕을 세운다"**(고전14:4)고 말하며, 바울은 **"나는 너희가 다 방언 말하기를 원하나 특별히 예언하기를 원하노라"**(고전14:5)고 교회 공동체를 위한 예언의 중요성을 강조했다. 즉 교회 전체의 덕을 세우기 위해 개인적 방언보다는 방언 통역을 통한 예언을 강조하고 있는 것이다. 방언에 통역이 뒤따른다면 방언은 예언과 동일한 효과를 갖게 됨으로서 교회 전체에 덕을 세우게 되는 것이다.

방언은 또한 믿지 않는 자들에게 표적이 된다. 바울은 고린도전서 14장 22절에서 **"방언은 믿는 자들을 위하지 않고 믿지 아니하는 자들을 위하는 표적"**이라고 말씀한다. 방언은 불신자들에게 표적이 된다. 오순절 날에 나타났던 방언은 거기에 모인 많은 사람들에게 표적이 되었고, 많은 사람들을 회개하고 구원받는 길로 이끌었다. 마가복음 16장 17절에 **"믿는 자들에게는 이런 표적이 따르리니 곧 저희가 내 이름으로 귀신을 쫓아내며 새 방언을 말하며"**라고 말씀하면서 표적으로서의 방언을 언급하고 있다. 방언은 믿는 자에게 나타나는 표적이 되며, 방언은 또한 불신자들에게 표적이 되는 것이다.

방언은 결코 배워서 알 수 있는 언어가 아니라, 성령에 의해 초자연적으로 말할 수 있는 신비한 언어이다. 사도시대에 대부분의 교회에 나타났던 방언은 20세기 초에 오순절 운동이 일어나면서 점차 보편화되어 가면서 확산되고 있다. 오순절주의자들에게 방언은 성령세례의 첫 증거로서 받아들여지며, 방언은 개인기도와 찬양으로 개인의 덕을 세우고, 통역이 되는 방언은 예언으로서 교회의 덕을 세우며, 또한 믿지 않는 사람들에게 유익한 표적이 될 수 있으므로 특별히 중요하게 평가되는 은사이다. 그러므로 우리는 방언의 은사를 추구하며 활용해야 하는 것이다. 방언은 성경적 은사이며, 계속해서 강조되며 사용되어져야 할 귀중한 성령의 은사이다. 방언은 오늘날에도 계속되고 있는 은사이다. 바울은 방언 은사의 사용을 권면하였다. **"그런 즉 내 형제들아 예언하기를 사모하여 방언 말하기를 금하지 말라"**(고전14:9)고 말씀하였다. 성령의 은사로서 방언은 앞으로도 계속 간구되고, 사용되어져야 할 오순절 운동의 독특한 한 특징으로 자리잡고 있다.

C. 은사

성령의 은사는 성령의 은혜의 선물로서 성령께서 그리스도인 각자에게 분배해 주신 사역의 기능이며, 교회의 덕을 세우며, 섬김의 목적을 수행하는 수단으로 하나님께서 그리스도 안에서 성령을 통하여 주신 은혜의 선물이다. 성령은 **"선물"** 로 불리어지며(행 2:38; 10:45; 11:17), 사도행전 8장 20절에는 구체적으로 **"하나님의 선물"** 로 불린다. 그런데 이 용어들('도레아','도론','도마','도레마')은 신약에서 성령을 받은 사람들의 다양한 능력이나 활동들을 언급하기 위해 사용된 것은 아니다. 신약에서 **"선물들"** (Gifts)은 일상적으로 희생제물(마 5:23,24; 눅21:1; 히5:1) 혹은 어떤 종류의 물질적 선물이었다(마 2:11; 막7:11; 눅11:13). 단수로 사용된 **"선물"** (Gift)은 좀 더 심오한 의미에서 구원, 의, 영생, 혹은 예수 그리스도 자신을 가리킨다(롬 5:15-17; 고후9:1; 엡 2:8; 히6:4; 약1:17). 오직 에베소서 4장 8절에서만 **"선물들"** ('도마타')은 교회의 사역들과 관련되어 나타난다. 여기서 **'도마타'** 는 사역을 행하기 위해 하나님께로부터 주어진 능력이 아니라, 사역을 행하는 사람들을 가리킨다. 즉 사도, 선지자, 복음 전하는 자, 목사와 교사를 가리킨다.

오늘날 오순절주의자들이 자주 **"성령의 은사들"** 로 부르는 신약의 표현들로는 **"신령한 것"** ('프뉴마티카'), **"은혜들"** 혹은 **"은사들"** ('카리스마타')과 **"현시"** 혹은 **"나타남"** ('파네로세이스')이 있다. 유사한 현상을 언급하는 다른 용어로는 **"역사"** ('에네르게마타')와 **"직임들"** ('디아코나이')이 있다. 이 모든 용어들은 성령의 나타남의 다양성을 보여주고 있다. 성령의 나타남은 아주 다양하다. 성령은 당신의 나타나심을 통해 당신의 뜻대로 다양하게 은사를 나누어 주시는 것이다.

바울은 **"성령의 은사들"** 을 언급하면서 은사의 다양성과 함께 통일성을 강조한다. **"은사는 여러 가지나 성령은 같고, 직임은 여러 가지나 주는 같으며, 또 역사는 여러 가지나 모든 것을 모든 사람 가운데서 역사하시는 하나님은 같다"** (고전12:4-6)고 바울은 말씀하고 있다. 은사가 아무리 다양하고 또 직임이나 역사가 다양하다고 해도 성령은 같고, 주 예수도 같고, 모든 사람 가운데 역사하시는 하나님은 같다는 것이다. 거기에는 다양성이 있지만 동시에 통일성도 있음을 보여준다. 다양한 은사로 인한 신자들의 분열, 분리, 파당 등은 지양되어야 함을 경고하고 있다. 하나님의 뜻은 다양한 은사 가운데 여러 지체들이 하나가 되게 하는 것이다.

오순절주의자들은 여러 곳에 기록된 성령의 은사 중에서 특별히 고린도전서 12장 8-10절에 언급된 9가지 은사를 대표적 은사로 보고 강조한다. 이 9가지 은사는 학자들에 따라 여러 가지로 분류

된다. 계시의 은사(지혜, 지식, 영분별), 능력의 은사(믿음, 능력행함, 신유)와 구변의 은사(예언, 방언, 방언통역)로 구분하기도 한다. 또한 초자연적 인식 능력의 은사(지혜, 지식, 영분별), 초자연적 행위의 은사(믿음, 능력 행함, 신유)와 초자연적 언변의 은사(예언, 방언, 방언통역)로 나누기도 한다. 오순절주의자들이 강조하는 이 *"성령의 은사들"* (고전 12장)은 인간의 한계를 뛰어넘는 하나님이 주시는 초자연적 영적 은사들로서 관심을 집중시키고 있는 은사들이다.

바울은 로마서 12장 6-8절에서 초자연적 영적은사와는 구별되는 섬김의 은사에 대해 언급한다. *"우리에게 주신 은혜대로 받은 은사가 각각 다르니 혹 예언이면 믿음의 분수대로, 혹 섬기는 일이면 섬기는 일로, 혹 가르치는 자면 가르치는 일로, 혹 권위하는 자면 권위 하는 일로, 구제하는 자는 성실함으로, 다스리는 자는 부지런함으로, 긍휼을 베푸는 자는 즐거움으로 할 것이니라"* (롬 12:6-8)고 로마의 교인들에게 권면했다. 바울은 섬김, 가르침, 권위, 구제, 다스림, 긍휼 베푸는 것을 언급하며, 그것들을 은혜를 따라 나누어 주신 은사로서 분류하며, 섬김을 위한 은사로 사용할 것을 말씀하고 있는 것이다.

또한 에베소서 4장 11절에는 섬김의 직책을 맡은 사람들을 언급하고 있다. *"그가 혹은 사도로, 혹은 선지자로, 혹은 복음 전하는 자로, 혹은 목사와 교사로 주셨으니"* (엡 4:11). 여기에서 바울은 '**도마타**'(선물들)를 교회의 사역들과 연관시켜 말씀하고 있다. '**도마타**'는 어떤 사건이나 기능이나 봉사의 사역자체를 의미하지 않고, 직책을 맡은 사람을 가리키고 있다. 즉 섬김의 직책을 소지한 사람들인 사도, 선지자, 복음 전하는 자, 목사와 교사를 언급한다. 성령의 은사들은 성도들의 몸 안에서 사역을 하기 위함이라는 것을 보여준다.

성령의 은사들은 그리스도의 몸을 세우기 위함이다. 에베소서 4장 12절에 은사의 목적이 분명히 나타난다. **"이는 성도를 온전케 하며 봉사의 일을 하게하며 그리스도의 몸을 세우려 하심이라"**(엡 4:12). 또한 고린도전서 12장 7절에는 **"각 사람에게 성령의 나타남을 주심은 유익하게 하심이라"**고 말씀한다. 은사가 주어지는 것은 **"유익하게 하려 함"**이다. 즉 공동체의 유익을 위함이다. 성령의 은사는 선물로서 그리스도께서 개인을 통해 그분의 사역을 실행하시는 수단인 것이다. 성령의 은사는 공동체를 세우기 위한 것으로 성령의 은사를 사용함으로서 교회의 몸을 세우는 결과를 가져와야 한다. 그렇지 않다면 그것은 교회의 질서를 파괴하고, 다른 사람들에게 덕을 끼치지 못하는 은사의 남용이 될 것이다. 각 지체는 성령께서 주신 각자의 역할을 성실히 수행할 때, 교회의 몸은 정상적으로 기능하게 되고, 믿음과 사역 속에서 세워지게 되는 것이다.

우리는 성령의 은사를 사모하라(고전 14:1)는 성경의 말씀대로 성령의 은사들을 간절히 사모하며 열심을 내어 간구해야 한다. 은사들의 다양성과 통일성을 통해 그리스도의 몸은 건강하게 기능을 하며, 많은 지체들의 필요가 채워지며, 공동체 전체가 굳건히 세워진다. 우리들은 성령의 은사들이 회복된 이 늦은 비 시대에 교회의 몸을 세우고, 세계를 신속하게 복음화시키기 위해 더욱 열심히 성령의 은사들을 사모하며 간구해야 하며, 그리스도의 몸의 유익을 위해 적극적으로 활용해야 할 것이다.

D. 신유

신유는 오순절주의자들에게 있어 오순절 운동의 제2의 특징이 될 만큼 강조되어 왔다. 오순절주의자에게 있어 신유는 예수님의 대속사역에 근거하고 있으며, 신학적으로는 성령론이 아니라 속죄론에 근거하고 있다. 완전한 구원의 온전한 복음 속에는 치유가 포함되어 있는 것이다. 신유의 기적을 하나님의 구원의 일부로 받아들이며, 하나님의 능력의 임재로 인식하고 있는 것이다.

치유 사역은 신약의 복음서와 기타 서신서에 빈번히 기록되어 나타나고 있다. 치유는 예수님의 주요 사역중의 하나였다. 세례요한이 감옥에서 그의 제자들을 예수께 보내어 당신이 정말로 오실 그 그리스도이신가를 질문했을 때, 예수님은 이사야서 35장 5-6절과 61장 1절의 약속이 성취되었음을 언급하심으로서 응답하셨다. *"소경이 보며 앉은뱅이가 걸으며 문둥이가 깨끗함을 받으며 귀머거리가 들으며 죽은 자가 살아나며 가난한자에게 복음이 전파된다 하라"* (마 11:5; 눅 7:22). 예수님의 치유사역은 사도행전 10장 38절에서도 증거되고 있다. 공관복음서에서 예수의 사역을 언급할 때, 치유는 언제나 등장하게 된다. 예수께서는 *"천국 복음을 전파하시며 백성 중에 모든 병과 모든 약한 것을 고치셨다"* (마 4:23). 예수님의 설교와 가르침, 그리고 치유 사역은 *"하나님의 나라가 가까왔다"* (막 1:15)는 사실을 보여주었다. 예수님은 이사야서 61장 1-2절의 예언이 자신에게서 성취되어 하나님의 나라가 임했음을 선포하셨다(눅 4:17-21). 예수님은 병자를 고치시며 귀신들을 내어 쫓으심으로 하나님의 나라를 시작하시며 성취하셨다. *"내가 하나님의 성령을 힘입어 귀신을 쫓아내는 것이면 하나님의 나라가 이미 너희에게 임하였느니라"* (마 12:28; 눅 11:20).

위에 기술된 것처럼 예수님은 치유를 통해 모든 악한 세력의 지배에서 인간을 자유케 하시기 위해 하나님의 능력과 사랑을 보이셨다. 예수님의 치유사역은 미래의 사람들이 그들의 죄와 병에서 치유받을 것을 보여주시고 상징하는 것이다.

> *"이는 선지자가 이사야로 하신 말씀에 우리 연약한 것을 친히 담당하시고 병을 짊어지셨도다 함을 이루려 하심이더라"* (마 8:17).

교회의 치유사역은 예수님의 공생애 시에 제자들에게 주어졌던 사도적 권능에 근거한다. *"예수께서 그 열 두 제자를 부르사 더러운 귀신을 쫓아내며 모든 병과 모든 약한 것을 고치는 권능을 주시니라"* (마 10:1; 7:8; 막 6:7-12; 눅 9:1-6). 치유와 축사는 전도의 일부였음이 명확하다. 이것은 믿는 자들에게 따르는 표적으로 나타난다. *"믿는 자에게는 이런 표적이 따르리니 곧 저희가 내 이름으로 귀신을 쫓으며, 병든 사람에게 손을 얹은 즉 나으리라 하시더라"* (막 16:17,18).

치유의 주목적은 사람들을 궁극적 구원, 즉 영생으로 인도하기 위해 하나님의 의도와 능력을 가시적으로 보여주는 것이다. 즉 치유의 열매는 궁극적으로 회개로 이끌어져야 하는 것이다. 이것은 사도행전에서 여러 번 증거되고 있다(행 4:4; 31:5; 9:35-42). 초대교회 이후에 주춤했던 신유는 오순절 운동의 초기부터 오순절주의의 중요한 특징이 되었다. 신유 교리의 뿌리는 19세기 성결운동으로 거슬러 올라간다. 신유운동은 1870년대까지 거의 모든 복음주의 교단들 내에서 성행하고 있었다. 알렉산더 다위(Alexander Dowie)는 미국에서 신유의 중대성을 오순절주의에 끌어늘인 중요한 인물이다. 그는 치유를 성령의 역사를 수반하는 *"표적과 기사"* 의 일부로 인식하였다. 부흥 운동가들 중에 좀 더 기독론에 기초하여 복음을 위한 신유의 중요성을 알렸던 것은 대속에 포함된 그리스도의 승리론이었다. 대속을 통해 그리스도께서는 영혼과 육체 둘 다를 구속하셨다는 것을 주장한 것이다. 이런 영향으로 인해 오순절주의자들은 구속을 죄 용서함으로만 보았던 서구와 중세 시대의 신학적 유산을 깨뜨리고, 치유를 구속 안에 포함시키게 되었다. **'승리자 예수'**라는 십자가 사역에 대한 이해는 스웨덴의 루터교 신학자인 구스타프 아울렌(Gustav Aulen)에 의해 대속에 관한 ***"고전적"*** 이론으로 발전되었다.

광범위한 신유 이론의 뿌리는 독일의 후기 경건주의자였던 블룸하르트(Fohann and Christoph Blumhart)의 메시지에서 발견된다. 그는 하나님 나라의 도래를 신유와 연결시켜서 19세기의 독일과 스위스의 개신교 교회들에 많은 영향을 주었다. ***"예수는 승리자"*** 라는 구호로 유명해진 블룸하르트는 그리스도가 이 세상 가운데서 악한 세력 및 죄와 계속적으로 승리의 투쟁을 하고 있다고 주장했고, 근본적으로 죄는 질병의 원인이며, 따라서 죄의 용서와 치유는 서로 내적으로 관련이 있다고 말했다. 이러한 확신을 가지고 그는 복음에 대한 응답으로서 치유 또는 최소한 건강의 증진을 기대했고, 악의 실재와 능력을 인정했으며, 귀신들림의 개념도 인정했다. 그는 뫼틀링엔의 젊은 여인 고트리빈 디투스(Gottliebin Dittus) 사건에서 귀신들렸던 그녀를 신유사역에 의해 놓여나게 하였으며, 이 사건으로 인해 그는 ***"예수는 승리자"*** 라는 테마를 부르짖게 되었던 것이다. 블룸하르트의 사역은 확산되기 시작 했으며, 그의 사역에 관한 기록은 1850년대에 영어권 전체에서 회람되기 시작하며 새로운 관심을 불러일으켰던 것이다.

이러한 치유론의 발전은 ***"대속 안에 포함된 치유"*** 로 발전하기 위한 예비단계였다. 대속 안에 포함된 치유를 주장하던 중심인물로는 심슨과 고든이 있다. 알버트 심슨은 「치유의 복음」(The Gospel of Healing)이라는 책을 통해 치유는 대속 안에 포함되어 있다고 주장했다. 그는 신유를 주장하면서 **'수단'** 즉 의사와 약의 사용을 반대하기도 했다. 보스톤의 침례교 목사였던 아도니람 고든도 비슷한 생각을 갖고 있었다. 그는 그의 저서 「치유 사역」에서 그리스도의 대속 안에 육신의 치유에 대한 믿음을 위한 기초가 있다고 주장했다.

19세기 말에 이르러 신유를 강조하는 것은 성결운동의 공통된 특징이 되어 있었다. 19세기의 전환기에 이르러 교회의 공식적인 신조 혹은 비공식적 신앙신조 안에는 신유의 주제가 당연히 포함되게 되었다. 1901년에 시카고에서 개최된 성결총회는 여섯 개의 교리선언 내에 신유를 포함하고 있었고, 사중복음의 세 번째 주제인 신유는 점차 중요한 위치를 차지하게 되었다. 신유는 오순절주의자들에게 있어 더욱 더 오순절적 능력을 나타내는 것이었고, 또한 하나님께서 표적과 기사 그리고 다양한 능력(기적)과 성령의 은사로 친히 증거하고 계시다는 증표가 되고 있었다.

초기 오순절운동 내에서 신유에 대한 이중 신학이 발전했다. 우선 첫 번째 관점은 신유가 일반적으로 야고보서 5장 14-15절에 있는 말씀대로 교회의 장로들이 안수함으로서 일어난다는 견해이다. 이 공동체적 모델은 개인의 신앙의 기도가 공동체의 기노에 의해 뒷받침되어 성공적인 치료를 일으킨다는 것이다. 두 번째 견해는 고린도전서 12장 9절의 **"신유의 은사"** 모델이다. 신유의 은사는 특별한 능력을 부여받은 한 개인에게 주어지고, 그의 안수에 의해 치유가 일어난다는 견해이다. 성공적 치유를 위해서는 두 가지 경우 모두 안수 받는 자 본인의 믿음이 꼭 필요했다.

위의 신유에 대한 이중적인 믿음, 즉 신유가 교회 장로들의 안수를 통해 보편적으로 시행될 수 있다는 믿음과 신유의 은사를 받은 특정한 한 개인에 의해 시행된다는 믿음의 공존은 중요한 결과를 낳았다. 왜냐하면 신유가 많은 오순절 예배의 정규적인 한 순서로 정착되는 추세가 마련되었기 때문이다. 이처럼 신유가 개인적인 은사가 될 수 있다는 생각은 궁극적으로 미국 역사에 있어 가장 폭발적인 신유 부흥시대를 열게 하였다. 신유에 대한 신학과 신유은사를 베풀고 치유받는 관행은 그 어떤 시대보다도 이 운동의 짧은 역사 속에서 널리 확산되었던 것이다. 결과적으로 주류 교회 내에서 은사주의 운동이 성장할 수 있는 비옥한 토양이 마련되었고, 은사주의 운동은 믿음에 의한 신유 개념의 수용과 추진에 의해 활력을 얻게 되었던 것이다.

그리고 성장을 계속하던 오순절 교단들은 신유의 교리를 환영하였고, 신유의 메시지를 대중들에게 확산시키는 치유복음 전도자들이 나타나게 되었다. 치유사역을 전국적 규모로 대중들에게 확산시켰던 주요한 치유 사역자들로는 브랜함(William Branham), 에이미 샘플 맥퍼슨(Aime Semple Mcpherson), 오랄 로버츠(Oral Roberts)와 알렌(A.A. Allen) 등이 있다. 신유의 믿음을 교리로 더 확고하게 만든 교단도 있다. 하나님의 성회는 1974년 8월 20일에 **"신유: 복음에 포함된 일부분"** 이라는 안건을 채택하여 신유 교리를 온전한 복음의 한 부분으로 확고히 하였고, 오늘날의 모든 그리스도인들을 위한 약속이라고 단언하였던 것이다.

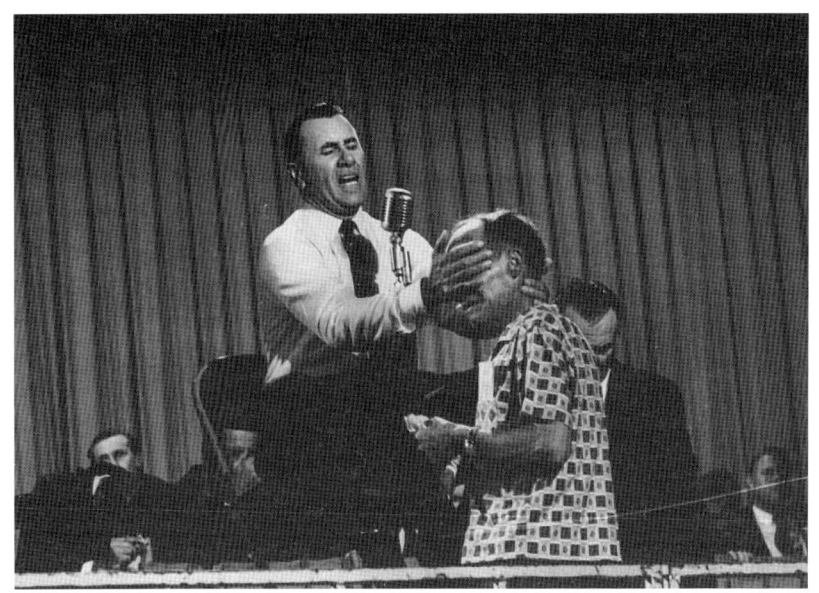
병자를 위해 신유 기도하는 오럴 로버츠

오늘날의 교회에도 치유사역은 권장되고 활성화되어야 한다. 하나님은 믿는 자의 기도에 응답하셔서 치료하신다. 치유는 믿음의 공동체 내의 장로들(목회자들)의 사역 상황에서 일어나기도 한다. 하나님께서는 복음이 전파될 때, 하나님의 복음에 대한 시청각 효과를 높이기 위해 치유하신다. 하나님은 특별한 신유의 은사를 통해 치유하신다.

예수 그리스도의 십자가의 치유능력이 우리들의 삶에 회복되어 우리에게 생명과 활기와 힘을 더해준다. 우리는 *"속으로 탄식하여 양자될 것 곧 우리들의 구속을 기다리고"* (롬 8:23)있는데, 치유는 그 완전한 삶의 상징적 그림자이다. 치유가 지체들 가운데 일어날 때, 믿는 자들의 능력을 이 세상에 보여주게 된다. 치유는 복음 제시에 효과적이다. 불신자들이 그리스도인들에 의해 행해지는 치유를 경험할 때, 그들은 복음을 제시받게 되는 것이다. 우리 복음이 말로만 그들에게 제시되는 것이 아니라 오직 능력과 성령과 큰 확신으로 제시된다(살전 1:5). 신유를 통해 하나님께서는 구원의 능력을 나타내시고, 믿음의 응답이 사람의 지혜에 있는 것이 아니라 하나님의 능력에 있음을 알게 하신다(고전 2:5).

치유사역은 오늘날의 시대에도 절실히 필요하다. 영, 혼, 육이 병들어 있는 현대인들의 필요를 채우기 위해 치유는 필요하다. 육체의 치유는 단순히 몸의 치유 이상을 포함한다. 치유는 치료된 자와 그 곳에 모인 사람들에게 하나님의 임재를 경험하게 한다. 치유의 역사가 일어날 때 사람들은 하나님의 살아계심과 임재를 더욱 확실히 느끼게 되며, 복음에 대한 적대감이 사라지고 마음을 열게 되는 것이다. 치유는 복음전도에 있어 사람의 마음을 여는 촉매제 역할을 하게 되며, 많은 사람들이 죄를 회개하고 주께로 돌아오게 하는데 효과적인 수단이 된다.

불치병에 걸린 사람을 치유하는 것은 그 사람의 육신의 병뿐만 아니라 영원한 멸망으로 인도하는 사망의 세력에 대해 그리스도의 십자가의 승리를 선포하는 것이다. 암에 걸린 사람을 치유하는 것은 십자가의 능력으로 화해와 회복의 과정을 주도하는 것이다. 소외와 외로움의 고통에 노출되어 사탄의 지배에 매여 있는 병자를 자유케 하는 것은 그 사람의 생각을 악의 세력으로부터 해방시켜, 복음의 진리에 응답할 수 있는 생각과 태도를 갖도록 인도할 수 있는 것이다. 그리하여 그 사람을 하나님의 거룩한 성전이 되도록 이끌 수 있으며, 신령과 진정으로 예배를 드리는 사람으로 다시 태어날 수 있도록 인도 할 수가 있다. 치유는 복음 전도의 중요한 사역으로 예수 그리스도의 대속의 능력을 증거하며, 많은 사람을 하나님의 나라로 인도하는데 효과적인 하나님의 임재를 나타내며 체험하게 하는 것이다. 오늘날의 교회는 이 같이 복음 전도의 중요한 사역으로 하나님의 임재를 나타내며 체험하게 하는 치유사역을 더욱 더 적극적으로 전개해야 할 필요가 있다.

E. 부와 번영신학

번영과 부의 신학은 미국 내의 오순절주의와 은사주의 내에서 많은 논란을 일으킨 영역이다. *"말씀-믿음"* 혹은 *"믿음의 말씀"*(Word of Faith) 운동에 동반되는 '*믿음-공식 신학*'(Faith-formula theology) 혹은 *"번영(부)의 교리"*(prosperity doctrine)는 몇 몇의 유명한 TV 전도자들에 의해 대중들에게 전파되었다. *"긍정적 고백"* 신학이라고도 불리는 이 신학은 은사주의 내에 많이 확산되어 있다.

"긍정적 고백"(positive confession)은 문자 그대로 우리가 입으로 고백한 것이 성취된다는 것인데, 왜냐하면 믿음은 하나의 고백이기 때문이라는 것이다. 그래서 *"말씀-믿음"* 혹은 *"믿음의 말씀"*이란 용어를 사용한다. 이 관점은 혀의 권세의 가치를 '*고백 신학*'의 핵심으로 여긴다. 에섹 캐넌(Essek William Kenyon)에 의해 주도되었던 이 *"말씀사역"*들은 1948년 그가 사망한 후에 케네스 해긴(Kenneth Hagin), 케네스 코플랜드(Kenneth Copeland), 찰스 캡스(Charles Capps), 프레드릭 프라이스(Frederick K. Price)와 기타 사역자들에 의해 계승되었다. 개념적으로 이 신학의 견해는 '*신사고*' 철학의 사상에 기인한 형이상학으로 보는 시각이 많다. '*신사고 운동*'의 주요 교리가 건강, 치유, 풍부함, 번영, 부유함과 행복이기 때문이다.

하나님에 대한 믿음이 모든 인간의 필요를 충족시킨다는 신념은 당연히 신자의 물질적 필요에 대한 관심을 유발시킨다. 그런데 초기 오순절주의자들에게 하나님이 필요를 채워주신다는 확신이 단지 물질적 부요에 대한 보장으로 해석되지는 않았다. 하나님이 물질을 구하는 기도에 응답하신다는 노골적인 주장은 독자적으로 신유 부흥회를 추진하던 알렌(A.A. Allen)과 같은 사람에게서 나왔다. 그는 하나님은 물질적인 기적을 일으키는 것이 전공이라고 외쳤으며, 자신의 경험을 간증하였

치유 전도사로 유명한 A.A. Allen

다. 그는 한 때 410달러짜리 인쇄물 계산서를 지불할 수 있게 해달라고 기도를 했는데, 하나님이 자신이 가지고 있던 1달러짜리 지폐를 20달러짜리 지폐로 바꾸어 주심으로서 기도에 응답해 주셨다고 말했다. 그리고 **"여러분이 구할 때, 하나님은 1달러 지폐를 20달러로 바꾸어 주실 수 있습니다"** 라고 물질적 기적을 주장했다. 그의 주장은 1960년대의 은사주의 집회에서 유행하기 시작한 번영의 교리를 명백하게 드러내고 있었다.

은사주의자들 가운데서 **'믿음의 신학'**을 전파하는데 가장 공이 큰 사람은 케네스 해긴(Kenneth E. Hagin)이었다. 그는 어려서부터 병약하여 극적인 내면의 고통을 겪었다. 그는 집중적인 성경공부와 기도를 시작하면서 마가복음 11장 23-24절의 말씀에 집중하였고,

놀라운 사실을 발견하였다. 즉 자신이 치료받지 못한 것은 믿음이 선결되지 않았기 때문이라는 것을 깨닫게 되었고, 마가복음 11장 24절의 의미를 정확히 알게 되었다고 한다. 이 말씀은 "*네가 기도할 때에는 믿어야 한다*"는 것을 의미했다. 그는 믿음 뒤에 성취가 있는 것인데, 자신은 지금까지 거꾸로 하고 있었다. 그 후 그는 성취된 것을 본 후에 믿으려 하였다고 고백하였다. 해긴의 발견은 마가복음 11장 23-24절을 문자 그대로 받아들인 믿음에서 절정을 이루었고, 이것은 소위 '**믿음의**

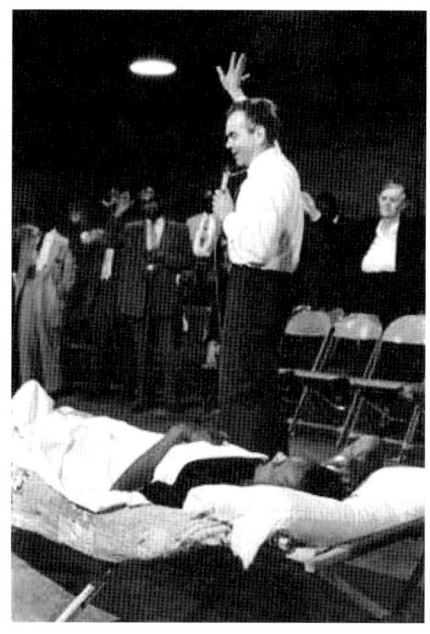

Allen의 치유집회 모습

원리'에 의한 그의 깨달음을 반영하였다. "**마음으로 믿어라, 입으로 시인하라, 그러면 말 한대로 성취되리라.**" 그는 자신이 발견한 이 "**믿음의 공식**"을 시행하면서 침대에서 일어나 치료받았으며, 걷게 되었고, 거리를 활보할 수 있게 되었다.

해긴은 기적적인 회복 후에 남침례교 전도자로 사역을 시작한 후에, 1937년에 성령세례를 받고 하나님의 성회에 가입하여 12년 동안 텍사스의 하나님의 성회 교회에서 목회하였다. 그 후 그는 일련의 체험을 통해 하나님이 자신에게 가르치는 은사를 주셨고, 자신이 예언자로서 기름부음을 받았다는 확신을 갖게 되었다. 그는 '**긍정적 고백**'과 '**개인적 믿음의 능력**'을 강조하며, 1962

년에 복음전도자 협회를 창설하며 독립 사역에 착수하였다. 1966년 오클라호마 주의 툴사로 본부를 옮기면서 그의 사역은 일시적인 부흥을 맞이한다. 1980년대 초에 그는 급속히 확산된 은사운동의 기세를 등에 업고 전국에서 가장 유명한 전도자 중의 한 사람으로 등장하였다. 그의 라디오 프로그램은 미국과 캐나다의 180개 방송국에서 방영되었으며, 월간지 *'믿음의 고백'*은 발행 부수가 20만부가 넘었으며, 레마 성경훈련원에는 거의 2천명의 학생이 등록하였다. 레마 성경훈련원 졸업생 만 명 가운데 일천 명이 안수 기관인 *'레마 사역협의회'*의 회원이 되어 해긴의 협력 사역자들이 되었다. 해긴은 다른 *"신앙교사들"*을 후원하는 사역을 하였는데, 1980년대 말에 케네스와 글로리아 코프랜드, 프레드 프라이스, 찰스 캡스, 로버트 틸튼(Robert Tilton) 등이 비슷한 주제를 갖고 사역을 하여 큰 성공을 거두었다. 1979년에 *'신앙운동'*은 국제적인 신앙 성회 교회와 사역자들의 모임인 협회를 조직하여 여러 사역을 조정하며, 전국적 집회를 위한 장을 제공할 만큼 성장하였다. 1980년대 중반에 이 협회에는 7백 명 이상의 신앙 사역자들이 가입하였다. 그러나 *'신앙운동'*을 둘러싼 논쟁은 여전히 계속되고 있다.

신앙운동에 대한 비판자들의 견해를 먼저 살펴보고, *'신앙 교사들'*의 방어적 답변을 들어보자. 해긴과 *'신앙 교사들'*의 가르침은 오순절파의 전통으로 내려오던 *'부'*에 대한 극단적인 입장을 나타내고 있다. 오순절파는 하나님이 그들의 필요를 채워주실 수 있는 능력과 의도를 가지고 있다고 확신하면서도, 그들이 물질적인 안정을 주장할 권리가 있는가에 대해서는 별로 확신이 없었다. 그러나 은사주의 *'신앙 교사들'*은 해긴의 개인적 체험뿐만 아니라 19세기의 형이상학적 이론을 적용하면서, 교인들의 실패의 경우는 그들이 승리를 긍정적으로 고백하지 않았기 때문에 그들의 기도가 응답되지 않았다고 주장하였다. 결과적으로 자신의 신앙수준에 따라 자신의 상황을 좌지우지 할 수 있다고 함으로서 신자 개인의 능력을 지나치게 강조하게 되었다. 결정적으로 중요시한 것은 신앙을 억제하기 보다는 작동시키는 쪽으로 말을 할 수 있는 능력이었다. 그들 체계의 초석은 *"사람은 자기 입으로 시인하는 것을 얻게 되는 법"* 이라고 말하며 긍정적 고백을 중요시하는 것이다.

이 *'긍정적 고백'*은 오순절주의와 은사주의 진영 내부에서 문제를 일으켰다. 비판가들은 신앙교사들의 주장이 인간중심적 이단의 견해라고 말한다. 즉 하나님의 뜻이 인간의 뜻에 의해 좌지우지 되며, 창조주는 그의 피조물의 필요와 열망에 신속히 응답하는 일종의 *'우주적 사환'*이 된다는 것이다. 더 심각한 문제는 인간 자신이 자신 주변의 일을 좌지우지 하는 본유적인 능력을 지닌 하나의 신이 되어 버린다는데 있다고 말한다. 결과적으로 인간적 교만뿐만 아니라 하나님과 인간의 관계성 및 그 목적에 대한 오해를 불러일으키게 된다는 것이다.

이 운동은 일종의 영지주의라고 비판하는 사람도 있다. 이 운동이 영의 인간에만 초점을 두어 전통 기독교가 말하는 영, 혼, 육의 조화를 무시한다는 것이다. 그들 가르침의 중요한 강조점도 *"감각 지식"*과 *"계시 지식"*의 이분법을 따른다는 것이다. 그들은 감각 지식(감각에서 나오는 지식)은 결코 신뢰하거나 쫓아서는 안 되고, 오직 계시 지식(성경을 영적으로 해석함으로서만 얻을 수 있는)만을 의존해야 한다고 말한다. 비판가들은 그러한 이분법을 하나님과 그분을 체험하는 것에 대한 전통적 기독교의 관점을 부인함으로서 실체를 왜곡시켰다고 지적한다. 또 다른 비평가들은 이 운동과 신사상(New Thought)의 19세기 형이상학과의 연관성을 지적하며 사교적이라고 비난한다. 맥코넬(D.R. McConnell)같은 은사주의 비평가는 신앙운동의 일부 가르침은 성경적이라고 인정하면서도 "유감스럽게도 '신앙신학'의 비성경적인 이교적 요소들이 실제로 이 신학의 본질적 요소로 놀라운 성장의 동인이 되었고, 이 신앙운동의 핵심을 차지하고 있다"고 비판하였다.

다른 비평가들은 신앙 교사들이 치료받지 못하거나 가난의 모멸감을 겪는 신자들을 거부한 명백한 사례가 있다고 비난한다. 그들은 치료받지 못한 사람들을 하나님을 향한 믿음을 동원하지 못했기 때문으로 말한다. 비판가들은 신앙신학이 기적적인 치료의 공은 신앙교사 자신들에게 돌리고, 실패의 책임은 "믿음 없는" 신자 탓으로 뒤집어 씌웠다고 비판한다. 더 심각한 경우는 그들이 의학을 거부하거나 열등한 치료방법이라고 은연중에 암시하며, 신자들로 하여금 질병치료를 위한 의학적 도움을 거절하게 만들어 위험한 상황으로까지 끌어간다는 것이다. 1984년에 실제로 신앙교사인 호바트 프리만의 충고로 인해 의학적인 도움을 받으면 살릴 수 있었던 15세 된 한 소녀를 죽게 만들어 전국적인 이목이 집중되기도 하였다. 비판자들은 프리만의 '**신앙성회**' 교회에서 그 동안 발생했던 약 90건의 죽음은 궁극적으로는 의학적 도움을 거부한 프리만의 극단적 가르침에서 기인했다고 비판했다. 신앙교사들의 극단성은 하나님의 메시지를 너무도 함부로 왜곡시켜 그들 스스로가 살인의 책임을 져야 할 지경에까지 이르렀다고 비판한다.

비평가들은 신앙교사들이 그들의 신학을 변증하기 위해 성경의 문맥을 무시한 채 성구를 인용함으로서 성경을 왜곡시키고 있다고 비난한다. 특히 잠언 6장 2절과 로마서 10장 8절과 4장 17절, 그리고 요한 3서 2절의 적용에서 문맥을 무시한 잘못된 성경해석을 하고 있다고 지적한다. 잠언서 6장 2절에 *"네 입의 말로 네가 얽혔으며 네 입의 말로 인하여 잡히게 되었느니라"* 고 기록되어 있다. 이 구절은 계약관계 속에서 보증금을 포함한 재정적 상거래를 언급하는 것이다.

로마서 4:17과 10:18의 내용도 문맥에 벗어난 해석을 했으며 *"하나님은 죽은 자를 살리시며 없는 것을 있는 것 같이 부르시는 이시니라"* (롬 4:17)의 내용을 누구나 없는 것을 있는 것 같이 부를 수가 있다고 잘못 해석한 것이다. 신앙교사들은 아브라함의 축복에 의해 아담의 저주가 무효가 되었으며, 하나님의 나라가 완전히 이르기 전에 그 나라의 혜택 속으로 거의 들어왔다고 가르친다. 하지만, 로마서 4장 17절은 아브라함의 믿음을 기술한 것이지, 특별히 우리에게 해당되는 것이 아니다. 로마서 10장 8절 또한 9절과 11절의 문맥을 무시하면 참된 해석을 할 수 없다. *"그러면 무엇을 말하느뇨 말씀이 네게 가까워 네 입에 있으며 네 마음에 있다 하였으니 곧 우리가 전파하는 믿음의 말씀이라"* (롬 10:8). 이 구절은 사도적 전통 안에서 선포되는 구원의 메시지를 포함한 진리에 대해 주로 언급한 것이다. 이 진리는 13절에 말씀한 것처럼, 구원이 드러나려면 믿어지고, 신뢰되고, 고백되어져야 한다는 것이다. 13절에 *"누구든지 주의 이름을 부르는 자는 구원을 얻으리라"* 고 했다. 이 문맥은 우리에게 주어진 특별한 믿음에 관한 것이다. 그것은 하나님의 선물로서 얻게 되는 것이지, 습득된 기술로서 얻게 되는 것이 아니다. 그것은 은혜처럼 하나님의 의로 제공되는 것이다. 그런 *"믿음은 들음에서 나며 들음은 그리스도의 말씀으로 말미암는"* (롬 10:7) 것이다. 이처럼 비평가들은 신앙교사들의 성경해석이 성경의 앞뒤 문맥을 고려함이 없이 자신들의 신학을 변증하기 위해 잘못 인용함으로서 성경 말씀의 의미를 왜곡시켜 사용하고 있다고 비판한다. 성경에서 말하고 있는 믿음의 참된 의미는 믿음은 하나님께로부터 우리가 바라는 모든 것을 언제나 획득할 수 있다는 것이 아니고, 하나님께서 우리들로 하여금 소유하게 하시기를 원하는 모든 것을 그 분으로부터 얻을 수 있음을 뜻하는 것이라고 비평가들은 말한다. 여기에 근본적이고 중요한 차이가 있다고 그들은 확신한다.

위와 같은 비판에 대해 '**신앙 교사들**'은 방어적 답변을 하였다. 그들은 이 운동의 모든 주요 인사들은 프리만과 그의 '**신앙성회**' 교회의 극단적 입장을 비판한다고 말한다. 신앙 교사들은 의학 그 자체는 악이 아니기 때문에 만일 신자들이 자신의 믿음에 확신이 없다면 의학적인 충고를 따를 것을 권한다고 주장한다. 해긴은 그들의 '**신앙신학**'을 개개인에게 적용함에 있어 어떠한 철칙은 없다는 점을 지적하였다.

해긴과 그의 지지자들은 그들의 가르침은 모두 하나님의 말씀이며, 그것을 입증할 수 있는 성경의 "**증거 본문**"을 제시할 수 있다고 주장한다. 그들은 모든 소원이 오직 성경에만 근거해야 한다고 말함으로서, 그들의 신학을 '**입술로 시인하고, 없는 것을 있는 것처럼 우기는 철학**'으로만 인식하는 사람들의 비판을 완화시키려 했다.

해긴은 또한 '**신앙 신학**'이 본질적으로 '**신사상**'의 형이상학이라는 비난에 대해 '**긍정적인 사고**'와 같은 운동들은 성경적 원리를 적용하기 때문에 그런대로 효력을 발휘한다고 인정하면서도, 자신의 가르침을 '**신사상**'에 근거한 '**긍정적 사고**'와는 다르다고 말한다. 왜냐하면 그는 세속적인 신사상의 '**긍정적인 사고**'를 가르치는 것이 아니라, 단지 성경이 긍정적 사고를 가르치고 있기에 자신도 그 가르침에 입각했을 뿐이라고 설명한다.

'**신앙운동**'의 미래는 은사운동 내부에서 확산되고 있는 비판에 대한 대처에서 방향이 정해질 것이다. '**신앙운동**'에 쏟아지는 비판을 어떻게 대처하고 지속해나갈 것인가에 관심이 집중되고 있다. 많은 은사주의자들은 '**신앙 교사들**'이 프리만의 갑작스런 죽음에 의해 극단적 입장을 완화시켰다고 믿고 있으면서도, 아직도 의심의 눈초리로 주시하고 있다. 결과적으로 현재까지도 '**신앙운동**'의 건전한 가능성과 위험성에 대한 논쟁이 여전히 계속되고 있는 실정이다.

F. 성화

성화는 신자가 무능한 자신 안에 아직도 남아있는 죄를 깨닫고, 믿음으로 얻게 되는 신앙체험이다. 이 체험을 웨슬리는 '**제2의 축복**'(Second blessing), '**두 번째 변화**'(Second Change), 또는 '**온전한 구원**'(Full Salvation)이라고 했다. 그리고 그 본질을 '**온전한 사랑**' 혹은 '**순수한 사랑**'이라고 했다. 성경적 완전에 대한 개념에 입각한 기독교 전통을 따라서 웨슬리는 '**그리스도인의 완전**'이란 표현을 잘 쓴다. '**제2의 축복**' 혹은 '**두 번째 변화**' 등의 용어는 중생에 비해 보다 높은 혹은 제2차적 단계를 말하는데 사용된다. '**완전한 구원**' 혹은 '**온전한 성화**'는 그리스도인의 생활의 성숙과 목적을 강조하기 위한 것이다.

웨슬리는 예수 믿고 은혜아래 있는 성도에게도 죄의 뿌리가 남아있어서 성도를 괴롭히고, 완전한 성화를 이룰 때 이 죄의 뿌리가 뽑힌다고 생각한다. 완전의 은혜는 모든 죄악으로부터 그리스도인을 구원하는 것으로, 완전은 죄 없음의 완전 성결상태를 말한다. 그리스도인의 완전은 절대적인 완전이 아니며, 계속적인 성장의 여지가 없는 완전도 아니다. 이 완전은 이 세상에서도 가능한 상대적이요, 동기적 완전이다. 웨슬리의 완전은 온전한 인간성의 회복(참 인간)과 하나님의 성품에 참여하는 것의 양면성을 지닌다. 참 인간의 모범이신 그리스도를 닮을 때, 우리도 온전한 인간이 되어 하나님의 형상을 회복하며, 동시에 참 하나님이신 그리스도를 본받을 때 정의롭고 거룩하신 하나님의 도덕적 성품에 참여하게 되는 것이다.

웨슬리의 성화는 중생의 순간부터 성화의 역사가 시작되어 우리가 죄에 대해 죽는 만큼 하나님께 대하여 살게 되며, 이런 과정에서 순간적으로 모든 죄로부터 정결함을 받으며(소극적 완전), 성령의 역사로 순수한 사랑의 충만(적극적 완전)을 얻게 되는 것이다. 하나님의 구원의 목적이 바로 완전이므로 이 완전이 신자의 신앙목표가 되어야 한다는 것이다. 이 순간적인 완전의 체험을 통해 신자는 사랑과 봉사에 더욱 큰 힘을 얻어 승리의 삶을 살 수 있게 되는 것이다. 웨슬리의 완전은 순간적 성령의 역사와 점진적 성장, 성령세례, 성령충만에 의한 사랑, 확신, 성결, 신앙의 성숙 또는 성령의 열매 등의 성경적 개념이 복합적으로 결합된 개념이었다.

웨슬리는 완전의 체험에 대해 성령세례라는 말을 쓰는 것을 꺼렸고, 성령의 열매 즉 완전한 사랑을 강조하려고 하였다. 하지만 웨슬리의 대변인을 자처하는 플레처는 웨슬리의 신학을 조직적으로 정리한 최초의 조직 신학자로서 성령세례를 완전성화로 강조하였다. 플레처는 찰스 피니와 아사 마한의 부흥운동에 영향을 주었다. 19세기 말에 성결부흥운동, 무디와 토레이의 부흥운동을 거치면서 완전 성화 또는 완전한 사랑을 세례로 생각하게 되었다. **'그리스도인의 완전'**과 **'성령세례'**를 동일하게 보는 견해가 웨슬리에게는 암시적이었으나, 플레처에게는 명시적으로 나타났던 것이다. 웨슬리의 완전론은 19세기 부흥운동, 피니의 부흥운동, 성결운동, 무디 및 토레이의 완전론 및 성령 세례론의 변화와 발전을 통해 오순절 성령 세례론의 뿌리가 되었다.

초기 오순절주의는 신학의 뿌리를 특히 성화를 강조하는 웨슬리 계통의 성결전통에 두고 있었다. 웨슬리적 성결교리의 배경을 지닌 오순절주의자들은 성령세례를 받기 위한 준비로서 먼저 성화의 경험을 하는 것이 필요하다고 가르쳤다. 즉 성화란 신자들의 **'타고난 죄'**를 깨끗이 하고 성령세례를 받을 수 있도록 신자들을 깨끗한 그릇으로 만드는 **'뚜렷한 두 번째 은혜 활동'**(a second definite work of grace)이라고 가르쳤다. 그래서 성화는 중생 후에 뒤따르는 순간적인 마음정결 사역이었고, 성령세례에 선행되어 일어나는 두 번째 은혜 사역이었다. 오순절주의의 많은 교파들이 아직도 이 견해를 여전히 고수하고 있다. 예를 들면, 하나님의 교회(클리블랜드)는 *"우리는 신생에 뒤따라오는 성화를 믿습니다. 그리고 정결한 마음에 뒤따라 일어나는 성령세례도 믿습니다"*라고 선언한다. 이 3단계 성화론은 성결운동의 영향을 많이 받은 성결그룹 계통의 오순절 교회들이 많이 지지하고 있다. 여기에 속한 교회들로는 하나님의 교회(클리블랜드), 오순절 성결교회, 그리스도 하나님의 교회 등이 있다.

초기 오순절파 교인들은 성령세례가 세 번째 경험을 나타낸다고 믿고, 계속 성화를 뚜렷한 두 번째 은혜활동이라고 가르쳤다. 그러나 많은 사람들, 특히 침례교나 개혁주의적 배경을 가진 사람들은 실제로 성경이 이것을 가르치고 있는지에 대해 의문을 가졌고, 많은 사람들이 자신의 경험에서 뚜렷한 두 번째 은혜활동을 구별할 수 없었다. 성령세례를 받은 시카고 교회 목사인 윌리암 더햄(Willam Durham)은 1910년에 *'갈보리의 완성된 사역'*을 전하기 시작하였다. 더햄은 사람을 의롭게 하는 신앙이 그 사람을 그리스도안으로 이끌어온다고 가르쳤다. 그리스도 안에서 신자는 성화에 관하여 완전하며, 구원의 부분을 이루고 있거나 구원과 관련된 다른 모든 것에 대해서도 완전하다. 회심 경험에는 그리스도께서 영혼을 깨끗케 하여 신자가 새로운 피조물이 되는 경험이 포함되므로 성화를 위한 차후의 은혜 활동은 필요치 않다. 신자는 그리스도 안에 거하고, 성령을 받아 행하고, 은혜 안에서 그리고 하나님과 그리스도에 대한 지식에서 자라야 할 필요만 있을 뿐이다. 죄성은 제거되는 것이 아니라 그리스도와 함께 십자가에 못 박히며, 그로 말미암아 그리스도의 의가 인간에게 전가된다. 그리스도와 신앙의 관계가 유지되는 한, 그 의는 매일의 생활에서 실제로 열매를 맺을 것이다. 따라서 그 죄성이 믿음에 의해 십자가에 못박혀야함을 나타낸다. 더햄은 사람들에게 내적 삶이 완전해지도록 그리스도안에 거하며 은혜 안에 자라며, 말씀의 순전한 젖을 사모하여 점점 자라 성숙하라고 요구했다.

더햄의 이러한 설교는 시카고 지역에서 수많은 사람에 영향을 끼쳤고, 심한 논쟁을 일으켰다. 많은 사람들은 그들의 신앙이 성화의 경험보다는 그리스도 안에 있어야 한다는 더햄의 주장을 어렵지 않게 받아들였다. 더햄의 **'갈보리의 완성된 사역'** 논쟁은 결국 2단계 성화론을 탄생시켰다. 성결교회 내의 오순절파 사람들 중의 일부는 회심할 때 하나님께서 죄인들을 용서하시지만, 죄와 타락이 가득한 채로 놓아두시기 때문에 그들이 지옥에 빠지지 않기 위해서는 뚜렷한 두 번째 은혜 활동이 필요하다고 주장하며 논쟁을 벌였다. 한편 더햄을 따르는 사람들은 그리스도의 사역이 십자가에서 완전히 성취되었으므로 우리가 믿는 순간에 그 사역이 우리 안에서 완성되고, 죄가 아무리 많을지라도 우리가 즉시 전적으로 의롭게 되어 이 위치를 확보하게 된다고 주장했다. 그러나 더햄 자신은 성결과 성화, 은혜 안에서의 성장에 대한 자신의 믿음을 강조하는데 신중을 기하였다. 그러나 그의 추종자들은 뚜렷한 두 번째 은혜활동으로서의 성화는 그리스도의 죄 사함의 능력을 제대로 인정하지 않은 것이라고 계속해 주장하며, 더햄의 가르침을 지지하였다.

더햄의 견해를 따르는 비웨슬리 계통의 오순절주의자들은 성화를 중생시에 주어지고, 동시에 그리스도인의 삶을 통해 점진적으로 발전하는 것으로 이해한다. 그래서 성화는 두 번째 은혜의 사역이 아니며, 성령세례 전에 일어나야 할 준비단계도 아닌 것이다. 오히려, 신자의 마음은 중생시에 본질적으로 성결케 되는 것이다. 그러므로 성령세례를 받기위해 마음을 정결케 하는 준비단계는 필요없는 것이다. 이 견해를 지지하는 비웨슬리 계통의 오순절 교회로는 하나님의 성회, 엘림 오순절교회, 국제 사중복음교회 등이 있다. 은사주의 계통의 교회들도 대체로 이 견해를 지지한다. 비웨슬리 계통의 교회인 성공회, 루터교, 장로교의 은사주의자들은 대체로 이 견해를 지지하며, 성령세례를 받기 위한 선결조건으로 두 번째 은혜사역을 주장하지 않고, 대체로 믿음과 그리스도의 죄 사함의 정결함을 성령세례의 유일한 선행조건으로 본다.

전 세계에 약 3천만 명의 신자를 두고 있는 하나님의 성회가 이같은 주장을 하는 가장 큰 그룹이다. 1961년에 열린 하나님의 성회 모임에서 통과된 **'성화'**에 대한 내용은 다음과 같다. 성화란 악한 것에서 떨어져 나와 자기를 하나님께 바치는 행위이다(롬 12:1,2; 살전5:23; 히3:2). 성경은 거룩한 생활을 가르치는데 **'거룩해지지 않고는 아무도 주를 뵙지 못할 것입니다'** (히 12:4)라고 한다. 성령의 능력으로 우리는 **'내가 거룩하니 너희도 거룩하다'** (벧전1:15,16)는 명령을 지킬 수 있다. 성화는 신자 자신이 그리스도의 죽으심과 부활 안에서 그리스도와 연합되었음을 깨닫고, 그 연합의 사실을 믿음으로 매일 그리스도를 의지하며 자신의 모든 활동을 성령의 지배에 맡김으로서 신자 안에서 실현된다(롬 6:1-11,13; 8:1-2,13; 갈2:20; 빌2:12; 벧전1:5).

하나님의 성회 신학자들은 성화에는 첫째로, 죄와 세상으로부터의 분리가 포함되며, 둘째로는 그리스도로 말미암는 하나님과의 교제와 하나님께 봉사하고자 하는 헌신 혹은 성별이 포함된다고 말한다. 마이어 펄만(M. Pearlman)은 **'성화되었다'** 는 말과 **'거룩하다'** 는 말을 동의어로 보며, *"거룩하다는 말의 첫째 의미는 봉사를 위해 따로 구별되었다는 것이지만, 정결의 개념도 포함되어 있다"* 고 말한다. 그는 깨끗함을 거룩의 조건으로 인정하지만, 그것이 곧 거룩함이나 성화 자체는 아니라고 한다. 거룩함이나 성화는 **"첫째로 분리와 헌신"** 이라고 말한다. 하나님의 성회의 넬슨(P.C. Nelson)은 성화는 죄 많은 세상에서 분리되어 나와 하나님께 바쳐진 삶에서 하나님과의 바른 관계를 통해서 나오는 열매를 나타낸다고 말한다. 그는 악에서 떨어져 나오는 것만으로는 충분치 않다고 강조한다. 하나님이 자기를 쓰시도록 드리고, 하나님을 위한 봉사에 헌신하는 것이 필요하다. 윌리암스(E.S. Williams)는 그의 말에 동의하지만 분리를 더 중요하게 강조한다. 분리됨으로서 *"신자는 세상과 죄의 사슬을 끊고, 그리스도의 구속사역을 통해 성령의 능력으로써 정결하게 된다"*고 설명한다. 그는 *"성화의 목적은 영혼이 죄를 이기고 하나님을 위하여 살수있게 되는 것"* 이라고 말한다.

지금까지 살펴 본 오순절주의자들의 성화에 대한 견해를 요약하자면, 성결교회 계통의 오순절주의자들은 지금도 뚜렷한 두 번째 은혜사역을 주장하고, 두 번째 은혜사역이 원죄를 제거하며 거룩한 생활을 더 쉽게 할 수 있다고 믿고 있다. 반면에 비웨슬레 계통의 오순절주의자들은 칭의와 최초의 성화가 동시에 일어난다고 본다. 칭의는 하나님 앞에서 신자에게 새로운 지위를 주며, 성화는 신자를 새로운 상태로 들여보낸다고 본다. 이들은 두 번째 은혜사역의 체험을 부정하며, 우리가 영화될 때까지는 완성되지 않는 점진적인 성화를 주장하고 있다. 이처럼 견해의 차이가 있음에도 불구하고, 오순절주의자들은 성령의 은사와 능력을 강조할 뿐만 아니라 성령의 사역인 성화도 함께 중요시하고 있음을 볼 수 있다.

G. 전천년주의 종말론

오순절 신학의 전천년주의 종말론은 오순절주의의 한 특징이 되어 왔다. 오순절주의는 하나님 나라의 완성이 거의 가까운 종말의 시대에 살고 있다는 신념과 함께 탄생했다. 오순절주의의 종말론은 오순절의 특징을 지닌 신학적 주제들인 사중복음의 하나로 중요한 자리를 차지하고 있다.

역사를 통해 오순절 운동 안에서 종말론과 성령론이 연결되는 것을 볼 수 있다. 개개인에게 성령을 부어주심을 강하게 체험하는 운동은 그리스도의 재림과 그 때에 나타나게 될 우주적 변화를 갈망한다. 베드로는 오순절 사건을 말세에 나타나는 성령을 부어주시는 사건이라고 말했다. 해밀턴(N.O. Hamilton)은 **"현재와 미래 사이에 다리를 놓아주는 것은 바로 성령이라"**고 하는 바울의 서신서 내용 안에 성령과 종말론이 분명히 관련되어 있음을 발견했다. 또한 에밀 브루너(Emil Brunner)는 다음과 같이 말하고 있다.[130] 우리는 기독교 역사에서 하나의 법칙과 같은 것을 발견할 수 있다. 즉 교회 안에 생생한 소망이 있을 때, 다시 말해서 교회에 하나님의 성령 안에서의 보다 능력있는 삶이 있으면 있을수록 예수 그리스도의 재림에 대한 보다 긴박한 기대가 있다. 그리하여 성령 충만함과 재림에 대한 긴박한 기대는 초대교회에서 그랬던 것처럼 항상 함께 발견한다.

그런 사실을 발견할 때, 우리는 19세기 말의 성령론으로의 전환은 당연히 종말론으로의 전환과 관련되어 있음을 알 수 있다. 19세기 말의 조류를 지배했던 전천년 종말론의 등장을 이해하려면 플레처의 세대주의론을 살펴 볼 필요가 있다. 웨슬리가 이 세상에서 경험한 구원과 아직 다가올 영광사이의 연속성을 강조하는 일종의 *실현된 종말론*을 주장하며 종말론적이고 묵시적 사색에 대해 별로 흥미가 없었던 반면에, 플레처는 세대주의론의 중요성을 말했었다. 플레처는 세대주의론을 이용해서 각 개인의 영적 체험과 인류역사 둘 다의 진행을 해석했다. 이 세대는 성부의 세대로부터 성자의 세대로, 그리고 성령의 세대로 진행된다고 말한다. 인류역사에 있어 각 세대는 세례요한과 오순절 사건에 의해 구분되고, 개인의 영적 진전에 있어서의 요점은 회심(중생)과 온전한 성화, 곧 성령을 특별히 받는 것이다. 플레처는 이 문제를 성령세례론과 연관시켜 오순절 용어를 쓰도록 하는데 있어 중요한 역할을 하였다.

플레처는 각 세대마다 각기 관련된 약속이 있다고 주장했다. 즉 성부의 세대에 성자가 가시적으로 나타나게 될 것이라는 위대한 약속이 주어졌고, 성자의 세대에는 또 하나의 약속이 주어졌는데, 곧 믿음의 역사와 성령이 충만하게 나타나실 것에 대한 소망이다. 물론 이것은 오순절 날에 성취되었다. 그리고 마침내 지금 성령의 시대에 우리는 곡식을 곳간에 채우고 가라지는 꺼지지 않는 불에 태워버리기 위한 그리스도의 재림에 대한 약속을 가지고 있다. 성령의 시대에 살고 있는 사람들은 그리스도의 재림을 간절히 기대하고 있으며, 끊임없이 하나님의 날이 올 것을 대망하고 재촉하고 있는 것이다.

플레처는 그리스도의 임박한 재림을 고대했던 것처럼 보인다. 그는 그리스도의 재림이 자신의 세대에 있지 않으면, 그 다음 세대에는 있게 될 것으로 고대했다. 그의 세대론은 적어도 세대를 구분하는데 있어서, 오순절을 그리스도의 재림과 비교될 만한 구원사의 한 사건으로 만들고 있으며, 교회시대인 현재의 위치를 결정짓게 만든 사건으로 보고 있다. 플레처의 종말론의 관점은 중요하나, 플레처의 오순절 체계는 19세기 말에 더욱 두드러지게 나타났고, 그의 세대론은 그 선두에 서게 되었다. 이 교리는 그 용어 자체가 20세기로의 전환점 바로 직전에 세대주의를 연결하는 다리가 되었다. '*세대론*'을 가르친 플레처는 그 당시에 별로 알려지지 않았지만, 나중에 세대주의의 조상들 명단에 오르게 되었다.

한편, 남북전쟁 이후에 부흥주의자들이 주장하던 후천년설은 계속해서 치명타를 입었다. 세상은 점점 더 좋아지기 보다는 사람들이 보기에는 점차적으로 쇠퇴하고 있을 뿐이며, 세상은 점점 더 악화되어만 가고 있는 상황에서 후천년적 비전은 많은 사람들에게 매력을 잃어가고 있었다. 1914년에 시카고 예언자 성서회의에 참석한 토론자들이 왜 자신들이 전천년설로 돌아서게 되었는지 그 이유들을 토론하였는데, 그들은 거의 모두가 후천년설로부터 돌아선 사람들이었다. 이러한 후천년주의에서 전천년주의로 급진적인 변화는 19세기와 20세기 초의 종교 상황에서 가장 놀라운 발전들 중의 하나였다. 이러한 전천년주의 종말론은 19세기 말의 보수적인 부흥운동 세계를 휩쓸었고, 오순절 성령세례와 신앙 치유론이 옹호되던 거의 모든 그룹들 사이에서 지배적인 견해가 되었다. 이것은 부흥운동의 주류에서 가장 분명하게 나타나고 있었다.

대부분의 그리스도인들에게 있어 현재는 미래를 결정한다. 그들은 자신들이 심은 것을 거두게 될 것을 믿는다. 그러나 대부분의 오순절주의자들에게 있어 미래가 현재를 결정한다. 그들의 종말론적 견해가 그들의 현재의 일들에 관한 견해를 지배한다. 그들의 예언적 해석은 세계 역사의 사건들에 관한 그들의 생각에 큰 영향을 미친다. 그리고 그 사건들에 대한 그들의 정치적, 사회적 반응에도 영향을 미친다. 그들의 종말론적 견해는 그들로 하여금 전도와 선교 사역에 매진하도록 자극함으로써 그들의 역사에도 영향을 끼쳐왔다.

종말론에 관한 오순절의 견해는 독특한 오순절적 관점이 아니고, 근본주의자들(많은 복음주의자들)의 견해와 많이 공유되는 부분이 있다. 하지만, 오순절주의자들이 종말에 이루어질 예언의 성취로서 성령의 부어주심을 바라보는 관점은 독특한 견해이다. 오순절주의의 종말론을 좀 더 자세히 살펴보면 전천년주의, 세대주의, 전환란설, 도덕률 폐기론의 특징을 가지고 있음을 알 수 있다. 이 특징들을 살펴보는 것은 오순절주의 종말론 이해에 많은 도움을 줄 것이다. 오순절주의 종말론의 중요한 특징을 간략히 고찰해 보자.

1) 전천년주의(Premillennialism)

일반적으로 오순절주의의 종말론은 전천년주의로 특징지을 수 있다. 전천년주의는 요한계시록 20장에 나타나는 천년왕국의 도래 전에 그리스도의 재림이 있게 된다는 것을 기대하는 설이다. 이것은 19세기의 후천년설과 대조를 이루고 있다. 후천년설은 교회가 점진적으로 기독교의 천년왕국을 가져오고, 천년왕국 후에 그리스도께서 왕으로 재림하신다는 설이다. 중세와 현대 개혁주의 견해는 무천년설에 기울어지는 경향이 있는데, 천년왕국은 단지 교회시대의 하나의 상징으로만 보는 견해이다. 반면에, 오순절 신학의 종말론은 전천년주의의 특징을 지니고 있다.

2) 세대주의(Dispensationalism)

전천년주의자들을 더 세분하면 역사론파와 미래론파로 나누어진다. 역사론파 선천년주의자들은 예언의 성취는 역시의 교회시대 안에 일어난다고 믿는다. 하지만 오순절파의 대다수는 미래론파 전천년주의자들이다. 그들은 성경의 예언의 주요 성취는 미래에 있게 되며, 그 성취가 임박했다고 믿는다. 미래론적 입장은 영국에서 출생한 존 넬슨 다비(John Nelson Darby)에 의해 발전된 세대주의의 영향을 받았다.

많은 사람들이 세대주의의 기원을 개혁주의와 웨슬리안의 주류 신학전통에 두려고 하지만, 사실은 그렇지 않다. 하지만 세대주의적 해석 체계는 교리에 강력한 영향을 미쳤고, 폭넓게 확산되었다. 세대주의는 존 다비(John Nelson Darby)의 주석에 의해 대중화되었고, 스코필드 관주성경(1909)을 통해 수많은 가정으로 확산되었다. 세대주의 체계는 유명한 교육기관인 무디 성경학교와 달라스 신학교 같은데서 지지를 받아왔다. 달라스 신학교의 창설자인 루이스 쉐퍼(Lewis Sporry Chafer)는 그의 저작인 8권의 「조직신학」(1948)에서 전천년주의적이고 세대주의적인 특징을 주장하였다. 실제로 세대주의는 기독 교리의 전통 형식에 접목된 하나의 해석구조라고 할 수 있다.

세대주의의 해석은 다양하지만, 기본 가정은 하나님께서 연속적인 세대들 속에서 인간을 다루신다는 것이다. 다비는 역사는 일곱 시대 혹은 세대로 구분할 수 있는데, 각 시대마다 하나님께서는 다른 방식으로 인간과 관계를 맺으셨다고 믿고 있다. 교회의 시대는 함축되어 있는데, 구약의 예언은 그것에 관해 침묵하고 있다. 교회와 이스라엘은 두 개의 분리된 하나님의 백성으로, 각각은 특별한 역할을 가지고 있다고 본다. 스코필드 관주성경에 의하면, **"한 세대는 특정한 하나님의 뜻의 계시에 대한 인간의 순종이라는 면에서 인간이 시험을 받는 기간"**을 말한다. 각 세대는 출발점, 시험, 인간의 계속되는 시험의 실패로 인한 심판이라는 종결점을 갖는다. 대부분의 세대주의 해석가들은 일곱 세대로 역사를 구분한다. 즉 무죄, 양심,

민간정부, 언약, 율법, 은혜와 하나님 나라의 세대로 구분한다. 더욱이 세대주의는 이스라엘과 교회를 명확히 구분하는데, 둘 다 본질적으로 하나님의 백성들이다. 이스라엘의 선지자들은 교회시대를 예언하지 못했는데, 이것은 **"함축적"**(Parenthetical)시대이다.

세대주의는 오순절 신학에 영향을 주었지만, 초기 오순절주의의 가르침은 세대주의에 직접적으로 억매여 있지는 않았다. 현대 오순절운동은 태동 때부터 종말론적 특징이 있었다. 제럴드 쉐파드(Garald T. Sheppard)는 이렇게 말한다. *"오순절주의자들은 일반적으로 21세기의 성령의 부어주심을 '늦은 비'의 증거 또는 최소한 그리스도 재림전의 사도시대 교회의 '종말'의 회복에 관한 하나의 표적으로 생각했다."* 1901년의 토페카 부흥과 1906-9년의 아주사 거리 부흥에는 강력한 종말론적 관점이 스며들어 있었다. 다른 교리들, 즉 성령세례, 성화, 성령세례의 증거로서의 방언, 신유 등과 마찬가지로 전천년주의 그리스도의 재림교리도 열심히 선포되었던 것이다. 초기 오순절 부흥운동의 주요 지도자였던 찰스 파함은 전천년주의의 지배적 분위기가 초기 오순절운동의 중심에 있었다고 말했다.

세대주의는 오순절 운동의 확산과 더불어 번창하기 시작하였다. 대체적으로 오순절주의자들은 미래의 전천년주의적 비전을 공유하고 있었기 때문에 미래론적 종말론에 강한 강조점을 두는 세대주의는 그들에게 강한 매력을 주었던 것이다. 하나님의 교회(클리블랜드), 오순절성결교회, 하나님의 성회 같은 오순절 교단의 신조는 전천년주의를 강조하였지만, 반드시 세대주의를 옹호한 것은 아니었다. 하지만 많은 오순절주의자들이 스코필드 성경의 세대주의 체계의 본질적 내용을 채택하는 것은 손쉬운 방식이었다. 왜냐하면 세대주의는 성경의 역사를 체계화하는 편리한 방법이고, 전체 성경의 예언을 해석하는 것이 가능했기 때문이다.

그럼에도 불구하고, 오순절주의자들이 세대주의를 강조하며, 그것을 자신의 신학에 결합시킨 것은 독특한 것으로 생각할 수 있다. 왜냐하면 세대주의자들은 성령의 은사들, 특히 '*감각적 은사들*' 혹은 '*표적의 은사들*' (신유, 믿음, 기적 행함과 방언 등)은 사도시대에 끝났다고 주장하기 때문이다. 현대의 오순절 체험의 가능성을 부정하는 세대주의의 가르침이 오순절주의자들에 의해 약간의 오순절적 해석과 수정을 거친 후, 오늘날의 교회에서도 모든 영적 은사들은 계속된다는 식으로 변형된 것이다. 이런 변형은 종말의 특징을 나타내는 전천년주의 그리스도의 재림, 교회의 휴거, 7년 대환란기, 천년왕국, 대 심판을 강조하는데 있어 세대주의적 체계가 유용한 도구가 된다고 생각한 오순절주의자들에 의해 수용되어졌던 것이다.

재미있는 사실은 오순절 신학과 은사주의 신학을 모두 강력하게 반대하는 사람들이 바로 전통적인 세대주의자들이라는 것이다. 예를 들면, 그들의 전통적인 요새인 텍사스에 있는 달라스 신학대학원을 들 수 있다. '*세대주의자*'들은 일반적으로 정경이 완성되고 사도들이 모두 죽음으로서 사도시대가 끝나면서, 은사도 종식되었다고 주장한다. 이 견해는 구 프린스턴 신학자 워필드(B.B. Warfield)가 그의 책 '*위조된 기적들*' (Counterfeit miracles)에서 자세하게 서술하였고, 보수주의 테두리 안에서 폭넓은 지지를 받았다. 스코필드파의 세대주의는 성령의 은사들, 즉 방언과 기적 행함 등은 사도 후 시대에는 중지되었다고 주장하고, 하나님께서 그런 은사들을 더 이상 주시지 않기 때문에 은사들은 중지된 것이 확실하다고 말한다. 하지만 오순절주의자들은 '표적 은사들' 혹은 '감각적 은사들'은 사도교회에 일시적으로 허락되었다는 세대주의의 가르침을 배제시켜왔다. 그럼에도 불구하고, 교회와 종말론에 관한 세대주의적 관점은 오순절 신학에 영향을 미쳐왔다. 이 관점은 미국에서 유행하였는데, 특히 스코필드 관주성경(1909)에 의해 대중화되었고, 오순절주의의 지배적 견해가 되었다.

최근에는 세대주의 체계에 의존하지 않는 독자적 체계를 주장하는 오순절학자들이 등장하였다. 두 권의 종말론에 관한 책, 스탠리 호톤(Stanley Horton)의 **'그의 재림의 약속'**(The Promise of His Coming, 1967)과 가우제(R. Hollis Gause)의 **'계시: 역사에 대한 하나님의 주권의 인증'**(Revelation: God's Stamp of Sovereignty on History, 1983)이 그 대표적 예이다. 이 두 학자 모두 전천년주의적이지만 세대주의적이지는 않다. '세대'라는 용어는 호톤의 책에 아예 나타나지도 않는다. 가우제는 성경 역사에 관한 세대 구분을 하지 않고, 점진적 계시를 주장한다. 그는 교회와 이스라엘을 구분하지 않고, 하나님의 성품과 구원의 성격이 점진적으로 계시된다고 설명한다.

3) 전환란설 (Pretribulationism)

미래론파 전천년주의자들을 좀 더 세분하여 전환란주의자들과 후환란주의자들로 나눌 수 있다. 대부분의 오순절주의자들은 19세기 말의 예언자 모임(Prophetic Conference) 운동의 지배적 견해를 따른다. 즉 환란기 이전에 교회의 휴거 혹은 사라짐을 기대한다. 소수의 사람들은 교회가 대 환란을 거치면서 지상에 계속 남아있으면서, 그리스도의 재림 때까지 지상왕국을 세우게 될 것으로 생각한다. 더 소수의 사람들은 중환란주의자로서 대 환란의 중간에 교회의 휴거가 일어날 것으로 기대한다. 전환란 교회 휴거의 교리는 한편으로는 오순절주의자들에게 종말의 표적으로 **"전쟁과 전쟁의 소문들"** 로 가득 찬 임박한 운명에 대한 비관적 메시지를 전하게 하고, 다른 한편으로는 교회의 휴거에 관한 **"복된 소망"** 의 낙관적 메시지를 전하게 만든다. 오순절주의자들의 주 견해는 바로 이 전환란설이다.

4) 도덕률 폐기론(Antinomianism)

늦은 비 시대의 예언 성취를 둘러싸고 야기되는 도덕적 문제에 대한 대부분의 오순절주의자들의 견해는 도덕률 폐기론으로 특징지어 질 수 있다. 예를 들어, 오순절주의자들의 대다수는 이스라엘이 팔레스타인 땅을 침범하여 강제 점령한 것과 팔레스타인 땅을 착취하는 것을 묵인하고 있다. 오히려 이스라엘의 존립이 지속되도록 지원하고 있다. 재림에 있어서 전천년주의적 견해는 일반적으로 이스라엘에 대해 높은 동정심을 보이는 결과를 가져온다. 거의 모든 은사주의 운동이 이스라엘에 대한 관심과 함께 예루살렘 방문으로 특징지어 진다. 예언들의 성취는 하나님의 주권적 뜻에 의해 예정되어 있기 때문에, 이 예언들의 성취는 종말의 표지로 환영받고 있고, 하나님의 도덕법의 일반적 기준에 종속되지 않는다고 오순절주의자들은 보고 있다. 목적은 수단을 정당화시킨다. 오순절주의자들은 이스라엘의 회복을 환영하고, 동시에 범죄율 증가를 개탄하며 범죄율이 감소되기를 바란다. 하지만 오순절주의자들은 이 현상들 둘 다를 예언의 성취로 본다. 즉 하나님의 주권적 뜻에 의해 예정되어 있기 때문으로 보고, 묵인하는 것이다. 이 원리의 적용은 오순절주의자들에게 일관되게 지속되어 오지는 않았다. 이 도덕적 문제는 새로운 것이 아니었고, 예수님께서 자신이 배신당할 것을 말씀하신 것에 의해서도 나타난다.

> "인자는 이미 작정된 대로 가거니와 그를 파는 그 사람에게는 화가 있으리로다 하시니" (눅 22:22).

역사에 관한 오순절주의자들의 관점은 전천년주의자들의 신념에 의해 가장 많은 영향을 받아서 팔레스타인 땅에 이스라엘 국가가 회복된 것이 그리스도의 임박한 재림의 확실한 증표로 본다. 이스라엘 회복에 대한 신념은 예언자 모임운동의 중요한 신념의 일부였다. 그러나 오순절주의자들은 현대 시온이즘의 발전을 성령의 부어주심의 시대와 연관시켜 유사한 의미로 발전시켰다. 성령의 부어주심을 종말의 중요한 표지로 오순절주의자들은 보고 있다. 종말의 긴박감은 선교와 전도 매진의 중요한 동기였고, 오순절파를 기독교 가운데 가장 빠르게 성장하는 종파로 만들었다. 그들의 전도 노력의 중심에는 종말의 임박한 운명에 대한 두려움과 그리스도의 재림과 관련된 임박한 복된 소망이 있었던 것이다. 오순절주의자들의 대다수는 복음이 땅 끝까지 전파되기까지는 그리스도의 재림이 없을 것이라고 믿고 있다. 그러므로 그들은 복음 전파를 통해 그리스도의 재림을 앞당길 의무가 있다. 그래서 대부분의 오순절주의자들은 마지막이 가까왔으므로 낙관적인 후천년주의자들의 사회 개혁적 방법들을 거부하였고, 지옥에 빠져가는 영혼들을 구원하는 일에만 진력함으로서 그 중생한 사람들로부터 일어나게 되는 사회개혁을 추구하였던 것이다. 복음 전파에 진력한 오순절주의는 급성장을 하였고, 교회일치 운동에도 적극적으로 참여하고 있다. 종말의 표지와 함께 복음전파의 긴박성을 갖게 된 오순절주의는 독특한 오순절 종말론에 힘입어 교회 성장을 계속해 오고 있다.

5장

한국 오순절 교회의 역사

1. 오순절 신앙전래 이전의 국내 배경
    A. 1900년대의 부흥운동
    B. 성령 운동의 주요 인물들

2. 오순절 신앙의 한국 전래와 확산
    A. 조선 오순절교회 시대
    B. 한국 오순절교회 (1945-1952)
    C. 조용기 목사의 성령운동 (1960년대)
    D. 복음전도 대형 집회 (1970년대)
    E. 성령운동의 확산 (1980년대~)

3. 한국 오순절 교회들의 설립
    A. 한국 하나님의 성회 (Assemblies of God in Korea)
    B. 한국 하나님의 교회 (Church of God in Korea)
    C. 기독교 한국 성서 하나님의 교회 (Church of God of Prophecy in Korea)
    D. 대한 예수교 복음교회 (Church of the Foursquare Gospel in Korea)
    E. 한국 오순절 성결교회 (Korea Pentecostal Holiness Church)
    F. 예수교 사도의 신앙교회 (Apostolic Faith Mission in Korea)
    G. 기타 교회들

한국 오순절 교회의 신앙과 신학
Pentecostal Churches in Korea

V. 한국 오순절교회의 역사

한국에 처음으로 오순절 신앙이 전래된 것은 1928년에 미국 오순절 선교사인 메리 럼시(Mary Rumsey)에 의해서였다. 럼시 선교사는 1932년에 한국 최초의 오순절 교회인 '**서빙고 오순절교회**'를 서울에 개척하였다. 미국에서 시작되어 방언이 수반되는 성령세례를 강조하는 현대 오순절신앙은 1928년에 럼시 선교사에 의해 전래된 것으로 볼 수 있다. 하지만 럼시 선교사가 한국에 오순절 신앙을 전하기 이전에도 한국에는 자생적인 성령운동을 통한 부흥운동이 일어나고 있었다. 이런 국내의 자생적인 성령운동은 한국에 정식으로 오순절 신앙이 들어와 정착하는데 귀중한 토양이 되었다고 볼 수 있다. 본장에서는 한국에 정식으로 방언이 수반되는 성령세례를 강조하는 오순절 신앙이 들어오기 이전의 국내 배경을 먼저 고찰한 후에, 오순절 신앙의 한국 전래와 확산, 그리고 한국 오순절교회의 설립역사를 살펴보고자 한다.

1. 오순절 신앙전래 이전의 국내 배경

'*은둔의 나라*'로 알려진 한국에 처음으로 기독교가 전래된 것은 1784년 천주교 신부들에 의해서였다. 그러나 천주교 신부들은 그 당시에 핍박을 겪었고, 복음에 대한 거센 저항으로 순교까지 당해야했다. 한국에 최초의 개신교 선교사들이 들어온 것은 천주교가 들어온 지 약 백년이 지난 후였다. 1884년 장로교 선교사인 호레이스 언더우드(Horace Underwood)와 감리교 선교사인 헨리 아펜젤러(Henry Appenzeller)가 나란히 한국 땅에 발을 내딛게 되었다. 미국 북장로교회의 파송으로 한국에 온 장로교 목사 언더우드는 1886년에 처음으로 국법을 어기는 위험을 감수하고 한 명의 세례 희망자에게 세례를 베풀었고, 1889년에는 압록강에서 '**한국의 요단강 세례**'로 불리는 '**33인의 세례**'를 최초의 베푸는 등의 순교자적인 선교의 열정을 가지고 열심히 선교했다. 감리교회의 동적인 분위기가 더 마음에 들어 장로교회에서 감리교회로 전향한 감리교 선교사 아펜젤러도 뜨거운 선교적 열정을 가지고 선교에 힘쓴 인물이었다. 그는 1902년 군산 앞바다에서 배가 침몰하여 익사할 때까지 열정적으로 선교에 헌신하였다. 이러한 초기 선교사들의 열정적인 선교운동, 순교를 각오한 헌신은 한국교회 성장의 기틀이 되었다.

A. 1900년대의 부흥운동

한국의 부흥운동은 우리나라가 국가적으로 깊은 좌절감에 빠져있던 1903년에 선교사 주도로 시작되었다. 1903년에 캐나다에서 온 감리교 선교사 하디(R.A. Hardie)의 주도하에 원산에서 성령의 부흥운동이 일기 시작하였다. 선교사들로부터 성경공부 인도를 요청받은 하디 선교사는 성경공부를 인도하면서 자신의 선교사업의 실패를 반성하면서 회개하며, 자신의 잘못을 고백하였다. 그리고 회개하고 성경을 읽던 중에 감동을 받아 성령충만을 간구하였고, 뜨거운 성령의 임재를 체험하게 되었다. 그는 성령 충만한 상태에서 선교사들 앞에서 자신의 잘못을 솔직히 고백하였고, 그 다음에 한국교인들 앞에서 자신의 잘못을 고백하면서 용서를 구했다. 그 실패의 원인이 자신의 신앙적인 허물, 곧 한국인들 앞에서 백인으로서의 우월의식과 자만심에 가득찼던 권위주의에 있었음을 고백하였다. 하디 선교사의 회개로 가득 찬 고백은 이날 집회에 참석한 모든 사람들에게 감명과 은혜가 되었고, 그의 고백적인 기도가 발단이 된 이 운동은 그 후 평양 일대와 전국 각지에 부흥운동과 회개운동으로 퍼져나가기 시작했다. 1904년의 부흥운동에서도 똑같은 일이 반복되어 일어났다.

이 부흥의 물결은 2년 동안 계속해서 이어졌고, 평양에서도 일어났다. 평양에 있는 중앙교회와 서문교회에서 열렸던 두 주간의 집회에서 군중은 인산인해를 이루었고, 700명의 사람들이 예수를 영접하였다. 원산에서의 부흥에 이어 계속되어지는 영적 각성의 재현이 일어났고, 수많은 사람들이 예수께로 돌아오는 역사가 일어났던 것이다.

1903년에 원산에서 시작된 부흥은 1907년 평양의 대부흥운동에서 그 절정을 이루었다. 1907년 평양 장대현교회에서 개최된 사경회에 매일 밤 1,500명이 넘는 사람들로 넘쳐났다. 이 부흥의 불길은 각급 학교로 퍼져나갔고, 이어서 전국으로 퍼져나갔다. 선교사 하디, 저다인(J.L. Gerdine), 그리고 길선주 등이 전국을 누비면서 교회가 있는 곳은 어디서나 사경회를 열어 성령의 강한 역사가 도처에서 일어났다. 1907년 대부흥운동을 실질적으로 이끌었던 길선주 목사는 말씀사경회 운동과 열정적인 새벽기도 운동을 일으켰다. 이 새벽기도 운동은 한국 교회의 영속적 습관이 되었다. 새벽기도와 함께 한국 교회의 특징으로 정착되는 통성 기도가 여기에서 시작되었다. 길선주 목사가 주도한 새벽기도와 통성기도는 한국 교회의 독특한 특징으로 정착되어 오늘날까지 한국 교회에 지속되어 오면서, 한국 교회의 성장과 영적인 삶에 큰 영향을 미치게 되었다.

이 시기의 부흥운동의 특징들 중의 하나는 회개운동이다. 이 시기의 부흥운동에는 죄를 통회하고 자복하는 회개운동이 일어났고, 참석한 많은 사람들이 통곡하고 회개하는 역사가 곳곳에서 일어났다. 당시의 집회에서 방언이나 신유와 같은 성령의 은사가 나타났다는 역사적 기록은 찾아볼 수 없다. 이것은 당시의 대부분의 선교사들이 경건한 삶을 강조하는 교육을 받은 장로교와 감리교 선교사들이었기에 오순절의 은사보다는 죄의 회개, 고백 등을 강조했기 때문으로 추정해 볼 수 있다. 경건주의적, 복음주의적, 청교도 신앙의 배경을 가졌던 이들 선교사들은 회개와 경건생활을 강조했던 것이다. 하지만 이 시기의 부흥의 역사는 새로운 오순절 운동의 가능성을 예고했고, 이후에 나타날 한국 오순절 부흥의 길을 예비하는 전조였다. 이 시기의 부흥운동을 통해 한국 교회는 큰 성장을 이루었고, 이후에 많은 부흥사들이 부흥사경회를 통해 성령운동을 전개하는 기반이 되었다.

B. 성령 운동의 주요 인물들

그 후 한국 교회는 유명한 부흥사들이 등장하여 성령운동을 이끌어갔다. 이때 성령운동을 주도했던 인물로는 길선주, 김익두, 이용도, 이성봉, 나운몽 등이 있다. 이들의 사역을 통해 그 당시의 성령운동의 양상을 간략히 살펴보자.

1) 길선주 (1869-1935)

1907년을 중심으로 일제 치하에서 성령운동을 주도한 인물은 '**조선 기독교의 아버지**'라고 불리는 길선주 목사이다. 길선주 목사는 평양신학교 제1회 졸업생 7명 중의 한 사람으로 1907년 9월 7일에 평양의 장대현교회에서 '**대한예수교장로회 노회**'가 조직될 때 목사로 안수를 받았다. 그는 교회사상 처음으로 한국에서 새벽기도회를 실시했으며, 통성기도의 의식을 창안해내어 한국 교회의 독특한 신앙양식에 큰 영향을 주었다.

길선주는 1869년 3월 15일에 평안북도 안주에서 태어났다. 그의 가정은 부유하지는 않았지만 생활에 곤란을 받지 않았으므로 어려서부터 글공부를 시작할 수 있었다. 그는 7세까지 한학을 공부했고, 11세 때에는 당시의 풍속을 따라 결혼하였고, 말년까지 행복한 가정을 이루었다.

17세 되던 해에 그는 깡패의 기습을 받아 큰 상처를 입는 사건을 경험했고, 이때 입은 정신적 상처로 인해 점차 현실세계에 대해 염세적인 사상을 품고 영세를 추구하게 되었다. 그는 23세 때부터 보다 심원한 도의 세계를 접하기 위해 선도를 공부하였고, 선도에 통달하고 차력에 성공한 그의 명성은 전국에 퍼지게 되어 그의 문하에는 많은 도우들이 모여들었다. 그 무렵, 평양에는 '**예수교**'라는 이상한 도리를 전하는 서양인에 대한 소문이 나돌았고, 도인으로서 새로운 종교에 호기심을 가진 그는 도우인 김종섭을 통해 기독교에 대해 알아보게 하였다. 그런데 얼마 후 김종섭이 오히려 기독교로 개종하였고, 그에게 전도하는 양상으로 바뀌게 되었다. 길선주는 그가 믿어온 선도에 대한 불신과 새로 전해들은 기독교의 도리에 대한 호기심으로 마침내 예수교가 참 도리인지 아닌지를 알기 위해 상제(하나님)에게 기도하게 되었다. 마침내 그는 *"길선주야, 길선주야, 길선주야"* 하는 하나님의 음성을 듣게 되었고, *"나를 사랑하시는 아버지여, 제 죄를 사하여 주시고 저를 살려 주옵소서"* 라고 기도하게 되었다. 그는 중생의 체험을 하게 되었고, 그 때가 그의 나이 28세인 1896년 가을이었다.

이 후 그의 생활은 완전히 바뀌었고, 기도와 성경연구에 몰두하며 전도에 힘쓰는 헌신적 그리스도인이 되었다. 1901년 평양 장대현교회의 장로로 장립된 그는 1903년에 선교사 모페트(Samuel Moffett, 마포 삼열)에 의해 새로 시작된 평양 장로회신학교에 입학하였고, 1905년부터는 새벽 기도회를 시작하였다. 길선주는 1907년에 제1회 졸업생 7명 중에 한 명으로 졸업하고, 그 해에 한국 최초의 목사로 안수를 받았다.

길선주 목사는 1907년 평양 대부흥운동을 주도한 주역이었고, 부흥회를 통한 성령운동을 전국에 퍼지게 하는데 기여하였다. 변종호는 그의 초기사역에 대한 놀라운 성령의 역사를 다음과 같이 설명하였다.[131]

그의 초기의 부흥에는 기사와 이적이 종종 나타났고, 그가 설교할 때 강단 아래에서는 꼬꾸라지는 경관과 통곡하는 선교사가 있었고, 기절하는 귀인과 강도가 있었으며, 병 낫는 사람과 불을 본 사람들도 있었으므로 세상은 그를 '**길 천사**' 라고도 하였다.

길선주는 일제 침략의 현실에 처해 있던 민중들에게 소망을 전하는 역할을 하였다. 그는 한국 교회에 부흥사경회를 확립하는데 기여했고, 이 부흥사경회를 통해 사람들에게 성령의 능력으로 새로운 소망을 불러일으키려고 노력하였다. 길선주 목사는 새벽기도를 창시하였고, 통성기도 운동을 벌였고, 그 기도에서 회개를 중요하게 여기며 회개운동을 전개하여, 그의 신앙형태가 이후에 한국교회의 전통을 설립하는데 지대한 영향을 미쳤다. 그의 부흥회에 방언이나 신유 같은 나타남은 보이고 있지 않지만, 그는 한국 교회에서 선구적 성령운동을 벌인 인물로 평가될 수 있다.

교회가 일본의 압제아래 수난을 당하고, 그리스도인들이 감옥에 갇혀 핍박을 당할 때, 새벽기도와 부흥사경회로 한국 백성들에게 희망을 주는 복음을 외쳤던 길선주 목사는 1935년에 부흥사경회를 인도한 후 하나님의 품으로 떠나갔다. 그는 1만 70회의 설교를 했고, 60개의 교회를 세웠고, 그에게 감명을 받아 목사, 장로, 교사가 된 사람이 3천명에 이르는 등의 활발한 사역을 펼쳤던 부흥사였다.

2) 김익두 목사 (1874-1950)

'*신유의 사도*'로 잘 알려진 김익두는 1874년에 황해도 안악군에서 독자로 출생하였다. 그는 어려서는 한학을 공부하였고, 13세에 부친을 여의고 상업에 종사하다가 20세 이후 청년시절에는 술과 기생에 빠져 잠시 방탕한 생활을 하기도 하였다. 그러나 27세

되던 1900년 안악교회에서 선교사 스왈론(W.L. Swallon)의 **"영생"** 이란 설교를 듣고 감동되어, 그 해 1월에 신앙을 고백하고 입교하게 되었다. 그는 그 해 7월에 스왈론에게 세례를 받았고, 1906년에 평양 장로회신학교에 입학하여 4년 후에 졸업을 하였다. 그 후 목사 안수를 받고, 신천교회에서 목회를 하였다.

김익두는 신학교를 마치고 전도사 생활을 할 때, 한번은 심방을 갔다 오다가 앉은뱅이를 보고 **"예수이름으로 일어나라"** 고 외쳤지만, 그를 일으켜 세울 수가 없었다. 김익두는 자기의 기도가 부족하다고 생각하고 더욱 기도와 신앙생활에 힘쓰게 되었다. 그는 부인의 목병으로 부부가 함께 입산 기도를 하게 되었고, 마침내 부인이 나음을 받고부터 그에게 신유의 은사가 내렸다고 말했다. 김인서는 **"그의 초기 부흥운동에 기사, 이적이 나타나서 사도행전의 기사를 20세기에 재현하였다"** 고 기록하고 있다.

김익두의 이적에 대한 믿음이 더욱 확실하게 된 사건은 다음과 같다. 어느 날 **"하나님의 권능은 변함이 없으시니 오늘이라도 주께서 신유의 은총을 주시면 어찌 사도 때와 같이 이적이 나타나지 아니 하리요, 이적이 나타나지 아니함은 기도하지 아니한 때문이요, 기도하지 아니함도 믿음이 부족한 때문이다"** 고 생각하고 그는 신유의 권능을 간구하기 시작하였다. 그 후 신천교회에서 중병 중에 고생하던 여자 성도에게 안수했을 때, 그 성도는 그 다음날 곧 바로 치유함을 받게 되었다. 이를 통해 그의 이적에 대한 믿음이 더욱 확고해졌던 것이다.

김익두 목사의 집회에서 신유의 은사가 구체적으로 나타난 것은 1919년 12월 경북 달성의 현풍교회 사경회 때였다. 그 지방에 아래턱이 빠져서 올라붙지 않는 불구자가 있었는데 그는 이 사람을 불쌍히 여기고 그를 위해 몇 날을 기도했으나 낫지 않았고, 그는 금식하면서 기도하였더니, 그 불구자의 빠진 턱이 올라가 붙고, 불구된 10년 만에 **"좋다, 좋다"** 라고 말하기 시작하였다. 이때부터 시작된 김익두 목사의 이적과 기사의 집회에는 사람들이 구름 떼처럼 밀려오기 시작하였고, 각색 병자들이 예수이름으로 치유받는 역사가 끊이지 않고 일어나게 되었다.

당시의 〈동아〉나 〈조선〉 같은 일간지들은 초기에는 그 기적을 경탄하면서 보도하였다. 예를 들면, 1920년 6월 30일의 평양 집회가 그러했다. 그때 평양의 일곱 교회 당회가 연합집회를 갖기로 하고 김익두 목사를 강사로 초청하였는데, 3천명이 모이는 장대현교회가 비좁아서 다 수용하지 못할 정도로 인산인해를 이루었다. 그가 문밖에 나가면 사람들은 신인(신과 인간)의 얼굴을 보고자 좌우에 사람의 성을 쌓았고, 병자들은 그 그림자라도 스치기를 바랐다고 한다. 그는 후에 고백하기를 **"문을 닫아걸고 금식기도하고 강단에 나와 선즉, 산을 뺄 것 같은 능력이 충만"** 하더라고 하였다.

그의 이적은 이후에도 계속되었는데, 1920년 경산에서 풍증의 김손금 신유, 사울리교회의 혈루증 환자 박달옥의 신유, 고령의 반신불수 장의덕, 부산진 어린 앉은뱅이 김두수, 김해 진영의 혈루증 환자 임수경 등의 치유가 그 일부였다. 경성 기독신보에서 김 목사의 이적을 애굽의 미이라, 바벨론의 탑과 함께 **'세계 제3대 불가사의'** 라고 보도한 내용이 나가자 일부 목회자가 그것을 신뢰할 수 없다고 말하게 되었다. 그러자 이것을 증명하기 위해 황해노회 안에 5인의 목사와 2인의 장로가 **'이적 증명회'** 라는 단체를 만들게 되었는데, 그들은 김 목사가 집회하는 곳에 참석하여 현장사진을 찍어 증거를 삼고, 상세하게 사실을 명기하여 「김익두 목사의 이적 증명」이라는 작은 책자를 만들어 내기도 하였다.

그의 집회의 성격은 이적 집회였다. 각색 병자들을 예수 이름으로 치료하는 역사가 끊이지 않고 일어났고, 이러한 이적을 통해 하나님을 체험하는 역사가 일어났다. 김익두의 이적이 나타나는 성령운동은 성경에 기록된 성령의 역사를 그대로 재현하는 성령운동이었다고 할 수 있다. 그가 인도한 부흥회 집회수가 776회 이었고, 설교 횟수가 2만 8천회, 교회 신축이 150곳, 그의 감화로 목사가 된 사람이 200명 이었고, 무엇보다 놀라운 것은 그의 집회에서 신유를 통해 고침을 받은 사람이 1만 명이 넘었다는 사실이다.

김익두는 본격적으로 신유사역을 행하였던 한국 교회 최초의 인물이었다. 믿음과 기도에 의지하여 질병을 치료하는 신유의 역사가 김익두 목사를 통해 일어난 것은 성령의 역사임을 의심할 여지가 없다. 김익두가 첫 문을 열었던 신유사역은 그 이후에 한국 교회에서 많은 부흥사들을 통해 계속해서 일어나게 되었다. 기도의 사람이며, 신유사역을 개척하였던 김익두 목사는 오순절 운동의 한 특징이 되는 신유사역의 선구자라고 할 수 있다.

김익두 목사는 해방 후 언론과 행동의 자유를 되찾게 되자, 주의 말씀을 외치며 신유사역을 계속하였다. 그는 1950년에 6.25동란이 발발한 후, 10월 14일에 신천교회에서 새벽기도를 인도하다가 공산당에 의해 순교하였다.

3) 이용도 목사 (1901-1933)

'*신비주의자*'로 불렸던 이용도는 1901년 4월 6일 황해도 금천군 서천면에서 셋째 아들로 태어났다. 독실한 모친의 영향을 받은 이용도는 13세에 벌써 기도생활을 시작하였다. 1915년에 개성의 한영서원에 입학한 지 9년 만에 졸업하였다. 그는 3.1운동 당시에 독립운동을 하면서 2~3차례 투옥되어 옥고를 치루기도 하였다. 1929년 봄에 그는 협성신학교(현 감신대의 전신) 영문과에 입학하였다.

그는 협성신학교에서 공부를 하던 중에 각혈을 하는 폐병 3기의 위험한 지경에 이르게 되자, 병을 치료하기 위해 시골인 평남 강동으로 내려갔다. 며칠 뒤에 신학생이 왔다는 소식을 들은 그 곳 성도들에 의해서 부흥회 인도 요청을 받게 되었다. 평생 처음으로 부흥회를 인도하게 된 이용도는 강단에 올라가 섰을 때 눈물이 줄줄 흘러 내렸다. 아무 말도 하지 못하고 눈물만 흘리고 서있는 그를 본 성도들도 같이 따라서 눈물을 흘렸고, 온 교회당 안은 울음바다가 되었다. 이튿날의 집회도 역시 눈물의 홍수를 이루는 집회로 끝나고 말았다. 그러나 이 눈물의 집회를 통해 교인들뿐만 아니라 이용도 자신도 그리스도의 사랑이 직접 가슴에 와 닿는 체험을 하게 되었다. 이 집회 동안에 그가 경험했던 그리스도에 대한 뜨거운 사랑의 체험은 그의 일생을 통해 지속되었다.

이 체험을 한 후에 그는 곧 건강이 회복되어 신학교에 복학하게 되었고, 이어 졸업을 하였다. 그는 강원도 통천에서 첫 목회를 시작하면서 그 동안 자신의 첫 열정이 식어간 것을 깨닫게 되었다. 그래서 이것을 회복하기위해 산상기도와 금식기도를 목숨 걸고 시도하였고, 다시 한번 확실한 성령의 체험을 할 수 있었다.

이용도 목사의 사역과 부흥운동은 불과 3년 동안의 단기간에 전개된 운동이었지만, 당시의 한국 교회에 큰 파장을 일으켰던 운동이었다. 1930년 초에 인천 덕적도 부흥회 인도를 시점으로 하여 그의 본격적인 부흥운동이 시작되었다. 그는 경성지방의 순회 목사로 파송을 받았지만, 후에 전국을 돌아다니며 교단 구분없이 부흥 개혁을 외치며 부흥회를 인도하게 되었다.

이용도의 부흥회는 1931년과 1932년에 그 절정기를 이루었다. 이 부흥운동이 당시 한국교회에 미친 영향은 실로 컸다. 변종호는 다음과 같이 증언하고 있다.[132] 나라를 빼앗긴 후 일본의 압제에 눌려 기가 죽고 가슴이 조리워 얼굴을 들고 다니지 못하던 신자들이 그의 부흥회에서 새 원기를 얻고 의기충천하여 신이 나서 커다란 책보따리에 성경, 찬송을 넣고 활보했고, 대낮에 큰 길에서 찬송을 부르고 음식점에서 큰 소리로 기도드리고 산천에 나가 밤새도록 기도하는 사람들이 떼를 지어 다니게 되었다.

이용도 목사의 집회는 항상 성령이 충만하여 통성기도 시간이 되면 여러 곳에서 방언이 터져 나와 그 당시에 사람들을 놀라게 했고, 간혹 예언과 대언을 하는 사람도 있었다고 한다. 그가 인도하는 집회에는 많은 사람들이 방언을 말하기 시작하는 일이 일어났으며, 많은 사람이 불치병에서 해방되는 기적이 일어났다. 그의 집회에는 초자연적인 기적들이 수없이 일어났다. 성령의 능력으로 기름부음 받은 그의 설교는 많은 사람들의 마음을 움직였고, 특히 십자가의 사랑을 설교할 때는 천 명이 넘는 군중이 눈물과 흐느낌의 물결에 휩싸이기도 하였다고 한다. 그의 부흥회는 성령의 불이 타오르는 놀라운 역사가 있었다. 그는 자신의 부흥운동의 원동력은 성령에 있다고 고백했다.

그는 성령을 기도의 능력을 부어주시어 회개와 사랑의 실천운동을 가능하게 하시는 원동력으로 생각했다. 그는 새로운 형태의 부흥회를 인도하며 기도의 불이 타오르게 하였고, 토착적인 새로운 집회형식을 도입하였다. 그의 부흥회는 기도 중심이었고, 그의 설교는 형식도, 틀도 없이 성령의 인도대로 설교하는 것이 특징이었다. 하지만 한국 교회는 그의 경건을 의심했고, 그의 부흥운동에 대한 비판의 소리를 높이기 시작했다. 그 당시 한 평양 노회장은 각 교회에 편지를 보내 *"이 영적운동은 일종의 신비주의로서 종교 신앙의 주관적 체험만을 중시하는 것이므로..."* 라고 말하여 이용도와 그의 추종자들을 경계하라고 하였다. 마침내 장로교 총회는 1932년에 이용도를 *"이단"* 으로 정죄하였고, 그가 속한 감리교회에서도 그에게 휴직 처분을 내리게 되었다. 이 후 1933년 6월 평양 신앙리에서 *'예수교회'* 가 설립될 때, 그는 초대 선도감으로 선출되어 공식적으로는 *'예수교회'* 의 창설자가 되었다.

원산감리교 교인인 유명화가 자기에게 예수가 친림했다고 여러 가지 신비극을 벌일 때, 이용도 목사는 어이없게도 그녀 앞에서 *'주'* 라고 고백하는 일도 벌어졌다. 그의 추종자들이 접신녀와 결탁하여, 신탁을 빙자한 원산신학교 교주 백남주에게 속아서 *'예수교회'* 를 창설하게 되었고, 이것으로 인해 그는 혹독한 비판을 받게 되었다. 그의 속회사역은 1928년부터 1933년까지 5년 동안이었고, 그는 1933년 10월 2일, 33세의 젊은 나이에 폐결핵으로 삶을 마감하였다.

당시에 한국 교회는 이용도를 이단으로 정죄했지만, 소천한지 66년만인 1999년 3월 9일에 제23차 기독교대한감리회 총회에서 복권하기로 결의하여 이단의 오명에서 벗어나게 되었다. 복권의 이유는 "이용도 목사의 성령운동이 과거에 신비주의를 지나치게 강조한 측면이 있으나, 오늘날 그와 같은 맥락의 오순절 성령운동이 보편화되고 있는 상황에서 이 목사의 성령운동을 이단시하는 것은 바람직하지 않다"는 것이었다. 이로서 이용도 목사는 복권되었고, 그의 신앙운동에 대한 이단시비가 일단락되었다.

4) 이성봉 목사 (1900-1965)

'한국의 무디'라고 평가받는 이성봉 목사는 1900년 7월 4일 평남 강동군에서 장남으로 태어났다. 그의 가족은 복음을 받아들여 온 가족이 빠짐없이 교회에 출석하며 꾸준한 신앙생활을 하였다. 이성봉은 어머니께 한글을 배워 6세 때 신약을 일독하였고, 개인 기도를 하였을 뿐만 아니라 7세 때는 대표기도까지 하였다.

그는 21세 때에 골막염으로 다리를 잘라야 한다는 진단을 받고, 죽음과 죽음후의 운명을 생각하게 되었다. 이때 그는 자신의 죄를 깨닫고, 철저하게 회개하며, 중생의 체험을 하게 되었다. 그리고 하나님께 모든 것을 바치는 헌신의 삶을 살 것을 다짐하였다. 이성봉은 26세 되던 1925년에 동양선교회에서 운영하는 경성 성서학원에 입학하여 신학을 공부하였다. 신학교 3년을 마치던 28세 때에 이성봉은 불타는 사명감으로 충만하여 이후 10년 동안 수원, 목포, 신의주 교회 등을 맡아 성공적인 목회를 하였다.

그는 1937년 38세에 교단총회에서 부흥목사로 임명을 받아 본격적으로 부흥집회를 인도하기 시작하였고, 이때 성령의 불세례를 체험했다고 한다. 그는 다음과 같이 그때를 회상한다.[133] 총회 도중에 나는 너무 지쳐서(철야기도와 회의 때문에) 신학교 서쪽 4층 어느 조그마한 방에 들어가 잠깐 누웠는데, 김익두 목사님이 오시더니 나를 위하여 안수기도를 한다고 나의 오른편 옆구리에 손을 대고 어루만지며 기도를 하셨다. 뜨끈뜨끈한 손이 닿자마자 불의 폭발이 일어났는데, 너무 뜨겁고 놀라서 후다닥 침대에서 뛰어올랐다 떨어지니 꿈이었다. 어찌나 혼이 났는지 온 전신에 땀이 흐르나 심령은 매우 상쾌하였다. 그 날 밤 회의 때 나를 부흥목사로 임명하였고, 나는 담대히 주님을 의지하고 사명대로 일생을 마치려는 결심을 굳게 하였다. 그리고 때때로 그때의 체험을 생각하며 새 힘을 얻곤 하였다.

이성봉은 김익두 목사가 운영하던 황해도 신천의 경신소학교에 다니면서, 김익두 목사를 매우 존경하며 그에게서 인격적 감화를 많이 받은 것으로 보인다. 그는 소년시절에 **"나도 이 다음에 김익두 목사님처럼 부흥사가 되겠다"** 는 꿈을 늘 가지고 있었던 것으로 회상한다. 그래서 이성봉 목사가 부흥목사로 임명을 받게 될 때, 자신이 흠모하던 당대의 유명한 부흥사인 김익두 목사를 통해 비몽사몽간에 안수를 받고 불세례를 받는 체험을 하게 된 것으로 보인다.

그는 38세에 성령의 불세례를 체험하고 교단총회에서 부흥목사로 임명받은 후에, 전국 방방곡곡을 다니며 부흥회를 인도하였고, 거기서 하나님의 큰 역사가 나타났다. 그는 부흥목사로 전국 교회를 방문하여 집회를 인도하는 가운데 각종 병과 귀신들려 고통받던 신자들을 하나님의 능력으로 치료하는 신유사역을 행하였다. 1938년 평양 명촌장로교회에서 집회할 때 오랫동안 대감귀신이 들려 난

동하던 여자가 고침을 받았고, 재령 율포교회의 연주창으로 고생하던 여인이 고침을 받았고, 군산 구임교회에서 3년 동안 앉은뱅이였던 부인이 나음을 입었으며, 속초에서 3년간 골막염으로 누워있으며 일어나지 못하던 권사가 신유의 은사로 즉시 일어나 걸었다. 이성봉 목사는 이러한 이적에 대해 주님이 함께 하셨다고 고백하며 영광을 돌렸다.

이성봉 목사는 1941년에 만주의 봉천중앙교회로 부임하여 교회를 크게 부흥시켰고, 그 후 5년간 동만주, 남만주, 북만주 등을 순회하며 부흥회를 인도하였고, 많은 기사와 이적을 동반하며 복음을 전하였다. 1945년 해방을 만주에서 맞은 이성봉 목사는 9월 15일에 귀국하였다. 그는 *"무너진 것을 수복하라"* 는 주님의 음성을 듣고, 황해도와 평안남·북도에 있던 목회자들을 모아 재건 부흥집회를 인도하였다. 1945년 3월에 38선을 넘어 월남하였고, 연안, 배천, 서성 등지에서 계속 집회를 갖기도 하였다. 그는 부흥사로 활동을 시작한 후 30년간이나 성공적으로 집회를 인도하였고, 미국 복음주의협회(National Association of Evangelicals)의 주선으로 1959년에는 미국 순회 집회를 하기도 하였다.

이성봉 목사는 성결교회의 사중복음(중생, 성결, 신유, 재림)을 배웠을 뿐만 아니라 실제로 체험하고 능력있게 전파한 부흥사였다. 그는 그의 삶 속에서 중생, 성결, 신유를 직접 체험하였고, 재림의 소망을 가지고 뜨겁게 복음을 전파하였던 것이다. 그의 체험적 신앙과 사명감은 사람을 변화시키는 능력있는 부흥운동을 일으키게 하였다. 그는 사중복음을 토대로 하여 신유사역을 활발히 전개하였고, 체험적 신앙을 강조하며 능력있게 복음을 전하면서 한국의 성령운동에 크게 공헌하였다.

5) 나운몽 장로 (1914-2009)

용문산 기도원 운동으로 널리 알려진 나운몽은 1914년 1월 7일 평북에서 출생하였다. 그는 오산중학교 2년 중퇴 후에 일본에 가서 임업학교를 다니다가 일본인이 한국인을 천대하는데 격분하여 학교를 그만두고, 동경 와세다대학 정경과 3학년에 편입했으나, 염세사상으로 인해 졸업하지 못하고 귀국하고 말았다.

그는 1940년 27세 때에 뜻하는 바가 있어 현재의 용문산으로 입산하여 불교에서 기독교로 개종하였다. 그는 용문산의 어느 오두막집에서 금식을 하며 잠을 자는 중에 어디선가 *"마음을 정결케 하라 그러면 내가 너를 만나리라"* 는 음성을 듣고 잠에서 깨어났다. 그 당시 그는 그 말이 무슨 뜻인지를 몰랐으나, 후에 *"마음이 청결한 자는 복이 있나니 저희가 하나님을 볼 것이요"* (마 5:8)라는 말씀임을 알게 되었다고 한다. 그는 그 후에 성경을 읽기 시작했고, 자기의 죄를 깨닫게 되었다. 그가 개인의 문제와 국가 장래에 대한 걱정으로 인해 절망에 빠져있을 때, 예수님의 십자가가 나타나면서 *"내가 너의 모든 죄를 위해 죽었다"* 는 음성을 듣게 되었다고 한다. 그 순간 성령께서 그에게 강림함을 체험하게 되었고, 온 몸이 갑자기 뜨거워지는 것을 체험하였다. 그는 이러한 체험이 그가 예수님을 영접하고 개종하게 된 동기라고 말한다.

나운몽은 1942년에 용문산의 일부 땅을 매입하여 애향숙을 세우고 청년들을 가르치는 등 계몽운동을 전개하였으나, 일제의 간섭이 심해지자 폐쇄하고, 해방 후 서울로 올라왔다. 그는 1946년에

서울 수표감리교회의 장로가 되었고, 장로가 된 다음 1946년에 기도하기 위해 용문산에 다섯 번째로 입산하였다. 이 용문산기도원 운동의 첫 출발은 이렇게 나운몽 장로 개인의 기도처에서 비롯되었다. 그는 용문산에 애향숙을 재건하여 그 곳을 기도처로 바꾸고, 기도원을 세워 기도에 전력하였다. 그는 기도원 생활을 통해 입신, 방언, 예언, 진동, 신유 등의 체험을 하였다. 그의 기도와 능력있는 설교는 많은 병자를 고쳤고, 여러 사람에게 입신과 방언의 은사를 체험하게 하였다. 1947년에 용문산에서 대규모 천막집회를 개최하였고, 여기에 모였던 수천 명의 사람들이 방언을 비롯한 통변, 예언, 입신, 진동 등의 은사를 실제로 체험하게 되었다. 용문산 특유의 집회인도 방식은 이곳에 참석했던 사람들을 통해 전국으로 확산되었고, 후에 '**용문산파**'로 불리어지기도 했다.

그는 전도서 4장 13절에 나오는 **"삼겹줄"**을 토대로 하여 기도전도, 부흥전도, 문서전도를 전개하였다. 기도 전도단을 만들어 기도운동에 박차를 하였고, 부흥전도를 위해 전국 순회 전도를 시작했으며, 기도원 고등성경학교를 설립하였고, 문서전도를 위해 나장로의 저작을 출판 보급하였다. 1954년 용문산에서 기념대회가 개최되었을 때, 만 명이 넘는 인파가 참석하였고, 사역자를 훈련하고 양성하기 위해 1956년에 기드온신학교와 기드온수도원(독신여성 사역자 훈련원)을 창설하여 기도원운동을 전국에 확산시켰다. 그는 전국 순회 부흥집회를 통해 기도원운동을 펼쳐나갔다.

나운몽은 1979년에 미국 오순절성결교단으로부터 목사안수를 받은 후에 한국 오순절성결교회의 감독으로 임명을 받게 되었지만, 그 후에 이단성 시비로 인해 국제 오순절성결교단으로부터 목사직을 박탈당하고, 감독직에서 면직을 당하게 되었다. 나운몽 장로에 대한 한국 교회의 평가는 엇갈리고 있다. 부정적 평가는 나운몽 장로의 기도원운동을 이단으로 정죄한 것이고, 긍정적 평가는 그가 한국의 기도원운동을 전국적으로 확산시킨 주역이라는데 있다.

당시의 기성 교회는 나운몽의 기도원을 이단으로 정죄하였다. 그 이유는 애향숙의 수련방법이 비성경적이고, 그들이 운영하는 기드온 성경학교, 기드온 신학교의 성경해석이 동양적 특수 신령철학을 제창하여 주역으로 성경을 해석했기 때문이었다. 당시의 기성 교회는 그의 신학을 순수한 기독교 신학에서 벗어난 혼합적 성격을 띤 혼합종교라고 비판한 것이다. 실제로 나운몽은 젊었을 때 동양의 사상과 철학을 공부했지만, 신학대학이나 성경학교에서 정규신학을 정상적으로 배운 적이 없었다. 그래서 그의 신학은 기성 교단의 가르침과 달랐고, 이단으로 정죄를 받게 된 중요한 원인이 되었다. 그는 부처나 공자를 구약의 예언자 중의 한사람으로 인정하는 등의 교리적 오류를 많이 범하였다. 그는 정규 신학교육을 받지 못해 건전한 신학이 결여되어 있었고, 그의 건전한 신학의 부재는 교리적 오류로 이어져서, 결국 한국의 기성 교단들로부터 이단 정죄를 받기에 이른 것이다. 1955년 장로회 경북노회에서 그를 이단시 하였고, 1956년에 장로회 제41차 총회에서는 그를 이단으로 정죄하게 되었다.

한편, 나운몽 장로에 대한 긍정적 평가는 그가 기도원 운동을 전국적으로 확산시켜 성령운동에 공헌했다는 점이다. 나운몽은 전국 순회 부흥집회를 인도하면서 적합한 산을 발견하면, 사람들로 하여금 용문산기도원처럼 기도원을 설립하게 만들었다. 2000년까지 한국에 있는 기도원의 절반 이상은 이 곳 출신인 용문산파가 세운 것으로 알려져 있다. 한국이 일제에서 해방되는 1945년에는 한국에 두 개의 기도원밖에 없었다. 그 후 한국의 기도원은 교회성장과 함께 성장하였고, 1975년에 207개, 1978년에 239개, 1988년에 462개, 1994년에 500개로 성장하였고, 2000년에는 1000여개가 넘는 기도원이 한국에 있을 것으로 추산되고 있다. 나운몽 장로는 그가 받게 된 이단 정죄의 부정적 이미지에도 불구하고, 한국 기도원 운동을 전국적으로 확산시킨 주역이라는 점에서는 긍정적으로 평가된다. 이러한 기도원 운동은 한국의 성령운동의 확산에 커다란 공헌을 하였다고 볼 수 있다.

2. 오순절 신앙의 한국 전래와 확산

미국에서 일어난 현대 오순절운동이 한국에 처음으로 소개된 것은 1928년이다. 방언이 수반되는 성령세례를 강조하는 오순절 신앙은 1928년 3월 메리 럼시(Mary Rumsey) 선교사가 인천항을 통해 입국하면서 소개되기 시작하였다. 그녀가 처음 한국에 도착한 것은 1928년이었고, 이것은 기독교 선교사가 최초로 한국에 도착한 1882년보다 무려 46년 후에 한국에 상륙한 것이 된다. 미국 오순절 선교사의 한국 선교가 시작되면서 오순절 운동은 점점 더 확산되기 시작했고, 특히 6.25 동란이 끝난 후에 미국의 오순절 교단이 본격적으로 한국 선교를 시작하게 되면서 오순절 신앙은 점차 뿌리를 내리기 시작했다. 이때부터 한국의 오순절 교회는 본격적으로 개척되기 시작하며 놀라운 성장을 하게 되었다. 현대 오순절 신앙의 한국 전래와 확산 과정을 간략히 살펴보자.

A. 조선 오순절교회 시대 (1928-1945)

한국 오순절 교회들의 뿌리는 해외에서 들어온 오순절 교회들이다. 미국에서 일어난 현대 오순절운동이 한국에 소개된 것은 1928년이었다. 1903년부터 1907년까지 있었던 놀라운 부흥의 역사는 이후에 전개될 한국 오순절 부흥의 역사에 미리 길을 예비한 셈이었다. 1928년 이전까지 한국에는 아직 성령세례의 증거로 나타나는 방언에 대한 가르침은 없었다.

메리 럼시 선교사

미국 로스엔젤레스의 아주사 부흥에서 일어난 현대 오순절운동은 선교사 메리 럼시에 의해 한국에 소개되었다. 이미 1907년에 아주사 거리에서 있었던 오순절 부흥의 역사와 성령세례를 체험한 그녀는 방언을 말하던 독실한 그리스도인으로 1928년에 인천항을 통해 한국에 입국했다. 그녀는 감리교 선교재단이 운영하는 병원에서 방언을 말하며, 여러 가지 은사를 나타내면서 오순절적 예배를 인도하였다. 또한 오순절 메시지를 전하면서 방언을 말하고, 병자를 기도로 치료함으로 특징지어지는 오순절 성령세례를 강조하였다. 그녀의 사역을 통해 성령세례를 받는 사람이 늘어났고, 병 고침을 받는 사람이 증가하게 되었다. 그리고 그녀는 당시 구세군 사역자였던 허홍을 만나게 되었는데, 허홍은 럼시 선교사로부터 오순절 신앙을 전수받고 은혜를 체험하게 되었다. 마침내 럼시 선교사는 1932년 4월에 허홍의 도움을 받아 용산구에 **'서빙고 오순절교회'**를 세우게 되었다. 이것이 한국 최초의 오순절교회가 되었다. 이때 일본에서 오순절 신학 과정을 마친 박성산이 럼시 선교사의 요청으로 한국에 돌아와 서빙고 오순절교회의 담임 목회자가 되어 교회를 인도하였다.

그때 **'미국 오순절교회'**에 소속된 파슨(T.M. Parson)목사가 독립 선교사로 아무런 교단의 도움을 받지 않고, 서울에 선교하기 위해 도착하였다. 그는 자신이 소속된 교회에 선교사들을 더 보내줄 것을 요청하였고, 교단에서 매르디스(E.H. Meredith) 목사와 베시(L. Vessey) 목사를 한국에 파송하였다. 파슨 목사는 일본에서 오순절 신학교를 마치고 귀국한 배부근과 사직공원 앞에 있는 교회의 건물을 임대하여 한국의 두 번째 오순절교회인 **'수창 오순절교회'**를 설립하게 되었다. 한국 최초의 오순절교회 목사 안수식은 1938년 10월에 서빙고교회에서 거행되었다. 이때 허홍, 박성산, 배부근 등 세 명이 목사로 안수를 받았고, 교회이름을 **'조선 오순절교회 포교소'**로 바꾸었다. 이즈음에 다른 오순절 교회들도 개척되기 시작했고, 1940년대에는 한국에 6개의 오순절 예배처소와 10명의 안수받은 목회자들이 생겨나게 되었다.

B. 한국 오순절교회 (1945-1952)

한국 교회는 1945년에 해방을 맞이하였고, 8.15 해방 후에 오순절 교회들이 하나 둘씩 세워지기 시작하였다. 이복덕과 박귀임은 **'순천 오순절교회'**를 세웠고, 1949년 봄에 약 350명의 신자

한국 최초의 오순절 교회인 서빙고 교회와 교인 일동

가 모였다. 이성봉 목사의 부흥회에서 은혜를 받고 성령세례도 받게 된 이들은 순천에서 집회소를 만들어 교회를 개척하고 '**한국기독교 순천오순절교회**'라고 칭했다.

또한 박성산, 김성환, 허홍, 배부근 목사 등의 오순절주의 목회자들이 중심이 되어 오순절 교회를 재건하려는 운동이 일어났다. 박성산 목사는 8.15 해방이 되자 배부근, 허홍 목사와 다시 합류하여 오순절 교회 재건을 위해 동지들을 규합하며 전국을 순회하였다. 교단 조직을 위한 그들의 노력으로 인해 1950년 4월 9일에 전남 순천에서 제1회 대한기독교 오순절대회를 개최할 수 있었다. 이때 약 2백 명의 오순절 신자들이 참석하였다. 그러나 이 대회는 연합 부흥회의 성격을 띠었으며 구체적인 교단조직을 논의하지는 못했다. 게다가 2개월여 후에 6.25 전쟁이 발발하여 오순절 교회 역시 수난을 면치 못했다. 순천 오순절교회를 크게 부흥시켰던 박헌

오순절 교회의 최초 순교자인
박헌근 전도사

근 전도사는 전쟁이 한창이던 1950년 9월에 공산군에 의해 순교하였다. 한국에 오순절 신앙이 전파 된지 20여년 만에 한국 오순절교회 최초의 순교자가 나오게 된 것이다.

제1회 대한기독교 오순절대회는 오순절 교단을 세우기 위한 모임이기보다는 부흥회 성격이 더 강한 모임이었다. 하지만 이 대회는 조선 오순절교회에서 한국 오순절교회로 옮겨간 공식적인 전환점이 되었다. 이 대회로 인해 제2회 대한기독교 오순절대회가 1952년 5월 4일에 개최되었고, 그 해 10월 5일에는 제3차 대회가 열리는 계기가 되었다. 그리고 1953년 4월 8일에 *'기독교대한 하나님의 성회'* 가 결성되는 계기를 마련하였다. 6.25 전쟁의 비극 속에서 1953년에 제4차 대회가 개최되었을 때, 8개의 오순절 교회가 남아있었다.

C. 조용기 목사의 성령운동 (1960년대)

1953년에 최초로 '**한국 하나님의 성회**'가 남부교회에서 조직되었고, 여러 가입 교회들은 정식적으로 하나님의 성회 교회임을 표방하게 되었다. 이듬해인 1954년에는 한국에 최초로 하나님의 성회 신학교가 개교되었다. 여기서 신학을 공부한 사람들 중에는 능력있는 목회자들이 많이 있었고, 그 중 대표적인 인물이 후에 여의도 순복음교회를 개척한 조용기 목사였다. 조용기 목사는 불교를 믿는 가정에서 성장하여 원래는 의사가 되는 꿈을 가지고 있었다. 그러나 청년시절 폐병을 얻어 사형선고를 받게 되었고, 사경을 헤매다가 기적적으로 하나님을 만나게 되었고, 살아나는 신유를 체험하게 되었다. 그 후 성령충만을 체험하고 하나님께서 부르시는 음성에 순종하여 신학교에 들어가게 되었다.

조용기 목사

그는 신학교를 졸업하고, 1958년에 황무지인 불광동에 처음으로 천막교회를 시작하였다. 개척한 후 3년 동안 앉은뱅이가 일어나고, 소경이 눈을 뜨고, 벙어리가 말하고, 귀신 들린 자가 자유함을 얻게 되는 초자연적 성령의 역사가 일어났고, 교회는 크게 성장을 하였다. 그는 미국의 오순절 선교사 샘 타드(Sam Todd)의 부흥회 통역을 하면서 신유와 축복 등의 미국의 오순절 신학을 타드 목사를 통해 배우게 되었다. 신유와 축복 등의 메시지를 개발하여 전 미국을 뜨겁게 부흥시키고 있던 당시의 인물은 오랄 로버츠(Oral Roberts)였고, 그것을 타드 목사가 전해준 것이었다.

빈슨 사이넌은 오랄 로버츠의 신앙적 강조점을 타드 목사를 통해 알게 된 조용기 목사는 그것을 한국 상황에 맞게 적용시켜 오중복음과 삼중 축복론을 개발하였다고 말한다. 그의 오중복음은 미국하나님의 성회의 사중복음(구원, 신유, 성령 충만, 재림)에 축복을 더한 것이었다. 그의 '축복 복음'은 가난과 절망에 신음하던 전후 사람들의 마음속에 희망을 심어주었고, 그 결과 교회는 비약적으로 성장하게 되었다. 그가 담임하는 여의도 순복음교회는 2004년에 등록 교인수가 75만 명에 이르는 세계 최대의 교회로 성장하는 기적을 이루었다.

조용기 목사는 한국과 세계 교회의 성령운동에 많은 기여를 한 인물이다. 1960년대부터 비약적으로 성장한 순복음교회는 한국 교회의 성령운동을 중추적으로 이끌어 갔다고 할 수 있다. 조 목사는 오중복음과 삼중축복의 메시지를 중심으로 개인전도, 문서전도, 방송전도 등을 통해 국내외에 오순절 성령운동을 확산시켰다. 긍정적이며 희망적인 메시지와 성령의 역사하심을 강조하는 그의 메시지로 인해 여의도 순복음교회는 크게 성장할 수 있었고, 교회성장의 주된 요인은 축복의 메시지와 함께 성령의 체험과 역사를 강조하는 오순절 성령운동 때문이었다고 할 수 있다. 살아계신 하나님을 체험하려는 신자들의 폭발적 증가로 인해 그가 담임하는 여의도 순복음교회는 계속 성장할 수 있었던 것이다. 한국에서 오순절 신앙의 확산은 순복음교회의 비약적 성장이 큰 몫을 담당하였고, 특히 세계 최대의 교회로 성장하는 기적을 이룬 조용기 목사의 공헌이 지대하였다.

여의도 순복음교회

또한 조용기 목사는 해외의 여러 전도 집회와 선교 활동을 통해 세계 교회에 오순절 성령운동을 확산시키는 데에도 한 몫을 담당하였다. 그는 1964년에 2개월간 미국에서 부흥회를 인도했으며, 1966년에는 필리핀, 대만, 홍콩 등지의 동남아시아를 순방하면서 부흥성회를 성공적으로 인도했으며, 1968년에는 영국, 미국 등지에서 부흥성회를 대성황리에 인도하여, 오순절 성령운동의 세계적 확산에도 중요한 기여를 하였다. 현재에도 그는 이러한 해외 부흥성회를 통해 전 세계에 오순절 성령운동을 확산시키는 데 힘쓰고 있다. 그가 강조하는 기도운동, 말씀운동, 성령체험운동은 한국과 세계 교회의 성장과 오순절 신앙 확산에 크게 영향을 끼쳤고, 조용기 목사의 성령운동과 교회성장은 국내외의 많은 교회들의 관심을 불러일으키며 엄청난 도전을 주고, 영향을 미쳤던 것이다. 조용기 목사의 성령운동은 한국 오순절교회의 성장을 10년 이상이나 앞당기는데 가장 주도적 공헌을 하였다고 평가해도 과언이 아닐 것이다.

D. 복음전도 대형 집회 (1970년대)

1970년대의 한국의 성령운동은 이른바 '**심령 대부흥회**'의 형태를 띠고 성황을 이루었다. 1970년대는 한국 교회 부흥사들의 춘추전국시대라고 일컬어질 만큼 유명, 무명의 부흥사들에 의해 부흥집회가 성황을 이루었다. 그리고 1970년대는 다른 시대에 비해 대규모 전도 집회가 성행한 특징이 있다. 대표적 대형 집회로 빌리 그래함 전도대회(1973년), 세계 오순절대회(1973년), 엑스플로 74 전도대회(1974년), 민족 복음화대회(1977년) 등이 개최되었다. 이를 통해 한국교회는 양적으로 비약적인 성장을 하였으며, 오순절 교회도 함께 비약적 성장을 이룰 수 있었다.

1970년대 한국 교회가 급성장한 원인중의 하나는 교파를 초월한 대형 전도 집회들의 성공에 있다. 1970년대의 첫 대형집회는 1973년 5월 미국의 유명한 복음전도자인 빌리 그래함(Billy Graham) 초청부흥성회였다. "**오천만을 그리스도에게로**"라는 표어를 내걸고 열린 이 대회는 특히 초교파적인 대형 집회로서, 본 대회가 열리기전까지 각지에서 예비대회를 열었는데, 이 지방 대회에 연 인원 120만 명이 참여하였고, 결신자는 3만 7천여 명이나 되었다. 본 대회는 5월 30일 밤에 여의도 광장에서 열렸고, 대회장 한경직 목사의 사회로 시작되었다. 대회 첫날인 5월 30일에는 51만 명, 마지막 날인 6월 3일에는 115만 명이 참석하는 등 연인원 334만 명이 모여 대성황을 이루었다. 이 대회를 통해 8만여 명의 결신자를 얻을 수 있었다.

1973년 9월에는 제10회 세계 오순절대회(World Pentecostal Conference)가 열리게 되어 한국 오순절운동에 박차를 가하는 전환점이 되었다. 서울 효창운동장에서 개최된 이 대회는 조용기 목사가 주최하였고, 외국인 사역자와 성도가 2천명이나 내한하였고, 3만 명 이상이 모였다. 마지막 집회의 설교는 오순절 성결교회 감독인 윌리암스(J. Floyd Williams)가 맡았으며, 로마서 8장 11절을 본문으로 하여 **'그리스도의 재림을 전파하기 위한 기름부음'** 이란 제목으로 설교하여 호응을 얻었다. 이 집회에서 2천 5백 명이 결신하였고, 많은 성도들이 성령세례를 받았다. 1974년 8월에는 엑스플로 74 대회가 열렸다. 한국 대학생선교회(C.C.C)가 주최한 이 대회는 서울 여의도광장에서 열려 150만 명의 성도가 참여하는 대 성황을 이루었다. 이 대회는 '*Explo*'의 뜻이 **'폭발'** 인 것처럼 **'예수혁명-성령의 제3폭발'** 이라는 주제로 "**민족의 가슴마다 그리스도를 심어 이 땅에 성령의 계절이 오게 하자**"는 슬로건을 내걸었다. 대회장 김준곤 목사는 "오늘날 우리에게는 **성령의 언어와 설교가 과잉상태이면서도 신화나 사화가 되고 있다**"고 지적하고, "**성령을 충만히 받아야 한다. 이 성령을 충만히 받는 방법은 믿음이다**"라고 강조했다. 주 강사인 세계 대학생선교회 총재 빌 브라이트(Bill Bright) 박사는 "**크리스천을 훈련시켜 모두 예수의 제자가 되게 하며, 개 교회를 영적으로 강화하자**"고 했다. 이 대회를 통해 모두 27만 명이 결신하는 성과를 거두었다. 1977년 8월에는 **'77 민족복음화 대회'** 가 여의도 광장에서 열렸다. 앞의 대형 집회들의 주 강사가 외국인이라는 것에 아쉬움을 갖고 있던 한국의 부흥사들은 한국인에 의한 자주적인 민족부흥집회의 필요성을 느껴, 한국 부흥사협의회(회장: 신현균 목사)를 중심으로 1907년 대부흥운동의 70수년이 되는 1977년에 대회를 개최하게 된 것이다. 이 대회는 순수한 한국의 부흥사들에 의해 개최된 대형 집회였다. 이때 운집한 총 인원은 조선일보에는 7백만 명이라고 보도되었다. 그 때 그리스도를 영접한 결신자 수는 8만 명에 달한 것으로 알려졌다.

 1970년대의 이 같은 대규모 전도 집회의 결과로 한국 교회는 양적으로 크게 성장하였다. 대형 전도 집회는 교회 부흥운동의 초석이 되었다. 빌리 그래함 전도대회 때는 8만 명의 결신자를 얻었고, 엑스플로 74대회 때는 27만 명, 77민족 복음화 대회 때는 8만 명의 결신자를 얻는 등의 성과를 거두었고, 여기에 참석했던 목회자들과 교인들이 개 교회에 돌아가 힘차게 복음전도에 매진함으로서 눈에 보이지 않는 큰 부흥도 함께 얻을 수 있었다.

 이러한 교회 성장의 흐름을 타고 오순절 교회도 비약적으로 성장할 수 있었다. 한 예로 하나님의 성회 교단을 살펴보면, 1970년의 107개 교회, 120명의 목회자, 4만 2천명의 교인수가 1981년에는 471개 교회, 874명의 목회자, 약 31만 명의 교인으로 증가하며 큰 성장을 이룰 수 있었다.

E. 성령운동의 확산 (1980년대~)

 한국의 성령운동은 1980년대부터 본격적으로 확산되기 시작하였다. 전통 오순절교단의 성장에 따른 성령운동의 확산뿐만 아니라 은사주의 운동도 활발하게 전개되기 시작하였다. 1980년대에 은사운동은 한국의 전통 교단뿐만 아니라 천주교 내에도 침투해 들어가기 시작하였다. 이즈음에 세계의 교회성장 학자들은 한국 교회의 놀라운 성장에 주목하기 시작하였다. 교회성장의 배경으로 성령의 역사에 대해 깊은 관심을 가지고 연구하기 시작했다. 그리하여 1990년에 데이빗 본(David Vaughn) 같은 학자는 세계의 10대 교회 가운데 4개 교회가 한국의 서울에 있는 것을 주목하고, 그 공통적 특징으로 그 교회들은 모두 '*은사주의*' 운동을 한다는 것을 발견하였다. 그 4개 교회들로는 '*여의도 순복음교회*', '*금란 감리교회*', '*은혜와 진리교회*'와 '*숭의 감리교회*'가 포함되어 있었다.

같은 시기에 한국의 천주교회도 놀라운 은사적 부흥을 일으켰다. 1990년경의 집계에 의하면, 한국 천주교에는 이미 35만 명의 성도가 성령세례를 체험한 것으로 나타나고 있으며, 그들은 지금도 천주교내의 은사주의 운동의 부흥과 확산을 위해 노력하고 있다.

1990년대에 들어서 한국 교회의 성령운동에 큰 영향을 미친것은 미국에서 활발히 전개되고 있던 제3의 물결운동이었다. 1980년대 초에 미국에 활발하게 전개되고 있던 제3의 물결은 1990년대에 한국 교회에 많은 영향을 주게 되었다. 제3의 물결운동을 대표하는 '*빈야드교회*'와 '*토론토 축복*'으로 유명해진 '*토론토공항 빈야드교회*' 등이 한국 교회에 소개되기 시작했고, 한국의 많은 목회자들이 직접 그 교회들을 방문하여 집회에 참여하기도 하였다. 그 집회에 참여했던 목사들 중의 상당수가 거기에서 토론토 축복 같은 영적인 체험을 했으며, 표적과 기사와 치유 등의 성령의 역사를 체험했다. '*빈야드 운동*'에 대한 한국 목회자들의 시각은 두 가지이다.

하나는 '*빈야드 운동*'이 영적 체험과 신비적 체험만을 너무 강조하여 주관주의의 함정에 빠질 위험이 있다고 보는 부정적인 시각이고, 다른 하나는 현재 교회성장의 침체에 빠져있는 한국 교회에 활력을 불어넣을 수 있는 새로운 운동이라고 보는 긍정적 시각이 그것이다. 이 운동은 한국의 많은 교회들과 선교 단체들에 큰 영향을 미치고 있는 것으로 보고되고 있다. 현재 국내에는 빈야드 운동과 유사한 형태의 사역을 전수하고, 적절한 목회적 적용을 돕기 위한 단체들이 여러 개 생겨나서 세미나를 통해 이 사역 방식을 소개하며 확산시키고 있다.

한국에는 제3의 물결운동을 포함한 신은사주의에 참여하고 있는 사람들의 수가 2000년도에 약 3백 3십만 명에 달하고 있는 것으로 보고되고 있으며, 다가오는 2025년에는 약 6백만 명에 달할 것으로 예상되고 있다.

3. 한국 오순절 교회들의 설립

한국 오순절 교회들의 뿌리는 해외에서 들어온 오순절 교회들이었다. 미국에서 일어난 현대 오순절운동이 1928년 선교사 럼시에 의해 한국에 소개된 후에 한국에는 여러 개의 오순절 교회들이 세워졌다. 한국에 정식으로 오순절 교단에 속한 교회가 세워진 것은 1953년으로 '*한국 하나님의 성회*'의 설립이 그 최초가 되었다. 한국에는 현재 많은 오순절교단의 교회들이 세워져 활동하고 있는 것으로 추정되지만, 본서에서는 자료상의 제약과 한계로 인해 '*한국 오순절교회협의회*'에 소속된 '*하나님의 성회*', '*하나님의 교회*', '*성서 하나님의 교회*', '*복음교회*', '*오순절 성결교회*', '*사도의 신앙교회*'를 중심으로 한국 오순절 교회들의 설립 역사를 살펴보기로 하겠다.

A. 한국 하나님의 성회 (Assemblies of God in Korea)

　한국 하나님의 성회는 1953년 4월 8일에 서울 용산구의 남부교회에서 창립총회를 갖고 설립되었다. 1950년 4월 9일에 제1회 대한기독교 오순절대회를 개최하였고, 2개월이 지나서 6.25 전쟁이 발발하였다. 전쟁이 발발한 이듬해인 1951년에는 한국군에 군종 제도가 만들어졌고, 이들을 돕기 위해 미국인 목사 엘라웨드(Ellowed)가 한국에 입국하였다. 엘라웨드 목사는 미군들의 군목으로 근무하면서 허홍 목사를 만나게 되었고, 미국의 하나님의 성회를 소개하였다. 그는 미국으로 돌아가 하나님의 성회본부에 한국의 오순절교회 상황을 보고했고, 미 하나님의 성회 본부는 중국에서 선교사로 활동하던 체스넛(Arthur B. Chesnut)목사를 한국에 공식적으로 파송하였다. 체스넛 선교사는 1951년 12월 5일에 하나님의 성회 선교사로 임명을 받고 한국에 최초로 도착하였다. 또한 엘라웨드 목사의 주선으로 1952년 여름에 하나님의 성회 동양선교 부장인 오스굿(Osgood)목사가 한국을 방문하였다.

허홍 목사

　한국내의 오순절 교회 지도자들도 국내에 산재해 있던 오순절 계통의 교회를 규합하려고 노력하였다. 그 주도적 일을 박성산 목사가 담당하여 순천, 부산, 거제, 광주, 목포 등지를 순회하며 오순절 교회들을 규합하였다. 그 결과 허홍 목사가 시무하던 남부교회에서 역사적인 창립총회를 1953년 4월 8일에 개최하게 되었다. 서울 용산구 한강로에 소재한 남부교회에는 창립멤버로 허홍, 박성산, 곽봉조, 배부근, 윤성덕, 김길윤 목사와 박귀임 전도사 등 7명의 목회자가 참여하였다. 이 창립총회를 통해 한국 하나님의 성회가 최초로 탄생하게 되었고, 한국 최초의 오순절 교단이 되었다.

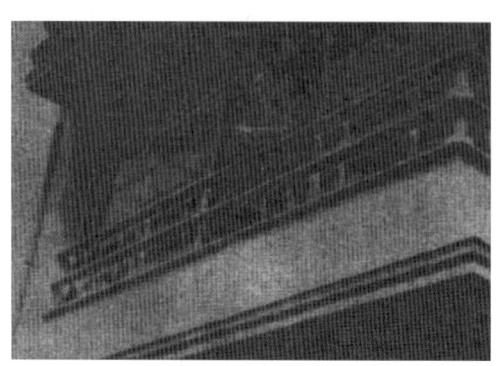

기독교대한하나님의성회 창립총회가 개최되었던 남부교회

창립시에 교단 명칭은 논란 끝에 허홍 목사가 제안한 '**하나님의 성회**'로 결정하게 되었다. '**하나님의 성회**' 명칭은 영어 'Assemblies of God'을 번역한 것으로 'Assemblies'를 'Holy Assemblies'로 해석하여 '**성회**'로 명명하게 된 것이다. 이로써 교단의 정식 명칭은 '**기독교대한 하나님의 성회**'가 되었다. 또 일명 '**순복음 교회**'라고도 불려지게 되었다. 이것은 심슨(Simpson) 목사의 사중복음(Full Gospel)에서 나온 'Full'(가득한)을 '**충만한**'을 의미하는 '**순**'으로 바꾸어 '**순복음**'(Full Gospel)으로 번역한데서 나온 명칭이다. 1953년의 창립총회는 교단 헌장을 통과시켰고, 교단 헌장에 의해 체스넛 목사가 초대 총회장으로 선출되었다. 그리고 사역자 양성을 위해 신학교를 세우기로 결정하고 교장에 체스넛 목사가 임명되었고, 학감에 허홍 목사가 선출되었다. 이듬해인 1954년 5월에 허홍 목사가 시무하던 남부교회에 한국 최초로 '**순복음신학교**'가 개교되었다. 그리고 1956년에 최초로 7명의 하나님의 성회 목회자들이 졸업을 하게 되었다. '**순복음신학교**'는 1981년 12월에 문교부의 정식인가 학교가 되었다.

후에 '*순복음신학교*'는 교명을 '*한세대학*'으로 바꾸고, 오순절 사역자와 오순절 신앙을 전파하는 지성인을 양성하는 대학으로 성장하고 있다. '*순복음신학교*' 출신으로 오순절신앙 전파에 가장 큰 공헌을 한 인물은 세계에서 가장 큰 오순절교회인 '*여의도 순복음교회*'를 개척한 조용기 목사이다. 그는 20세기 후반에 오순절 신앙을 국내에 확산시키는데 가장 큰 기여를 했으며, 오순절 신학의 정립에도 주도적인 역할을 감당하였다. 그리고 서울 사당동에 소재한 '*순복음대학원대학교*'가 2004년에 문교부로부터 정식인가를 받음으로서 오순절 사역자를 양성하는 중요한 사명을 감당하게 되었다. 이로서 한국내의 하나님의 성회 교단에는 문교부로부터 정식으로 인가받은 신학교가 둘로 늘어나게 되었다.

기독교대한 하나님의 성회는 초창기 창립멤버들의 탈퇴를 제외하고는 30년간 분열없이 통일된 단일 교단을 유지해왔다. 하지만 1981년부터 시작된 분열과 통합의 과정을 거쳐 현재는 크게 4개의 그룹으로 나뉘어져 있다. 하나님의 성회의 1차 분열은 1981년 9월 20일자 '*교회연합신보*'에 기사화된 '*조용기 목사의 제사 문제*'로 인해 발생했다. 이 문제는 원만하게 수습되지 못했고, 결국 조용기 목사가 하나님의 성회를 탈퇴하게 되는 결과로 이어지게 되었다. 그것은 다른 교단들로부터 공격을 받을 때, 하나님의 성회 교단이 자신의 울타리가 되어주지 못한 것을 섭섭하게 생각한 조 목사가 내린 결정이었다. 1981년 11월 27일에 교단을 탈퇴한 조용기 목사와 그의 지지자들은 그 해 12월 7, 8일에 신창균 목사를 총회장으로 선출하고, 반포 측 하나님의 성회 총회를 구성하였다. 이렇게 하여 하나님의 성회는 창립 30년 만에 서대문 총회 측과 순복음 반포 측으로 양분되었다.

순복음 신학교 (대조동)

교단총회 회관

　1984년에는 세 교단으로 다시 분열되는 결과를 낳는 통합작업이 시도되었다. 순복음 반포 측은 1984년 서대문 총회회관에서 통합총회를 개최하여 서대문 총회 측과 통합을 시도하였다. 이 때 순

순복음대학원대학교

복음 반포 측은 통합을 원하는 사람인 약 40%의 목회자만이 통합에 참여하였다. 나머지 60%의 목사들은 신창균 목사를 중심으로 그대로 순복음 반포 측을 고수했다. 이로서 교단은 다시 셋으로 나누어지게 되었다. 1991년 6월부터 조용기 목사의 주도로 다시 통합이 시도되었다. 조용기 목사를 중심으로 하는 여의도 측은 교단 통합을 시도하기 위해 1991년 6월 28일 임시총회를 열어 일부 헌법을 개정하고, 새 총회장과 임원진들을 선출하였다. 이 때 최성규 목사가 새 총회장으로 선출되었고, 새 임원진들이 구성되었다. 통합을 반대하던 조용목 목사가 주도하던 양평동측은 이 임시총회를 불법으로 규정하면서 무효라고 주장하였다.

여의도 측의 통합 노력은 마침내 12월 19일에 통합선언 대회를 통해 공식 조인되면서 결실을 맺게 되었다. 통합된 기녹교대한 하나님의 성회는 1992년 2월 14일에 행정총회를 개최하여 새 임원진을 선출하였고, 마침내 한국내 하나님의 성회의 주류세력으로 등장하게 되었다. 그 결과로 통합에 반대했던 조용목 목사의 양평동

한세대학교

측이 잔류를 선언함으로서, 한국 내의 하나님의 성회는 크게 4개의 그룹으로 나누어지는 결과를 낳았다. 1953년 창립총회에서 만들어진 한국 하나님의 성회 신조는 미국 하나님의 성회의 신조를 요약한 것으로 그 내용은 다음과 같다.

〈기독교 대한 하나님의 성회 신조〉
1. 우리는 성경이 하나님의 영감으로 쓰여졌으며, 절대 무오한 권위있는 하나님의 말씀임을 믿는다.
2. 우리는 삼위(성부, 성자, 성령)로 영원히 존재하시는 한 하나님이 계신 것을 믿는다.
3. 우리는 우리 주 예수 그리스도의 신격, 동정녀 탄생, 무죄한 생애, 이적들, 승리적인 대속의 죽음, 육체 부활, 승천하여 하나님의 우편에 계심과 권능과 영광으로 이 지상에 재림하시며 천년 동안 온 세상을 통치하심을 믿는다.
4. 우리는 그리스도께서 공중 재림하실 때 교회는 휴거한다는 소망을 갖는다.

5. 우리는 죄에서 정결함을 받는 유일한 방법이 예수님의 보혈을 믿고 회개하는 것임을 믿는다.
6. 우리는 성령으로 이룬 중생은 개인의 구원에 절대 요소가 되는 것을 믿는다.
7. 우리는 하나님께서 십자가상의 그리스도의 구속 사역을 믿는 자들의 기도에 응답하여 우리 육신의 병을 치료하여 주심을 믿는다.
8. 우리는 사도행전 2장 4절에 입각한 성령세례가 이를 구하는 모든 신자에게 주어진다는 것을 믿는다.
9. 우리는 믿는 자에게 내재하시는 성령의 능력으로 거룩한 생활을 할 수 있다는 것을 믿는다.
10. 우리는 구원받은 자나 받지 못한 자나 다 부활하되, 전자는 영생을 얻고 후자는 영벌을 받는다는 것을 믿는다.

B. 한국 하나님의 교회 (Church of God in Korea)

미국 하나님의 교회는 1963년에 미군 신분으로 한국에 근무하러 왔던 잭슨(Jackson) 형제에 의해 처음으로 한국에 소개되었다. 그는 한영철 목사와 함께 1963년 10월에 영등포구 공방동에 최초로 하나님의 교회를 개척하였다. 하나님의 교회는 1965년 11월 같은 장소에 교회건물을 신축하고 **'서울 중앙 하나님의 교회'**로 명명하였다. 1969년 미국 하나님의 교회는 한국 선교에 박차를 가하였고, 한영철 목사를 감독으로 임명하여 한국의 하나님의 교회를 책임지게 하였다. 한영철 감독의 지도 하에 하나님의 교회는 사역자들을 양성하며, 여러 곳에 하나님의 교회를 개척하게 되었다. 하나님의 교회는 처음에 **'그리스도 오순절 하나님의 교회'** (Christ

Pentecostal Church of God)로 호칭되었다. 1972년 예수교 감리교와 통합을 이룬 후에 '**하나님의 그리스도 교회**'(Christ Church of God)로 이름을 개명하였다.

1970년 3월까지 사역자 훈련 프로그램이 없었던 하나님의 교회는 사역훈련센터의 설립이 절실했다. 교회 초창기에는 사역자 양성 프로그램이 없어 미국 본부에 소속된 '**리 칼리지**'(Lee College)에 가서 교육을 받고 돌아왔다. 그래서 하나님의 교회는 목회자를 훈련시키기 위해 1970년에 성경 대학을 설립하였고, 1981년에 문교부 인가를 받는 학교로 성장하여 학교 이름을 '**한영 신학대학교**'로 바꾸었다. 하나님의 교회는 '**한영 신학대학교**'를 통해 많은 목회자를 배출하고 있고, 교회개척을 통한 교단 성장에 힘쓰고 있다. 하나님의 교회가 지향하고 있는 교리의 개관은 그들의 '**신앙적 선언**'에 나타난다. 다음은 정통 오순절운동의 신학을 수호하고 있다고 자부하는 하나님의 교회의 '**신앙적 선언**'이다. 이 '**신앙적 선언**'은 1948년 하나님의 교회 총회에서 채택되어 하나님의 교회가 지향하는 공식적인 신조가 되었다.

1. 우리는 성경의 문자적 영감을 믿는다.
2. 우리는 삼위로, 즉 아버지와 아들과 성령으로 영원히 계시는 오직 하나이신 하나님을 믿는다.
3. 우리는 예수 그리스도가 성령으로 잉태하사 동정녀 마리아에게서 나신 아버지의 독생자이심을 믿으며, 예수는 십자가에 못 박히시고 장사되시고 죽으셨다가 다시 사셨음을 믿으며, 그는 승천하사 중보로 오늘 아버지 우편에 계심을 믿는

다.
4. 우리는 모든 사람이 죄를 범하였으며, 하나님의 영광에 이르지 못하였으며, 회개는 모든 사람들을 위한 하나님의 명령이며, 죄 사함을 얻기 위해서는 반드시 필요하다는 사실을 믿는다.
5. 우리는 칭의와 중생과 신생이 예수 그리스도의 보혈을 믿는 신앙으로 말미암아 이루어 짐을 믿는다.
6. 우리는 말씀을 통해서, 그리스도의 보혈을 믿는 신앙을 통해서 그리고 성령으로 말미암아 신생에 뒤이어 성화됨을 믿는다.
7. 우리는 성경이 하나님께서 주시는 그의 백성의 생활의 표준이 됨을 믿는다.
8. 우리는 정결한 마음에 수반되는 성령의 세례를 믿는다.
9. 우리는 성령이 말하게 하심을 따라 다른 방언으로 말하는 것을 믿으며, 이 방언이 성령세례의 첫 증거가 됨을 믿는다.
10. 우리는 침수세례를 믿으며, 회개하는 모든 사람은 아버지와 아들과 성령의 이름으로 세례를 받아야 됨을 믿는다.
11. 우리는 신유가 속죄를 통해서 모든 사람들에게 주어짐을 믿는다.
12. 우리는 성만찬과 세족례를 믿는다.
13. 우리는 천년왕국 전의 예수의 재림을 믿는바, 첫째로는 죽은 의인들을 다시 살리고 살아 남은 성도들을 끌어올려 공중에서 주를 영접하게 하기 위함이요, 둘째로는 지상에서 천년 동안 다스리기 위해서 강림하심을 믿는다.
14. 우리는 몸의 부활을 믿으며 의인에게는 영생이 있고 악인에게는 영벌이 있음을 믿는다.

C. 기독교 한국 성서 하나님의 교회 (Church of God of Prophecy in Korea)

1968년 미국 예언 하나님의 교회(Church of God of Prophecy)는 다니엘 코벳(Daniel J. Corbett)을 한국에 선교사로 파송하게 되었다. 김두한 목사는 하나님의 교회가 한국에 처음 들어왔을 때 한영철 목사와 함께 같은 교단에서 동역을 하였다. 그러던 중 1968년 코벳(Corbett) 선교사를 미국 **'예언 하나님의 교회'** 에서 파송했을 때, 하나님의 교회를 떠나 코벳 선교사와 일하게 되었다. 코벳(Corbett) 선교사는 김두한 목사와 함께 한국에 성서 하나님의 교회를 개척하기 위해 동역하게 된 것이다.

1976년 7월에 김두한 목사는 한국의 감독으로 임명을 받게 되었고, 교단 이름을 기독교 한국 성서 하나님의 교회로 호칭하며, 교단 성장을 위해 교회 개척에 힘쓰게 되었다. 한국 성서 하나님의 교회는 교리는 따로 없이 신약성경을 신앙의 모범으로 삼으며 침례를 준다. 이 교단에는 장로제도가 없으며, 남자에 한해 감독과 집사 안수를 받을 수 있으며, 여자는 전도사 자격으로만 단독 목회자가 될 수 있다. 교회의 정식회원은 서약교인으로 한정하며, 교회의 의결기구는 행정회의로서 다수결 의결이 아닌 만장일치 제도를 채택하고 있으며, 감독이 주재한다. 한편 예언 하나님의 교회의 세계총회는 한국에 성서훈련원을 개설하여 교인들의 신앙교육을 실시해 오고 있다. 1996년에 이철재 목사가 한국의 제2대 감독으로 임명받아 교회개척에 힘쓰며, 교단 성장을 위해 노력하고 있다.

D. 대한 예수교 복음교회 (Church of the Foursquare Gospel in Korea)

대한 예수교 복음교단은 이블린 탐슨(Arthur & Evelyn Thompson) 선교사 부부가 한국에 파송되면서 개척되게 되었다. 1923년 1월에 미국의 여성 부흥사인 에이미 샘플 멕퍼슨(Aimee Semple Mcpherson)이 로스엔젤레스에 '**엔젤레스 템플**' 교회를 세우고, 강력한 신유의 은사를 나타내며 미국 사회에 놀라운 성령운동을 일으키던 중에 에스겔서 1장 10절에 계시된 4가지 형상을 통해 '**구원, 성령세례, 신유, 재림**'의 4가지 교리를 깨닫고, 이 사중복음을 세계에 선포하기 위해 국제 사중복음교회(International Church of the Foursquare Gospel)를 창설하게 되었다. 1969년 당시 학교법인 대성학원 이사장 김신옥 목사는 선교의 비전을 가지고 도미하여, 유학중에 하나님의 계시를 통해 국제 사중복음교회 총재였던 랄프 맥퍼슨 박사와 해외선교 총무였던 렐란드 에드워드 박사를 만나게 되었고, 이들에게 한국의 청소년 선교를 위해 선교사를 파송해 줄 것을 건의하여, 그 해 9월 필리핀에서 선교활동을 하던 이블린 탐슨 선교사 부부를 한국에 파송하게 되었다. 이들은 처음 대성학원 산하의 중·고등학생을 대상으로 하여 선교활동을 벌였고 한국 최초로 학생교회(Student Church)를 개척하여 많은 청소년들에게 그리스도의 복음을 심어 주었다. 그러던 중 이듬해인 1970년 여름에 김신옥 목사가 한국으로 귀국하여 탐슨 선교사 부부와 함께 청소년 선교의 활성화와 오순절 성령운동의 확산을 위해서 한국 복음교회 교단의 개척을 추진하고, 1971년 4월 5일 대전 복음교회를 개척하였다. 그리고 이듬해인 1972년 2월 1일 정부의 허가를 받아 재단법인 대한 예수교 복음교회(The Church of the Foursquare Gospel in Korea)를 개척하기에 이르렀다.

선교 초기에 한국의 복음교회는 복음교회 국제본부에서 파송된 선교사의 감독과 치리를 받는 체계였으나 1984년 5월 29일에 국제본부의 인준을 받아 대한 예수교 복음교회 총회 헌법을 제정하여 공포 시행함으로서 한국에서의 자주, 자율, 독자성을 확립하고 교회성장을 위한 일대 도약의 발판을 다지게 되었다. 대한 예수교 복음교회는 창시자가 선언한 구원, 성령세례, 신유, 재림의 4중 복음을 통해 영혼구원, 교회설립과 확장, 영성훈련과 교회지도자 양성, 그리고 세계선교를 위해 주님의 재림 때까지 필생의 신념으로 총매진하고 있다.[134]

복음교회는 사역자 양성을 위해 대전에 '**복음신학교**'를 세워 신학생들을 배출하고 있다. 1997년 12월 5일 복음신학대학원대학교가 정식으로 교육부의 인가를 받아 교단의 사역자 양성을 위해 힘쓰고 있다.

현재 대한 예수교 복음교회는 4중 복음의 메시지에 입각하여 땅 끝까지 복음을 전하라는 주님의 명령을 성실히 수행하기 위해 교회개척에 많은 노력을 기울이고 있다. 복음교회는 최근 몇 년 간에 약 20여개의 교회를 개척해 오고 있다. 2004년에 대한 예수교 복음교회는 약 50여개의 교회들로 이루어져 있고, 교회성장을 위해 계속해서 교회개척에 매진하고 있다.

E. 한국 오순절 성결교회 (Korea Pentecostal Holiness Church)

한국 오순절 성결교회는 1979년에 나운몽 장로를 중심으로 설립되었다. 나운몽은 용문산기도원 운동을 통해 국내에 널리 알려진 인물이다. 그는 당시 감리교의 장로신분이었지만, 용문산기도원 운동을 주도하며, 전국순회 부흥회를 인도하는 등의 초교파 사역자로 활약하고 있었다. 그는 자신의 사역범위가 확대되고, 영향력이 확대되자 교단을 설립하려고 계획하였다.

1979년에 나운몽은 미국 오클라호마 주의 오클라호마 시를 방문하여 당시 미국 오순절 성결교회(Pentecostal Holiness Church)의 총감독이던 윌리암스(Williams) 목사를 만나게 되었다. 미국 오순절 성결교회의 본부가 있는 오클라호마 시(Oklahoma City)에 총감독이던 윌리암스 목사는 한국의 나운몽 장로의 방문을 받고, 한국에 오순절 성결교회를 개척할 것을 합의하게 되었다. 이 자리에서 윌리암스 감독은 나운몽을 목사로 안수하여 자기 교단의 목회자로 인정하였고, 그를 한국의 오순절 성결교회의 감독으로 임명하게 되었다.

나운몽은 귀국하여 1979년 3월 29일에 정식으로 한국에 오순절 성결교회를 결성하였다. 이 때 311개 교회, 371명의 목회자, 그리고 86,414명의 교인이 창립시에 정식으로 교단에 가입하였다. 그 후 1982년까지 교단은 순조롭게 운영되었다.

1982년 10월에 한국의 오순절 성결교회는 제4차 연차 총회를 개최하였고, 해외 선교사들이 방문하여 참석하였다. 미국의 해외 담당 총무인 언더우드(Underwood) 목사, 홍콩에서 사역하던 존 파커(John Parker) 목사, 그리고 한국에서 헌신하고 있던 선교사 제임스 캠벨(James Campbell)이 여기에 참석하였다. 그런데 캠벨 선교사는 나 감독의 신학과 지도력을 여러 면에서 살펴보고 있었고, 나운몽 감독을 연구해 오고 있었다. 그는 나 감독의 신학, 행정력, 태도, 그리고 그의 명성 등에 의문을 품고, 이 사실을 국제 본부에 보고하게 되었다. 그의 보고의 주 내용은 첫째, 나 감독이 부처와 공자를 구약의 예언자 가운데 한 사람으로 인정한다는 것과, 둘째는 베드로

후서 3장 19절을 근거로 하여 죽은 영혼들이 지옥에 가기 전에 구원받을 기회가 있다고 하면서 정통 개신교 교리에서 벗어난 가르침을 가르친다는 것이었다.

미국 오순절 성결교회 국제본부의 감독인 스튜어트(Stewart) 목사는 캠벨 선교사의 보고를 받은 후에 나운몽을 감독의 지위에서 해임시켰고, 그의 목사직을 1982년 10월 6일에 박탈해 버리게 되었다. 총회 마지막 날에 총회는 선교사 측과 나운몽 측으로 양분되고 말았다. 이러한 일이 발생한 후에 나운몽 측은 선교사를 한국에서 추방해 버렸다. 후에 국제 오순절 성결교단과 나운몽 측 사이에 화해가 이루어지기는 했지만, 한국의 오순절 성결교회는 회복하기 힘든 큰 상처를 입게 되었고, 그 후유증에 시달리며, 활동의 입지가 크게 제약을 받지 않을 수 없게 되었다.

F. 예수교 사도의 신앙교회 (Apostolic Faith Mission in Korea)

미국 사도의 신앙교회는 아주사 거리 부흥에 은혜를 받은 플로렌스 크로포드(Florence L. Crawford)가 설립한 오순절 교단이다. 포틀랜드(Portland)에 본부를 두고 있는 이 교단은 문서선교를 중심으로 교회를 개척해 가면서 선교를 하고 있다. 한국 선교는 미국 포틀랜드 교회에서 헤롤드 바렛(Herold Barrett) 선교사를 파송함으로써 이루어지게 되었다.

헤롤드 바렛 선교사는 주님을 영접하고 성령세례를 받았을 때, 비몽사몽간에 한 번도 본적이 없는 초가집을 환상 중에 보았다고 한다. 그 후 1966년에 대한조선공사의 초대로 6개월간의 한국 관광을 위해 인천항에 도착하였고, 어느 시골을 관광하게 되었는데 그 곳에서 전에 환상 중에 보았던 그 초가집을 보게 되었다. 그 순간 한국에 와서 선교해야 하겠다는 결심을 하였고, 1967년에 한국 선교사로 정식으로 파송을 받게 되었다.

1968년 9월에 헤롤드 바렛 선교사의 가정에서 첫 예배를 드림으로서 한국 사도의 신앙 교회는 시작되었다. 사역은 주로 문서로서 하였는데 **'소망의 빛'** 등의 각종 전도문서들을 전국에 우편으로 발송하였다. 1972년 11월에 부산 봉래동에 교회를 신축하였고, 선교사의 통역을 도와주던 윤종학을 담임목사로 안수하였다. 그 후 윤종학 목사는 한국 사도의 신앙교회의 총회장으로 임명되어 교세 확장을 위해 헌신하고 있다.

G. 기타 교회들

전주에 본부를 두고 있는 **'대한예수교 오순절 하나님의 성회'**는 2004년에 설립되었다. **'오직 예수 운동'**의 종파인 **'대한예수교 연합 오순절교회'**는 경기도 광명시에 총회 본부를 두고 활동하고 있는 것으로 알려지고 있다. 그 외에도 많은 오순절 교회들이 한국에 전래되어 세워져 활동하고 있을 것으로 추정된다.

한국의 오순절교회는 반세기 만에 비약적 성장을 이루었다. 시작은 미약했으나 지금은 큰 세력으로 성상하게 된 것이나. 오순절 교회의 대표격인 한국의 하나님의 성회는 장로교, 감리교에 이어 한국에서 세 번째로 큰 교세로 성장하였다. 한국 오순절 교회들의 성장은 성령의 초자연적인 역사임은 의심할 여지가 없는 사실이다.

현재에도 한국의 오순절 교회들은 성령 충만함으로 무장하여 긴박한 전도의 열정으로 민족과 세계 복음화를 위해 큰 기여를 하고 있다. 한국의 오순절 교회들은 앞으로도 계속하여 민족복음화와 세계복음화에 크게 기여함으로서 하나님의 나라를 확장시키는 사명을 잘 감당해야 하며, 한국 교회의 놀라운 성장과 부흥의 역사를 만들어 가는 중심세력으로 자리매김하여야 할 것이다.

V. 한국 오순절교회의 역사

6장

한국 오순절 교회의 21세기의 도전

1. 오순절 운동의 교세 현황과 전망

2. 한국의 오순절 운동에 대한 평가
   A. 긍정적인 면
   B. 부정적 영향과 문제점들

3. 한국 오순절 교회의 21세기의 도전
   A. 오순절 교회의 독특성 강화
   B. 오순절 신학의 정립과 발전
   C. 교회일치 운동
   D. 사회 참여
   E. 건전한 기독교 윤리와 가치관 확립
   F. 교회성장의 지속
   G. 성숙한 오순절 신앙인의 양성

한국 오순절 교회의 신앙과 신학

Pentecostal Churches in Korea

Ⅵ. 한국 오순절교회의 21세기의 도전

　　21세기에 들어선 현재에도 오순절주의의 성장은 계속되고 있다. 20세기 초에 시작된 현대 오순절운동은 비약적인 성장을 계속하여 20세기 초에 100여만 명으로 추산되던 전 세계 오순절주의자의 수는 1970년에 약 7천2백만 명에 달했고, 2000년도에는 약 5억3천만 명으로 증가하여 오순절주의는 비약적인 교세 확장을 이룩할 수 있었다. 이 놀라운 오순절주의의 성장은 성령의 초자연적 역사가 아니고는 불가능한 일임에는 틀림없는 사실이다. 이제 한국 오순절교회도 과거의 비약적인 성장을 뒤돌아보며 평가하면서, 과거의 미비했던 점들을 깨닫고 보완해야 하며, 희망찬 미래를 위한 새로운 21세기의 비전을 제시하고 도전해야 할 시점에 와 있다. 본 장에서는 그 동안 성취했던 오순절 운동의 교세 현황과 전망을 살펴본 후에 한국의 오순절 성령운동이 한국 교회와 사회에 미친 긍정적인 영향과 함께 보완해야 할 점들을 지적해 보고, 마지막으로 오순절 운동의 밝은 미래를 지속하기 위해 한국 오순절 교회에 주어진 21

세기의 도전을 제시하면서 본서를 마무리하고자 한다.

1. 오순절 운동의 교세 현황과 전망

성령의 주권적인 인도하심과 초자연적 역사로 인해 그 동안 오순절 운동은 활발히 전개되며 비약적인 성장을 거듭해 왔다. 오순절주의자의 양적 증가와 오순절 교회의 성장은 성령의 놀라운 부흥의 역사였다. 21세기에 들어선 현재의 시점에서 지난 과거의 한 세기 동안 성취했던 오순절주의의 교세 현황을 점검해 보고, 앞으로의 추세를 전망해 보고자 한다. 본장에서는 통계학자 바렛(D.B. Barrett)과 존슨(T.M. Johnson)이 제시한 통계자료를 중심으로 오순절 운동의 교세 현황과 전망에 대해 살펴보고자 한다.[135]

오순절주의 혹은 오순절 갱신운동으로 알려진 제1의 물결, 은사주의 운동 또는 은사갱신 운동으로 알려진 제2의 물결, 그리고 비오순절, 비은사주의 성격의 제3의 물결 혹은 신은사주의 갱신운동은 지난 1세기동안 전 세계 7개 대륙에 걸쳐 확산되었고, 비약적 성장을 거듭하여 왔다.

오순절 운동의 주축을 형성하는 전통 오순절주의자들, 은사주의자들, 그리고 신은사주의자들은 2000년도 통계에 의하면 전 세계 기독교인의 27.7%를 차지하고 있다. 전 세계적으로 740개의 오순절 교단(전통 오순절주의자)과 6,530개의 비오순절 주류교단(은사주의자)과 18,810개의 독립적 신은사주의 교회나 기관(신은사주의자)이 오순절 운동에 참여하고 있다. 은사주의자들은 현재 기독교의 전 교단과 기관들에 걸쳐 활동하고 있다. 오순절주의자는 전 세계 인구의 95%를 차지하는 9,000여 부족 문화권과 8,000여 언어권에서 활약하고 있다.

바렛의 2000년도 통계자료에 의하면, 전체 오순절주의자의 수는 약 5억3천만 명으로 집계되고 있다. 그 중에 전통 오순절주의자는 약 6천5백만 명(12%)이고, 은사주의자는 약 1억7천5백만 명(33%)이며, 가장 큰 세력을 형성하고 있는 제3의 물결 혹은 신은사주의자의 수는 약 2억9천5백만 명(55%)에 달하고 있는 것으로 나타나고 있다. 인종별로 구분하면 전 세계 오순절주의자들 중의 약 29%는 백인이고, 71%는 유색인종으로 구성되어 있다.

오순절주의자의 구성을 좀 더 자세히 살펴보면 시골보다 도시에 집중되어 있고, 남성보다는 여성이 많고, 성인(18세 이상)보다는 청소년이 더 많고, 서구 세계(32%)보다는 제 3세계(66%)에 더 많이 분포되어 있고, 부유층(13%)보다는 빈곤층(87%)이 훨씬 더 많고, 개인위주보다 가족 중심적인 것으로 나타나고 있다.

위의 통계는 현재 살아있는 사람을 중심으로 집계된 통계이다. 만일 그 동안 사망한 오순절주의자의 수치를 감안하면 훨씬 더 많아질 것이다. 지난 한 세기동안 사망한 오순절주의자의 수는 약 1억7천5백만 명으로 추산된다. 1900년 이후부터 2000년까지의 모든 오순절주의자의 수는 합치면 약 7억9천5백만 명에 달하는 것으로 추산되고 있다.

오순절주의의 세 가지 물결은 여전히 대규모로 성장해오고 있고, 2000년도의 성장률을 살펴보면 1년에 약 9백만 명의 새신자들이 유입되고 있는 것으로 나타난다. 즉 하루에 약 2만5천명 이상의 새신자들이 탄생되고 있는 셈이다. 새신자 중의 1/3은 오순절주의자 내의 출생자 수에서 사망자 수를 뺀 생물학적 수치이다. 그리고 이 새신자 중의 2/3는 회심자이거나 개종자이다.

이 세 가지 물결의 초기에는 엄청난 연간 성장률을 나타내었다. 2000년도에는 성장률이 점차 감소하여 전통 오순절주의자는 연간 2.7%의 성장률을 보이고 있고, 은사주의자는 연간 2.4%의 성장률을, 그리고 신은사주의자는 연간 3.0%의 성장률을 나타내고 있다. 1900년 이후의 오순절주의자의 평균 연간 성장률은 약 3.2%를 나타내고 있다.

특이한 것은 은사주의자의 수가 전 세계적으로 전통 오순절주의자의 수를 능가하고 있다는 점이다. 하지만 주류 개신교와 카톨릭 교회내의 은사주의자들은 성장과 함께 딜레마에 빠져있다. 그것은 은사주의자들이 기도모임에 적극적으로 참여하는 등의 은사 운동의 활약 기간이 평균적으로 약 2-3년에 그치고 있다는 점이다. 은사주의자들의 상당수가 적극적 참여시기 이후에 불규칙적으로 참여하거나 아예 참여하지 않고 있다. 그래서 이들을 후은사주의자(Post-Charismatic)로 부르게 되었다. 이 **'회전문 증상'**(revolving-door syndrome)은 엄청난 수의 은사주의자가 빠져나가는 현상으로 오순절주의의 성장을 위협하는 심각한 문제로 대두되고 있다. 은사주의자와 후은사주의자의 비율은 약 1:5로 나타나고 있어, 이에 대한 대책이 시급히 요구되고 있는 실정이다.

은사주의는 전 세계의 많은 나라와 교단들에 급속하게 확산되어 가고 있다. 이들 주류 교회내의 약 14% 정도는 1970년 이래로 매년 주류 교단의 통제로부터 벗어나 독립적인 활동을 하고 있다. 그들을 전 세계적으로 약 10만개가 넘는 백인 주도의 독립적 은사주의 교회들을 세웠고, 약 830여개의 느슨한 조직이나 기관을 형성하였다.

오순절 운동의 엄청난 교세는 여러 측면에서 관찰될 수 있다. 그 중의 하나는 교인 수가 5만 명이 넘는 초대형 교회들을 살펴보는 것이다. 전 세계 초대형 교회 50개 중의 대다수가 전통 오순절교회 혹은 은사주의 교회 혹은 신은사주의 교회로 집계되고 있다.

세계 복음화의 측면에서 살펴볼 때, 오순절주의자는 오순절 운동의 역사를 통해 세계 복음화의 임무완수를 위해 많은 노력을 기울여 왔음을 볼 수 있다. 예수님의 말씀처럼 전도의 밭은 희어져 추수기에 와 있다. 아직 한 번도 예수 그리스도의 복음을 접해보지 못한 사람은 3,000여 곳(도시, 인종, 국가 포함)의 16억 명에 달하고 있다. 여기에는 2,000여 미전도 종족과 175곳의 미전도 지역(1백만 명 이상의 도시), 140곳의 비복음화 대도시와 300여 곳의 비복음화 회교권의 도시들이 포함된다. 이 곳을 추수할 일군들로는 약 5백5십만 명의 전임 사역자들이 있는데, 그 중의 38%인 210만 명이 오순절주의 사역자들이다.

전 세계 약 60억 명의 인구 중에 약 20억 명은 기독교인이고, 나머지 40억 명은 비기독교인이다. 우리는 이들을 복음화시키기 위해 더욱 열심히 선교해야만 한다. 1960년이래로 세계복음화를 위한 대형 선교계획들이 세워져 왔고, 현재 24개의 대형 복음전도 계획들 중의 16개(약 67%)가 오순절주의자들에 의해 추진되고 있다. 또한 10억 달러 이상이 소요되는 초대형 계획도 추진되고 있다. 1960년대 이래 세계복음화를 위해 추진되어오고 있는 초대형 계획은 14개인데, 그 중에 64%인 9개가 오순절주의자에 의해 주도되고 있다. 전통 오순절주의자, 은사주의자와 신은사주의자를 포함하는 오순절주의자는 현재 전 세계 대도시 3,300여 곳 가운데 80%를 차지하는 지역에서 복음화를 위해 활약하고 있다. 그들은 그리스도의 대위임령의 사명을 완수하기 위해 서로 연계하여 협력하고 있으며, 세계 선교의 새 지평을 열어가고 있다. 2000년 통계에 약 5억3천만 명에 이르는 오순절주의자의 수는 다가오는 2025년에는 약 8억명을 넘을 것으로 예상되고 있다. 한국의 오순절주의자의 수도 그 동안 엄청난 증가 추세를 나타내고 있다. 바렛의 통계에 의하면 한국의 오순절주의자의 수는 2000년도에 약 7백60만 명으로 나타나고 있다.[136)]

그 중의 전통 오순절주의자는 약 32%인 2,939,749명이고, 은사주의자는 약 27%인 2,020,598명이고, 신은사주의자는 약 42%인 3,165,652명으로 집계되고 있다. 한국 오순절주의자들의 구성상의 특성을 살펴보면, 은사주의자의 수(33%)가 전통 오순절주의자의 수(12%)를 훨씬 능가하는 세계적인 추세와는 달리, 한국에는 전통 오순절주의자의 수(약 32%)가 은사주의자의 수(약 27%)를 앞서고 있다. 그 이유는 한국의 오순절 운동은 주로 전통 오순절교회들에 의해 주도되어 왔다는 점과 함께, 한국의 주류 보수교단 내에서 은사주의 운동이 활발하게 전개되지 못했고, 보수 신학의 아성에 막혀 오순절주의가 거부되거나 배척받아왔기 때문으로 판단된다. 그럼에도 불구하고, 바렛의 통계에 나타난 약 760만 명으로 추산되는 한국내의 오순절주의자의 수는 한국 교회 교인수의 약 60%에 해당하는 것으로 매우 고무적인 현상으로 보인다. 한국의 오순절주의자들은 더욱 활발한 오순절운동을 전개하여 한국 교회의 주도세력으로 성장하여 민족복음화와 세계복음화의 중심세력으로 자리매김하여야 할 것이다.

2. 한국의 오순절 운동에 대한 평가

한국 오순절교회의 성령운동은 그 동안 한국 교회와 사회에 큰 영향을 끼쳐왔다. 한국 오순절교회의 성령운동은 한국 교회의 영적 갱신과 성장에 긍정적인 영향을 끼쳤고, 민족복음화와 세계 선교에 중요한 역할을 해 오고 있다. 반면에 오순절 운동에 대한 무지와 편협한 시각은 여러 가지 부작용을 일으키며 부정적인 결과들을 낳았다. 한국 오순절교회의 성령운동이 한국 교회와 사회에 끼친 긍정적인 영향을 평가해보고, 또한 여러 가지 부작용을 일으키며 부정적인 결과들을 낳았던 오도된 성령운동의 본질을 파악하고, 반성하며, 미비점과 문제점들을 개선하고 해결하는 것이 필요한 시점이 되었다. 한국 오순절교회의 성령운동에 대한 긍정적인 면과 보완이 필요한 측면을 살펴보고, 평가해 보자.

A. 긍정적인 면

한국의 오순절 운동은 국내외에 많은 긍정적인 영향을 끼쳐왔다. 한국 교회에 끼친 긍정적인 영향들로는 한국의 오순절 운동이 교회성장에 기여했고, 영적 갱신을 가져왔고, 열심히 기도하는 신앙을 자극하며 불러일으켰으며, 교회일치 운동에 공헌하였고, 사회적 소외계층의 구원에 힘써 왔다는 점 등을 들 수 있다.

1) 교회 성장

한국 오순절교회의 성령운동은 한국 교회의 성장에 크게 기여하였다. 오순절 운동은 주님의 재림을 준비하는 늦은 비 성령운동으로 전도와 선교사역을 통해 많은 영혼을 구원하기 위한 목적을 지니고 있다. 초대 교회가 성령의 역사와 능력으로 땅 끝까지 복음을 성공적으로 전하던 모습을 오늘날에 재현하고자 하는 것이 오순절 운동이다. 오순절 운동은 전통 오순절운동, 은사주의 운동, 신은사주의 운동을 거쳐 오면서 오순절 성령강림의 역사를 오늘날의 교회에 재현시키고자 노력하였고, 성령세례와 은사 회복운동을 통해 하나님의 역사와 임재를 갈망하던 사람들의 신앙을 만족시키며 무기력한 신앙을 활성화시켰고, 많은 사람들을 교회로 인도할 수 있었다. 또한 전천년주의 종말론을 강조함으로서 선교에 대한 긴박감을 고취시키며 열정적 전도와 선교를 실천하여 왔다. 이를 통해 많은 불신자들이 구원을 받았고, 또한 그들이 교회의 구성원이 되어 적극적으로 신앙생활을 하며 전도와 선교사역에 앞장서고 있다.

교회성장의 가장 중요한 영적요인인 성령께서 주도적으로 인도하시고 역사하실 때, 교회는 부흥되고 성장할 수가 있다. 성령의 역사가 체험되는 능력있는 복음 선포에 의해 수많은 사람들이 회개하고 그리스도께로 돌아올 수가 있다. 성령을 통한 하나님의 능력이 나타날 때, 그 복음 증거는 효과적으로 선포되어 수많은 사람들을 성공적으로 회심시킬 수가 있는 것이다. 한국 오순절교회는 성령의 초자연적 능력과 기사를 동반한 복음전도를 통해 수많은 불신자를 구원하여 왔다. 성령의 주권적 역사를 강조해 온 한국 오순절교회의 성령운동은 교회성장과 선교에 커다란 공헌을 하여왔다. 오늘날 세계적으로 성장한 초대형 교회들의 대부분이 성령운동을 하는 오순절 교회라는 것은 시사하는 바가 매우 크다. 한국 오순절교회의 성령운동은 지금까지 교회성장에 크게 기여하여 왔고, 앞으로도 계속 교회성장과 부흥에 기여하는 운동으로 지속되어야 할 것이다.

2) 교회 갱신

한국 오순절교회의 성령운동은 한국 교회의 갱신에 큰 영향을 미쳐왔다. 오순절 운동은 경직된 교리주의나 형식주의에 치우쳐왔던 많은 보수 교회의 신앙에 영향을 미쳐 큰 변화를 일으켰던 것이다. 조직화되고 형식화되어가는 교회는 경직된 교리와 제도에 치우쳐 기구화 되거나 무미건조한 형식주의에 빠지게 될 가능성이 높다. 그런데 오순절 성령운동은 살아계신 하나님을 체험하고 갈망하는 신앙을 불러일으키며 심어주어, 기구화 되고 형식주의에 빠지기 쉬운 신앙에 균형을 잡아주는 역할을 하게 된다. 오순절 운동은 살아계신 하나님의 임재를 신자들로 하여금 직접 체험하게 해 줌으로서 형식화되기 쉬운 신자들의 신앙에 하나님의 임재를 체험하게 하고 변화를 일으키게 한다. 성경 지식에만 치중하던 형식적 신앙인들에게 살아계신 하나님을 체험적으로 깨닫게 해주며, 침체된 신앙에 새로운 활력소를 불어넣어주게 되는 것이다. 한국 오순절교회의 성령운동은 오늘날까지 많은 신자들로 하여금 성령 체험을 통한 새로운 활력을 얻게 하며 역동적인 신앙생활을 하게 하는데 많은 기여를 해왔던 것이다.

한국 오순절교회의 성령운동은 한국 교회의 예배갱신에도 크게 기여해왔다. 오순절 운동을 통해 틀에 박힌 구태의연한 예배형식에서 탈피하여, 살아계신 하나님의 임재를 느끼며 체험하는 생동감있는 예배 분위기를 만들었다. 전통적 예배는 너무 경직되고 엄숙한 분위기를 강조하여 방관자적인 소극적 예배 태도를 갖게 만들며, 예전적 의식과 형식에 너무 치우치는 경향이 있었다. 이에 비해 오순절 교회의 예배는 엄숙한 분위기 대신에 축제적 분위기로, 방관자적 소극적 예배참여 대신에 적극적 예배참여로, 형식과 예식에 치우친 예배에서 기쁨과 찬양이 넘치는 예배 분위기로 전환시킴으로서 예배 갱신에도 많은 기여를 하였다. 특히 복음성가를 예배에 도입하여 성도들의 감성적, 영적 욕구를 채워주는 데에도 많은 공헌을 하여왔다.

3) 기도운동

한국 오순절교회의 성령운동은 기도운동을 확산시키는데도 많은 기여를 하였다. 한국 오순절교회의 성령운동은 기도에 열심을 가지게 하였고, 한국 교회 신앙형태의 핵심이 된 새벽기도 운동을 자극하며 촉진시켰다. 한국 오순절교회의 성령운동은 성령의 역사를 간구하며 열심히 기도하는 신앙을 고무시켰으며, 특히 새벽기도, 철야기도, 기도원 금식기도 등을 확산시켜 기도운동의 활성화에 크게 기여하였던 것이다. 심령부흥과 교회부흥을 위해 열심을 다해 간구하는 기도운동은 한국 교회의 전형이 되었고, 한국 오순절교회의 성령운동은 하나님의 부흥의 역사를 위해 교인들로 하여금 열심히 기도하게 하는 신앙형태를 정착시켰던 것이다.

성령의 역사하심과 기도는 불가분의 관계에 있다. 기도원 집회와 교회 부흥회를 통한 성령운동은 교인들로 하여금 은사받기 위해 기도하게 하고, 심령 부흥과 교회 부흥을 위해 성령의 역사하심을 더욱 열심히 간구하고 기도하게 만들었다. 한국 오순절교회의 성령운동은 교회의 신속한 성장과 부흥을 위한 중요한 요소인 기도운동 활성화에 크게 기여하였고, 이러한 기도운동의 활성화에 크게 기여한 점은 높이 평가받아야 할 것이다.

4) 교회일치 운동

한국 오순절교회의 성령운동은 한국 교회의 일치운동에도 크게 기여하였다. 분열 많은 한국 교회에 화평과 연합을 이루는데 큰 역할을 한 것이 성령운동이었다. 지금까지 부흥집회를 통한 성령운동에는 교파를 초월하여 초교파적으로 연합하여 왔다. 성령운동을 위한 대규모 집회에는 교단을 초월하여 서로 협력함으로서 교회일치 운동의 정신을 구현하며, 교파간의 간격과 갈등을 해소하는 좋은 기회로 작용하였다. 이 성령운동은 분열과 갈등으로 침체되었던 한국 교계에 새로운 활력이 되었고, 각 교파의 대표들이 신학적, 교리적 차이를 묻지 않고 하나의 목표를 향해 서로 협력하여 분쟁, 파쟁, 주도권 다툼으로 부정적 인상을 주었던 한국 교계에 긍정적 이미지를 심어주며 고취시키는 결과를 낳을 수 있었다.

대규모 집회가 열릴 때마다 한국의 많은 교파들과 교회들은 성령 안에서 하나되는 역사를 체험하였고, 민족복음화와 세계 선교를 위해 서로 힘을 합쳐 단결할 수 있었다. 성령운동을 통해 교회연합 정신을 구현한 한국 교회는 영적인 교회, 기도하는 교회, 전도하는 교회라는 긍정적인 이미지를 세계에 알릴 수 있었던 것이다. 개 교회 중심주의에 익숙해진 한국 교회는 교회의 통일성(복음과 삼위일체 하나님), 다양성(신학 전통, 문화 등), 연속성(동질성 또는 사도성)을 포함하는 교회의 보편성을 지향해야 하며, 이러한 보편성 추구에 있어 성령의 역사와 능력이 결정적인 중요성을 갖는다. 교회일치는 성령의 역사에 의해 가능하므로 한국 오순절교회는 성령의 역사 속에서 교회일치를 위한 성령운동을 지속적으로 발전시켜 나가야 할 것이다. 한국 오순절교회의 성령운동은 교회일치 운동에 커다란 기여를 하여왔고, 앞으로도 이러한 오순절 성령운동은 한국 교회의 하나 됨을 위한 긍정적 역할을 계속하여야 할 것이다.

5) 사회적 소외계층의 구원

오순절운동은 사회적으로 소외계층인 가난한 자, 병든 자, 소외된 자들에게 복음을 전파하여 구원하는데 큰 공헌을 하여 왔다. 역사적으로 오순절 교회의 구성원들은 대부분 가난하고, 절망에 처해 있던 소외계층이 주류를 이루어 왔었다. 오순절 운동은 특별히 사회계층상 소외된 자들을 구원하고, 그들을 교회에 정착시키는데 큰 역할을 하였다. 역사적으로 오순절 운동은 소외된 자들의 종교였다고 할 수 있다. 오순절 운동은 역사적으로 단순히 가난한 자들을 위한 종교가 아니라, 가난한 사람들의 종교였다고 후오순절 신학자인 홀렌웨거(W.J. Hollenweger)는 말한다.

교회는 사회적으로 소외된 자들에게 관심을 보이고, 그들을 구원해야하는 책임이 있다. 이러한 소외된 자들에게 관심을 보이고 구원하는 사역을 성공적으로 감당한 곳이 바로 오순절 교회였다. 오순절 교회의 특성중의 하나는 소외계층을 중심으로 성장하며 부흥해 왔다는 것이다. 전 세계에 산재해 있는 오순절 교회의 구성원을 살펴보면, 부유층은 단지 13%밖에 되지 않는 반면에, 빈곤층은 대다수인 87%를 차지하고 있다. 이것은 오순절 교회가 역사적으로 가난한 자들의 종교였을 뿐만 아니라 현재에도 가난한 자들을 위한 종교로서 역할을 감당하고 있음을 보여준다. 한국 오순절교회는 앞으로도 사회적으로 소외된 계층에 보다 적극적인 관심을 보이며, 그들을 구원하고 돌보는 사명을 잘 감당해야 할 것이다. 오순절 운동은 사회적으로 소외된 계층을 구원하고 돌보는 사역에 커다란 기여를 해왔고, 앞으로도 이 귀중한 사역은 중단없이 지속되어져야 할 것이다.

B. 부정적 영향과 문제점들

한국 오순절 교회의 성령운동은 한국 교회와 사회에 지대한 영향을 끼쳐왔다. 교회의 부흥과 성장이 성령의 역사로 이루어지기 때문에 한국 오순절교회의 성령운동은 교회성장에 중요한 요소였다. 그동안 한국 오순절교회의 성령운동은 교회성장에 긍정적인 영향을 미쳐왔고, 영적갱신을 가져오며, 열심히 기도하는 신앙을 일으켰으며, 교회일치 운동에 크게 공헌하였고, 사회적 소외계층의 구원에도 중요한 역할을 감당하였지만, 이러한 긍정적인 영향과 함께 몇 가지 부정적인 면도 함께 나타나게 되었다. 한국 오순절교회 성령운동의 미래의 바람직한 방향성을 제시하기 위해 그 동안의 한국 오순절교회의 성령운동에서 나타났던 문제점들을 파악하고, 개선책을 마련하는 것이 필요할 것이다. 과거 한국 오순절교회의 성령운동에 나타났던 문제섬들과 비비했던 짐들을 살펴보자.

1) 은사적 우월감

한국 오순절교회의 성령운동은 성령세례와 함께 성령의 은사도 강조한다. 성령의 은사는 하나님께서 은사받은 사람들 각자에게 은혜로 주신 것이지만, 오순절 교회 내에는 성령의 은사를 너무 지나치게 높게 평가하여 영적 우월의식에 사로잡혀 다른 사람들을 무시하는 경우가 종종 있어왔다. 왜곡된 은사 우월의식은 공동체 내에 분파를 조성하고, 은사받지 못한 신자들을 무시하여 상처를 줄 수 있기 때문에 지양되어야 한다. 성령의 은사는 개인의 영적 우월감을 만족시키라고 주신 것이 아니다. 성령의 은사는 개인의 자기만족이나 유익을 위한 것이 아니라, 교회의 덕을 세우기 위한 것이고, 성도들 서로 간에 유익하도록 하기 위함인 것이다. 성령의 다양한 은사는 성도 상호간에 다양한 섬김의 사역을 가능케 하고, 다양한 사역 속에서 공동체의 하나 됨을 추구하여 연합적 사역으로 이끌어 주는 능력인 것이다.

은사에 대한 바람직한 이해는 다양성과 함께 통일성을 강조하는 것으로 다양한 은사로 인한 신자들의 분열, 분리, 파당 등은 지양되어야 할 것이다. 하나님의 뜻은 다양한 은사 가운데 여러 지체들이 하나가 되는 것으로 성령의 다양한 은사는 성령께서 그리스도인 각자에게 분배해주신 선물임을 깨닫고, 교회의 덕을 세우며, 섬김의 목적으로 사용되어져야 한다. 한국 오순절교회는 은사의 남용과 부작용의 문제에 대해 경각심을 가지고, 적절하게 대처해야 한다. 한국 오순절교회는 성도들로 하여금 은사에 대한 잘못된 우월의식을 버리고, 그리스도의 몸을 세우는데 합당하게 은사를 활용하도록 가르치며 인도하여야 한다. 그리하여 성도들의 올바른 은사의 활용을 통해 그리스도의 몸 된 교회를 세우며, 하나님께 영광을 돌려드리는 오순절 교회의 모습을 변함없이 유지하여야 할 것이다.

2) 이기적 개인주의 신앙

일부의 잘못된 성령운동은 이기적 신앙을 양산시켜 물질적 축복만을 추구하는 기복주의 신앙의 문제를 대두시켰다. 성령운동의 목적이 개인의 이기적 욕심을 채우며, 물질적 축복만을 추구하는 것처럼 잘못이해 되어 온 것이다. 성령운동을 하는 일부 부흥사들이 물질적 축복만을 지나치게 강조하는 기복적 신앙을 조장하여, 교인들에게 종교적 이기주의를 만연케 하여 물질주의적 이기주의를 낳게 한 측면도 있음을 솔직히 인정해야 할 것이다. 그래서 일부 부흥사들의 잘못된 성령운동은 기독교 신앙의 본래적 목적에서 벗어나, 물질적 기복신앙을 잘못 전파한 실수를 범하여 왔던 것이다.

이기적 개인주의 신앙은 성령운동의 본래 목적에서 벗어난 것이다. *"나와 내 가정만 축복받고 살면 그만이다"* 라는 식의 잘못된 신앙 의식은 지양되어져야 한다. 성령운동의 목적은 물질적 축복에만 기울어진 기복신앙도 아니고, 나와 내 가정만의 축복에만 관심을 쏟는 이기적 신앙을 만연시키는 것도 아니다. 바람직한 성령운동의 목적은 성령의 능력을 힘입어 복음을 효과적으로 전파하고, 이웃을 사랑하고 섬기는 것이다.

성령으로 충만한 사람은 개인의 물질적 축복에 몰두하는 것이 아니라, 하나님의 뜻을 이 땅에서 이루어 가는데 힘쓰는 사람이다. 하나님의 뜻인 사랑과 정의를 이 땅위에 구현하려고 한다. 이 사회의 인간관계와 생활 속에서 하나님의 사랑과 정의를 구현하려고 하며, 내 개인의 욕심을 버리고 남을 위해 희생까지도 기꺼이 감수하려고 하는 것이다. 성령 충만한 사람은 극히 개인주의적 물질적 차원에 머물러 있지 않고, 사회적 책임과 윤리의식을 가지고, 하나님의 뜻을 이 땅위에 실현하려고 하며, 사회에서 빛과 소금의 역할을 헌신적으로 감당하려고 한다.

성령 충만한 신앙은 자신의 이기적 개인주의 신앙을 버리는 것이기에 물질적 축복만을 바라는 기복주의 신앙을 버려야 하며, 나와 내 가족만 축복받으면 된다는 식의 이기적인 신앙도 버려야 되는 것이다. 성령 충만한 사람은 자신의 이기주의적 태도를 포기하고, 자기중심적인 신앙자세를 버리고, 이웃에 대한 사랑과 사회적 책임의식을 가지고, 하나님의 뜻을 이루며 하나님의 영광을 나타내는 신앙의 사람이 것이다. 올바른 성령운동의 전개를 위해 한국 오순절교회는 잘못된 기복신앙이 교회 내에 침투하지 못하도록 경계해야 하며, 개인적 욕심을 버리고, 이웃에 대한 사랑과 사회적 책임의식을 가지고 남을 위해 기꺼이 희생까지도 감내할 수 있는 성숙한 오순절 신앙을 심어주어야 한다.

3) 사회와 역사에 대한 무관심

성령운동의 잘못된 방향은 균형잃은 신학과 신앙에서 비롯된다. 즉 균형잡힌 신학과 신앙의 바람직한 모습에서 벗어나 극단으로 치우쳐 균형을 상실할 때, 잘못된 방향으로 가게 되는 것이다. 성령운동의 잘못된 방향은 개인영혼 구원에만 강조점을 두고, 교회 밖의 사회와 역사에 대해 무관심을 보이는 것에서도 나타난다. 교회의 관심이 오직 성령의 축복과 은사에만 집중하여, 교회 밖의 사회에 대한 관심이 결여되어 사회와 담을 쌓게 되는 것은 잘못된 신앙이다. 이처럼 균형잡힌 신학과 신앙의 결여는 사회적 무관심을 만들어내며, 교회와 사회간의 이질감을 조장한다. 균형을 잃은 신앙은 개개인이 구원받고 거듭나면 사회가 정화되고, 사회구원이 저절로 이루어진다고 믿고, 개인영혼 구원에만 강조점을 두게 되는 것이다. 자연히 이런 신앙을 가진 사람은 역사의식과 사회참여 의식이 결핍되어 탈사회적 신앙생활을 하게 되고, 성령운동은 복음전파에만 집중되어 사회 내에 소외되고, 가난하고, 억눌린 사람들에게 대해 무관심하고, 사회문제에 전혀 관심을 기울이지 않게 되는 것이다. 개인구원만 강조하고 사회구원의 문제는 무시하게 되는 것이다. 현세보다 말세론을 강조하여 그리스도의 재림과 계시록에 나타난 미래의 세계만을 강조하게 되고, 사회참여의 신학은 찾아보기 어렵게 되는 결과를 낳게 되는 것이다.

균형잃은 신학과 신앙은 종교와 정치를 분리하며, 교회와 사회를 격리시키는 결과를 낳게 된다. 그 동안 오순절주의의 전천년 종말론은 종말의 긴박감을 강조하여 전도와 선교에만 매진하도록 고무하였고, 빠른 교회성장을 이루어 오게 한 중요한 동인이었다. 하지만 긴박한 종말의식으로 인해 복음전파에만 매달렸고, 사회와 사회변혁에 무관심하였던 것이 사실이다. 사회구원에 무관심하여 사회에서 빛과 소금의 역할을 제대로 인식하지 못했고, 사회참여에 소극적 태도를 취하여 온 것이다. 이러한 태도는 사회적 불의와 경제적 소외 등의 문제에 무관심하거나 방관하는 태도를 가져오게 되고, 교회의 현실 참여의식의 부족은 이웃에 대한 사랑과 사회적 책임을 온전히 수행하지 못하게 하는 잘못을 범하게 만들 수 있다. 그 동안 급성장을 이룩한 한국 오순절교회는 앞으로는 복음전파에 매진함과 동시에 사회 참여에도 적극적 태도를 취하여 사회의 빛과 소금이 되는 사회적 책임도 잘 감당해야 할 것이다.

4) 잘못된 신비주의

왜곡된 성령운동은 잘못된 신비주의를 낳는다. 기독교는 어떤 의미에서 신비종교라 할 수 있다. 예수님의 이적 자체가 하나의 신비이기 때문이다. 그러나 성령운동이 지나친 초월적 명상과 개인적 체험만을 갈구하면 신비주의에 빠지게 된다. 개인 영혼의 안위에 집착하고, 타계적 명상과 신과의 접촉성의 체험만을 갈구하여 신비적 은사만을 추구하게 될 때, 신비주의로 빠지게 되는 것이다. 잘못된 신비주의는 교계에 문제를 일으키며, 이단화되거나 사회적으로 물의를 일으키게 된다.

신비주의는 건전한 성령운동의 메시지와 사상을 무시한다. 건전한 신학, 교리, 체계를 무시하는 신비주의는 이단적 사상을 낳게 되고, 이단 종파를 발생시키게 되는 것이다. 박태선의 전도관과 문선명의 통일교는 성령운동을 빙자한 이단 종파이다. 건전한 성령운동의 도를 벗어난 신비주의는 사이비 종교단체를 만들어 내어, 사회적 불안을 야기하며, 기독교에 대한 대중의 불신을 받게 하는 원인이 된다. 한국 오순절교회는 건전한 성령운동의 메시지와 사상을 무시하는 잘못된 신비주의를 경계해야 한다. 성령운동을 빙자한 이단 종파들과는 분명한 선을 그어야 한다. 왜곡된 성령운동에 기인한 잘못된 신비주의를 경계하며 분리시켜야 하는 것이다. 한국 오순절교회는 건전한 신학과 교리 체계를 보다 견고히 확립하여 건전한 성령운동을 적극적으로 전개해야 한다. 잘못된 신비주의를 지양하는 건전한 오순절 신앙과 신학의 토대위에 한국 오순절교회의 성령운동은 변함없이 지속되어야 할 것이다.

5) 건전한 신학의 빈곤

과거의 오순절 운동은 건전한 오순절 신학이 확고히 정립되지 않고, 올바로 전달되지 않아 많은 오해를 불러일으키며 이단시비에 휩싸이는 한 원인이 되기도 하였다. 그래서 다른 복음주의 진영에 의해 배척을 받기도 했었다. 현대 오순절운동은 건전한 오순절 신학이 확고히 정립되지 않고, 제시되지 못했던 초기에 미국 내에서 많은 오해를 받으며 다른 복음주의 진영에 의해 배척을 받기도 하였다. 세계 제일의 교회를 세운 조용기 목사도 역시 1980년대에 보수주의 교회들로부터 많은 오해를 받으며 이단시비에 휘말리기도 하였다. 이것은 복음주의적 오순절 신앙과 신학의 내용이 제대로 제시되고, 전달되지 못한 것이 그 한 원인이라고 볼 수 있을 것이다. 올바른 성서적, 신학적 성령이해를 바탕으로 한 건전한 오순절 신학이 확립되어 올바로 전달되지 않으면, 이처럼 불필요한 오해를 불러일으킬 수가 있는 것이다. 건전한 오순절 성령운동은 건전한 오순절 신학의 기반위에 전개되어야 한다.

한국 오순절교회가 바람직한 성령운동을 지속적으로 활발하게 전개하기 위해서는 건전한 성서적, 신학적 성령이해를 바탕으로 한 복음주의적 오순절 신학을 확립하고 올바로 제시하는 것이 필요하다. 건전한 오순절 성령운동은 언제나 건전한 오순절 신학위에 지속될 수 있기 때문이다. 건전한 오순절 신학의 기초가 없는 성령운동은 쓸데없는 오해를 불러일으키며, 불필요한 이단시비 등의 어려움에 휩싸이게 만들 수도 있다. 또한 건전한 신학이 결핍된 채 영적 체험만을 지나치게 강조할 때, 교리적 혼란이 뒤따르게 되고, 잘못된 신비주의와 이단의 잘못된 방향으로 빠질 위험도 있게 된다. 하나님의 말씀의 토대위에 서지 못한 신앙은 결국 극단적인 신앙과 사이비 종파를 만들게 할 수도 있기 때문이다.

한국 오순절교회가 바람직한 성령운동을 활발하게 전개하기 위해서는 건전한 성서적, 신학적 성령이해를 바탕으로 한 건전한 오순절 신학을 확립하고, 올바로 제시하는 노력이 중요하다. 건전한 오순절 성령운동은 언제나 건전한 오순절 신학위에 지속될 수 있다. 오순절 성령운동의 참된 역사는 언제나 하나님의 말씀과 함께 일어난다. 성경 중심적인 성령운동은 건전한 오순절 성령운동이 지속될 수 있게 하고, 또한 바람직한 성령운동의 모델이 된다. 한국 오순절교회의 성령운동은 미래에도 말씀중심의 건전한 오순절 신학을 중심으로 지속적으로 활발히 전개되어야 할 것이다.

3. 한국 오순절 교회의 21세기의 도전

20세기 초에 시작된 현대 오순절운동은 1세기 만에 전 세계로 급속히 확산되었고, 한국에서도 지난 반세기 동안 비약적 성장을 하여 많은 결실을 맺어오고 있다. 한국 오순절교회의 성령운동은 성도들의 신앙에 역동성을 부여하며 교회를 부흥, 성장시켜 왔다. 이제 21세기에 들어선 오순절 운동은 두 번째 세기를 힘차게 시작하고 있다. 한국 오순절교회도 오순절 운동의 두 번째 세기를 맞이하여 더욱 힘차게 오순절 운동을 펼치며 밝은 미래를 열어가야 할 것이다. 본 저자는 한국 오순절교회의 밝은 미래를 위해 21세기를 맞이한 한국 오순절교회가 앞으로 감당해야할 사명과 도전을 제시해보고, 바람직한 미래의 한국 오순절교회의 모습을 제언해 보고자 한다.

A. 오순절 교회의 독특성 강화

한국 오순절교회는 오순절주의의 독특성을 강조하며 강화시켜야 한다. 지난 한 세기 동안 오순절 운동은 불길처럼 타올랐고, 오순절 교회는 괄목할만한 성장을 하여왔다. 이제 오순절 교회는 개신교의 주요 세력으로 정착하였다. 이렇게 오순절 교회가 성장할 수 있었던 것은 오순절 운동의 독특성 때문이다. 초대 교회의 성도들은 오순절에 예수께서 약속하신 성령세례를 받았고, 성령세례를 받은 제자들은 담대히 복음을 전하며 예수이름으로 귀신을 쫓아내고, 병든 자를 치유하며, 기적과 이사를 행하였던 것이다. 성령세례를 체험한 제자들은 성령이 충만하여 성령의 은사들이 나타나고, 신유를 비롯한 기적과 이사가 나타났다. 오순절 교파의 독특성은 성령세례 및 신유와 은사 등에 나타났던 것이다.

현대 오순절운동의 촉발로 다시 불붙기 시작한 성령의 불길은 성도들의 정체된 신앙을 역동적인 신앙으로 갱신시키며 교회를 부흥 성장시켜 왔다. 오늘날 오순절파를 오순절파 되게 한 독특성은 성령세례 및 신유와 기타 은사들의 강조에 있었다. 성령세례로 인해 숨길 수 없는 표적들이 드러났고, 성령체험은 또한 활력을 불어넣었다. 오순절파는 무엇보다도 활력을 불어넣는 교파로 알려졌고, 성도 간에 형식적인 딱딱한 관계보다는 감정이 흘러넘치고, 깊은 사랑과 헌신이 흘러넘쳤다. 오늘날 바로 이러한 활력이 오순절파의 독특한 공동체 형성에 크게 기여했고, 그것은 많은 사람들에게 매력으로 작용하여 많은 사람들이 일상생활과 예배 속에서 하나님의 임재를 체험하기 위해 교회로 몰려오게 한 중요한 요인이 되었다.

오늘날 오순절적 독특성을 평가절하하거나 변질시키는 일이 일어나서는 안 된다. 오순절 교회가 오순절 교회답게 되게 한 독특성과 정체성을 유지하고 강화시켜야 한다. 우리는 오순절주의의 독특성을 손상시키지 말고, 오순절 교회의 독특한 정체성을 강화하며, 복음전파와 하나님 나라 건설에 총력을 기울여야 할 것이다. 오순절 교회의 독특한 정체성을 유지하고 강화하는 것은 미래에도 한국 오순절교회의 매우 중요한 도전이 될 것이다.

B. 오순절 신학의 정립과 발전

오순절 신학자인 멘지스(William W. Menzies)는 오순절 교회가 당면한 시급한 과제로 신학적인 도전을 말한다. 오순절 교회의 건전한 신학정립과 발전이 필요한 것이다. 과거 오순절 교회들에 일어났던 끊임없는 이단과 사이비 논란은 건전한 오순절 신학을 정립하여 제대로 전달하지 못했었던 것이 가장 큰 이유 중의 하나였다. 많은 오순절적 체험과 사역을 말씀에 근거한 체계적 신학으로 정립하지 못했던 것이 다른 복음주의 진영에 의해 많은 오해와 논쟁을 불러 일으켰던 것이다.

한국 오순절교회는 지난 반세기 동안 괄목할 만한 성장을 해왔다. 하지만 너무 체험만을 중요시하고, 그 체험을 성경적으로 이해하고 체계화시키는 작업에는 소극적인 태도를 보여 왔다. 그래서 비약적인 교회성장에 견줄만한 비약적인 신학발전은 이루어지지 않았다. 오순절 교회는 성령체험을 중요시하고 강조하면서도, 그것을 뒷받침하는 건전한 신학의 정립과 발전에는 소홀했던 것이 사실이다. 오순절 신앙을 정확히 설명할 수 있는 건전한 신학을 소홀히 할 때 '반지성주의'의 위험에 빠질 수 있으며, 감성적 정서와 체험만을 중요시 할 때 '*주관주의*'와 '*신비주의*'의 함정에 빠질 수가 있다.

오순절 교회의 지속적인 발전과 성장을 위해서는 오순절 특유의 신앙을 유지하면서도, 건전한 오순절 신학을 정립하고 체계화시키는 작업이 병행되어야 한다. 한국 오순절교회는 체험만을 중요시하며 건전한 신학과 이성체계를 무시하는 반지성주의를 극복해야 하고, 오순절의 체험주의, 감정주의를 건전한 성경적, 신학적 토대로 강화하는 것이 필요하다. 오순절 신학자 레이 휴즈(Ray H. Hughes)는 "*만일 우리가 체험만으로 살고자 한다면 결국 좌초할 것이*"라고 주의를 환기시키고 있다.

오순절 교회의 모든 사역과 체험은 성경의 객관적 계시에 의해 검증되어져야 한다. 성경에 기록된 말씀은 신자들의 신앙의 불변의 기준이 되어야 하는 것이다. 성령께서는 항상 기록된 말씀과 함께, 말씀을 통해서, 그리고 그 말씀을 이루기 위해 역사해 오셨다. 그러므로 오순절 교회의 성령의 역사와 은사와 체험은 모두 성경의 범주 안에서 이해되고, 적용되어지는 것이 필요하다. 건전한 신학과 말씀을 외면한 성령체험과 은사추구는 잘못하면 주관주의나 신비주의에 빠지는 우를 범할 수가 있다. 앞으로 한국 오순절교회가 건전하고 건강한 오순절 운동을 지속적으로 전개하기 위해서는 건전한 신학을 정립하고, 발전시키는 것이 필요하다. 미래의 한국 오순절교회의 성령운동은 말씀 중심의 건전한 신학의 토대위에 지속적으로 추진되어야 할 것이다.

C. 교회일치 운동

한국 오순절교회는 오순절 성령운동을 통해 교회일치 운동에도 적극적으로 참여해야 한다. 한국 오순절교회의 성령운동은 모든 교파, 교회들 간에 분열과 갈등을 극복하고, 민족 복음화와 세계 복음화의 큰 목표를 이루기 위해 교회가 함께 연합하는 운동으로 지속되어야 할 것이다. 한국 오순절교회는 한국 교회의 화평과 연합을 이루는 데에 큰 역할을 해야 하고, 성령운동을 통해 한국의 모든 교파와 교회들이 성령 안에서 하나되는 역사를 만들어 나가야 한다.

분열과 갈등으로 침체된 한국 교회에 큰 활력을 불어넣고 분쟁, 파쟁, 주도권 다툼으로 분열하는 교회를 일치 협력시키고 단결할 수 있게 하는 운동으로서 한국 오순절교회의 성령운동은 계속 추진되어야 할 것이다. 한국의 오순절교회는 성령의 하나되게 하신 것을 힘써 지키며, 교파를 초월하여 화합하며 혼합일체를 이루도록 힘써야 한다. 하나이신 성령 안에서 한국 오순절 교회는 앞으로도 하나되는 교회일치 운동을 적극적으로 주도하여야 할 것이다. 교회일치는 성령의 역사에 의해 가능하므로 한국 오순절교회는 성령의 역사 속에서 교회일치를 위한 성령운동을 지속적으로 발전시켜 나가야 할 것이다.

D. 사회 참여

한국 오순절교회는 개인구원과 함께 사회참여 운동을 활발히 전개하여야 한다. 극단적인 개인주의, 이기주의, 향락주의, 물질주의가 팽배한 현대사회는 세속화되어가고 있고, 빈부 격차로 인해 소외받는 계층이 증가하고 있다. 이러한 현대 시대에 한국 오순절교회는 개인구원에 힘쓰는 것은 물론이고, 사회구원을 위해서도 힘껏 노력해야 한다.

한국 오순절교회는 개인 영혼의 구원뿐만 아니라 사회봉사와 개혁에도 적극적으로 참여하는 것이 필요하다. 사회의 구조적 부패와 병폐를 없애기 위해 한국의 오순절교회는 적극적으로 사회에 참여해야 하며, 사회에서 소외받는 사람들을 구원하고 돌보는 사역도 지속적으로 전개해야 한다. 오순절 교회는 본래 가난한 자의 종교라는 말을 들어왔다. 과거 오순절 교인의 대다수가 가난하고 억압받는 사람들이었고, 이들이 희망을 가지고 찾아왔던 곳이 바로 오순절 교회였다. 오순절 교회는 가난하고, 억압받고, 소외된 자들의 피난처와 안식처의 기능을 했던 것이다. 오늘날 오순절 교회가 가난한 자와 소외받는 자들이 편안한 마음과 기쁨으로 찾아오는 안식처의 기능을 하지 못한다면, 교회의 중요한 기능을 상실하는 것이고 온전한 복음전파의 사명을 제대로 감당하지 못하는 것이 된다. 예수님이 가난한 자와 소외된 자에게 관심을 가지고 돌보셨던 것처럼, 한국의 오순절교회는 가난한 자와 소외된 자를 구원하고 돌보는 책임을 잘 감당하여야 할 것이다. 21세기의 한국의 오순절운동은 개인의 영혼 구원뿐만 아니라 사회적 소외계층을 구원하고 돌보는 사역도 지속적이고 적극적으로 활발하게 전개해 나가는 것이 필요하고, 또한 그것이 중요한 미래의 사역이 되어야 할 것이다.

E. 건전한 기독교 윤리와 가치관 확립

미래의 건강한 사회를 만들기 위해 한국 오순절교회는 건전한 기독교 윤리와 가치관을 확립하고 실천해 나가야 한다. 오순절 운동은 세속적이고 인본주의적 사회에 건전한 기독교 윤리를 제시하고 실천하는 모범을 보여야 한다. 미국 하나님의 성회 레이몬드 칼슨(G. Laymond Carlson)은 *"오순절 운동이 십자가에 못 박히신 그리스도 중심으로 가는 것이 아니라, 세상적 성공만을 너무 강조하는 지극히 물질주의적, 인본주의 방향으로 흐르고 있다"* 고 지적한 바 있다. 오순절 운동은 개인의 물질적 축복만을 강조하고, 개인과 가정의 안녕만을 추구하는 운동으로 전개되어서는 안 된다. 오순절 운동은 개인의 이기적 신앙과 현실의 물질적 번영만을 추구하는 단계를 벗어나, 사회를 구원하고 사회에 빛과 소금이 되는 역할을 감당해야 하는 것이다.

한국 오순절교회는 사회의 도덕적 부패와 비리를 지적하고 개선해야 할 뿐만 아니라, 사회에 건전한 기독교 윤리와 가치관을 제시하고 실천하는 모범을 보여야 한다. 사회가 죄로 물들어 가고 부패가 극심해질 때, 교회는 깨끗한 도덕과 윤리운동을 전개하여, 깨끗한 도덕과 윤리가 지배하는 사회로 변혁시켜 나가야 하는 것이다. 한국 오순절 교인들의 도덕적 삶은 개인적인 차원을 뛰어넘어 사회적 차원으로 확대되어야 하며, 개인적 성결운동은 사회적 도덕운동으로 발전해나가야 할 것이다. 미래에 한국의 오순절 운동은 신자를 넘어선 불신자의 세계에까지 거룩한 영향을 주어, 깨끗하고 건전한 기독교 윤리와 가치관이 지배하는 사회로 변화시키는데 촉매제 역할을 하여야 할 것이다.

F. 교회성장의 지속

한국 오순절교회는 그 동안 비약적 성장을 이루어왔고, 앞으로도 교회성장은 지속되어야 할 것이다. 그리스도의 몸인 교회가 성장하는 것은 성령의 역사이다. 오순절 성령운동의 결과로 교회가 세워지고 급격한 성장이 이루어졌던 것처럼, 한국 오순절교회의 성령운동은 그 자체가 교회성장의 기폭제가 되어 수많은 불신자들을 구원하여 왔던 것이다. 교회 역사를 살펴보면, 성령운동은 항상 전도운동으로 이어지며 교회는 크게 성장했던 것을 볼 수 있다. 한국 오순절교회의 성장역사는 성령의 특별한 역사에 의한 교회의 부흥 역사라고 할 수 있다. 한국 오순절교회 안에는 성령의 역사에 의한 부흥운동이 계속해서 일어났고, 성령의 초자연적인 역사와 능력에 의해 한국 오순절교회는 계속하여 성장해 올수 있었던 것이다.

선교 초기부터 한국 오순절교회는 성령께서 강하게 역사하시는 교회였다. 오순절 날에 120명의 제자들이 성령의 충만함을 받아 능력있게 그리스도를 증거했던 것처럼, 한국의 오순절 성령운동은 성령 충만한 제자들을 양성하여 능력있게 그리스도의 복음을 제시해 왔던 것이다. 한국 오순절교회의 성령운동은 **'땅 끝까지'**, 그리고 **'마지막 때까지'** 계속해서 그리스도의 은혜의 복음을 전파하는 선교 운동이 되어야 할 것이다.

한국 오순절교회는 맡겨진 선교의 사명을 잘 감당하기 위해 **'선교의 영'**이신 성령께서 우리의 사역을 주도하시도록 온전히 순종해야 한다. 그리하여 복음이 능력있게 선포되고, 수많은 불신자들이 회개하고 그리스도께로 돌아오도록 해야 하고, 교회는 계속해서 성장해야 한다. 한국 오순절교회는 초자역적인 성령의 역사를 통해 온전한 복음을 제시하여 더 많은 사람들을 그리스도께로 인도하여야 하고, 주님의 지상명령을 신속히 완수하는데 선두주자가 되어야 할 것이다. 그 동안 한국 오순절교회의 성령운동은 교회성장과 세계선교에 커다란 공헌을 하여 왔다. 성령운동을 선도해 온 한국 오순절교회는 21세기의 미래에도 중단없이 교회성장을 지속하여야 할 것이다.

G. 성숙한 오순절 신앙인의 양성

한국 오순절교회는 성숙한 오순절 신앙인을 양성하는데 전력을 다해야 한다. 즉 한국 오순절교회는 양적인 성장은 물론이고 질적인 성장에도 노력을 경주해야 한다. 성숙한 신앙을 위해 가장 절실한 것이 바로 균형이다. 신앙과 생활의 모든 부분에서 요구되는 것이 바로 이 균형인 것이다. 오순절 신앙은 성령으로 말미암는 신비한 체험을 사모하며, 동시에 성경말씀과 동행하는 균형을 중시해야 한다. 바람직한 오순절 신앙인의 모습은 바로 이러한 균형을 추구하는 것이다.

균형잡힌 오순절 신앙을 추구하기 위해서는 성경의 가르침과 성령체험의 균형이 먼저 필요하다. 성경의 말씀은 성도들의 신앙의 불변의 기준이 되어야 한다. 성령께서는 항상 말씀에 일치하여, 말씀을 이루시기 위해 역사하신다. 성령의 역사와 은사의 체험도 모두 말씀 안에서 이해되어지고 적용되어져야 한다. 말씀을 경시하고, 체험과 은사만을 지나치게 집착하면 주관주의와 신비주의에 빠질 위험이 있다. 성령의 영감으로 기록된 말씀과 체험의 균형이 필요한 것이다. 성숙한 오순절 신앙인을 양성하기 위해 말씀과 성령체험 간의 균형을 이루며, 조화있는 삶을 소중히 여기며 추구하도록 해야 한다.

균형있는 오순절 신앙은 삶과 신앙의 균형을 요구한다. 오순절 성령의 역사를 영적인 부분에 한정하지 않고, 현실과 육신을 포함하는 삶의 전 영역에 적용하는 것이다. 그래서 균형있는 오순절 신앙은 삶의 여러 면에서 다양하게 전개되어 나타나야 한다. 가정에서 부부사이에 나타나야 하며, 직장에서 동료와의 관계나 직업을 통해 나타나야 하고, 교회에서 성도간의 관계에서 나타나야 하는 것이다. 성숙한 오순절 신앙은 중세의 은둔자들처럼 세상을 격멸하고 격리되는 것이 아니라, 인간관계를 중심으로 나타나야 하는 것이다. 신앙은 매일의 삶 속에서 말씀과 생활의 일치가 가정이나 사회 어느 곳에서든지 잘 실현되도록 노력하는 것이 되어야 한다. 오순절 신앙인의 일상생활에서 잘 정돈된 윤리행동의 모범을 보여야 하는 것이다. 그래서 한국 오순절교회의 성도들은 삶과 신앙의 균형을 유지하며, 현실세계와 내면세계의 균형을 이루는 성숙한 그리스도인으로 성장해야 한다.

성숙한 그리스도인을 양성하기 위해 한국 오순절교회는 개인구원과 사회적 책임사이의 균형 또한 유지해야 할 것이다. 성숙한 오순절 신앙은 한 개인의 축복과 행복 추구에 그치지 않고, 대사회적인 책임에까지 나아가야 하는 것이다. 오순절 교회가 과거에 종종 비난받아왔던 부분이 바로 이 것이다. 개인적 구원과 축복에만 머무르는 경향이 강해 사회구원에 소홀해 왔던 것이다. 오순절주의 신앙인들은 자신을 개인적으로 구원하신 것도 이웃과 사회를 섬기라는 소명임을 명심하고 있어야한다. 그래서 침된 오순절 교인의 신앙은 개인적 차원에서 출발하여 공동체 전체로 향하고, 유기체적인 지체의식으로 승화되어야 하는 것이다. 성숙한 오순절 신앙인을 양성하기 위해 한국 오순절교회는 개인구원과 함께 사회적 책임도 함께 추구하여 균형을 이루는 것이 필요하다.

성숙한 오순절 그리스도인이 되기 위해 현세와 내세 사이의 균형도 갖추어야 한다. 종말론적 관점에서 내세를 지향하면서도 이 지상에서의 하나님의 소명을 깨닫고, 그 소명에 헌신하는 균형잡힌 삶을 추구해야 하는 것이다. 성숙한 신앙인은 하나님의 나라와 세상의 나라를 구분할 줄 안다. 즉 두 나라를 철저히 인식하고 구분할 줄 아는 삶을 사는 것이다. 이러한 삶은 이 세상에서 하나님이 주시는 한량없는 기쁨을 누리며, 더 나아가 세상의 다른 것들을 버리며, 하나님의 나라의 참된 보화를 바라보며 만족하는 삶을 영위할 수 있게 한다. 성숙한 오순절주의 그리스도인이 되기 위해 현세와 내세 사이의 균형을 이루는 삶을 추구해야 할 것이다.

한국 오순절교회는 성숙한 오순절 그리스도인을 양성해야 하는 사명이 있다. 그러기 위해서는 성경과 체험의 균형, 신앙과 생활의 균형, 개인구원과 사회적 책임사이의 균형, 현세와 내세의 균형, 감정과 이성사이의 균형을 추구해야 한다. 이러한 균형을 추구하지 않고 극단으로 치달을 때 신비주의, 현실 도피주의, 개인 이기주의, 주관주의, 은둔주의 신앙의 오류에 빠질 위험이 있게 된다. 한국 오순절교회는 앞으로도 균형잡힌 신앙생활을 추구하여 그것을 더욱 굳게 하고, 보완해 나가야 한다. 참된 오순절 신앙은 현실과 내세, 개인과 공동체, 신앙과 생활의 전체를 함께 바라보며, 그 속에서 균형과 조화를 이룰 것을 우리에게 요구하고 있다. 한국 오순절교회는 21세기의 밝은 미래를 위해 성도들을 성숙한 오순절 신앙인으로 온전히 세우는 사명을 성공적으로 감당해야 할 것이다.

Epilogue

　기독교 대백과사전의 저자이며, 권위있는 기독교 통계학자인 데이빗 바렛은 2025년에 이르면 전체 기독교 인구의 37%인 11억 4천만 명이 오순절주의자가 될 것으로 낙관적으로 전망하며, 오순절 교단이 세계 기독교의 중심세력으로 등장할 것으로 분석하였다. 이와 비슷한 추세로 21세기의 한국의 오순절 교회들도 계속 성장할 것으로 전망된다.

　20세기의 현대 오순절운동은 그동안 헤아릴 수 없는 긍정적 영향들을 세계 교회에 끼쳐왔다. 오순절 운동은 침체되고 무기력 증에 빠져있던 수많은 교인들과 교회들을 갱신시켰다. 습관적인 신앙에 빠진 무기력한 교인들을 성령의 불로 생동감있는 교인들로 만들고, 침체된 교회를 활력이 넘치는 교회로 변화시키는데 자극제와 촉매제 역할을 하였다. 오순절 운동은 살아계신 하나님의 임재와 역사를 통해 많은 무기력 증에 빠져있던 교인들과 교회들을 갱신시켜왔던 것이다.

　오순절 운동은 임박한 그리스도의 재림을 상기하며 세계복음화

운동에도 많은 기여를 하여왔다. 그리스도의 재림 전에 한 영혼이라도 더 구원하고자 하는 종말의 긴박감은 역동적인 선교 비전을 통해 많은 결실을 맺어왔다. 바렛의 통계에 의하면, 오순절 운동을 통해 전 세계적으로 매일 약 2만5천명의 사람들이 그리스도께로 돌아오고 있는 것으로 나타나고 있다. 이러한 세계복음화 운동의 결실은 바로 오순절 성령운동의 결과인 것이다. 오순절 운동은 종말의 시기에 성령세례를 통한 능력을 힘입어 세계를 복음화시키자는 운동인 것이다. 오순절 교인들과 교회는 예수 그리스도를 믿음으로 말미암아 의롭게 되고, 오순절적 체험을 통해 능력을 받아 오순절 영성을 성장시키며, 세계복음화에 앞장서는 능력있는 복음전파자와 선교사가 되어야 한다. 지난 20세기에 서구 교회는 쇠퇴를 거듭하여 왔고, 오순절 교회는 비약적인 성장률을 기록하여 왔다는 것은 시사하는 바가 매우 크다. 이것은 성령을 통한 하나님의 직접적인 역사하심이 교회성장의 중요한 요인이며 동력임을 깨닫게 해준다. 오순절 교회는 교회성장과 세계복음화를 신속히 이룩하기 위해 더욱 더 능력의 근원이 되시는 성령님께 의존하며, 주도권을 드리며, 순종하는 믿음이 필요하다.

Epilogue

　오순절 운동은 또한 초교파적 교회연합 운동의 새 장을 열었다. 대규모 오순절집회 때에는 교파를 초월하여 많은 성도들이 성령 안에서 서로 한 자매, 한 형제로서 함께 모여 예수를 주로 고백하며, 하나님을 찬양하게 되었다. 오순절 운동은 자연스러운 교회연합 운동을 일으키며 촉진시켜 왔고, 놀라운 교회연합 운동의 새 장을 열어 온 것이다.

　또한 오순절 운동은 오순절 성령강림의 역사로 시작된 초대 교회의 신앙을 오늘날에 재현시키고자 하는 성령운동으로 사도 교회의 생명력과 메시지를 오늘날 다시 회복시키려는 회복주의 운동이다. 오순절 운동은 성령으로 돌아가자는 운동이며, 말씀 교육과 성경적 체험을 중시하는 교회갱신 운동으로 초대 교회의 오순절적 요소, 즉 성령께서 개인의 신앙과 교회 사역의 주체자가 되게 하자는 개혁적 갱신운동이었던 것이다.

　20세기 초의 오순절 운동은 계획된 것이 아니었고, 대규모의 조직을 갖추고 추진된 것은 더 더욱 아니었다. 또한 오순절 운동은 특정한 한 인물에 의해 주도된 것이 아니었고, 특정 교회나 교단에 의해 추진된 것도 아니었다. 실제로 오순절 운동은 단순한 부흥운동 이상이었던 것이다. 오순절 운동은 하나님의 영의 주권적 운동이었다. 오순절 운동은 모든 경계를 초월하는 운동이었고, 모든 인종, 모든 연령과 모든 교단의 사람들에게까지 확산된 운동이었다. 이 운동을 통해 많은 사람들이 신약에 기록된 것과 유사한 형태로 성령세례를 체험하기 시작하였고, 지금도 체험하고 있고, 미래에도 하나님의 주권적 역사에 따라 계속해서 체험하게 될 것이다. 오순절 체험은 성경의 약속이요, 명령이기 때문이다.

변화는 모든 인류의 삶에 있어 보편적 현상이다. 오늘의 우리는 어제의 우리가 아니다. 내일의 우리 또한 오늘의 우리의 모습은 아닐 것이다. 변화하는 세상처럼 우리의 존재, 행위와 말은 영원한 것이 아니다. 그러나 결코 변하지 않고, 변해서도 안 되는 것이 몇 가지 있다. 그 중의 하나가 하나님과 그의 말씀이다. 하나님은 인간과 다르게 결코 변개하지 않으신다. 말라기 3장 6절에 **"나 여호와는 변역치 아니하나니"** 라고 말씀하신다. 하나님은 어제나 오늘이나 영원토록 동일하신 분이시다. 불변하시는 하나님처럼 그분의 말씀 또한 불변하고 영원하다. 하나님의 말씀은 영원불변의 진리인 것이다.

Epilogue

성경은 살아있는 진리이다. 그래서 우리는 그 분의 말씀을 신뢰하고 믿을 수 있는 것이다. 바로 그 진리의 하나님께서 우리에게 오순절 체험을 약속하셨다.

"하나님이 가라사대 말세에 내가 내영으로 모든 육체에 부어 주리니 너희의 자녀들은 예언할 것이요, 너희의 젊은이들은 환상을 보고 너희의 늙은이들은 꿈을 꾸리라, 그 때에 내가 내 영으로 내 남종과 여종들에게 부어 주리니…" (행 2:17, 18).

그리고 이 하나님의 약속은 초대 교회의 오순절 성령강림으로 성취되었으며, 오늘날의 모든 믿는 자들에게도 유효한 말씀이 되었다. 어제나 오늘이나 영원토록 동일하신 하나님은 오늘날에도 믿는 자들의 간구에 응답해 주시는 분이시다. 예수님은 **"어제나 오늘이나 영원토록 동일하신"** 분이시다. 오순절주의 신앙인들에게 성경의 말씀과 사건들은 **'과거 시제'**가 아닌 **'현재 시제'**이므로 성경시대에 일어났던 일은 현재도 일어나고, 그 당시 약속된 말씀은 오늘날의 그리스도인들에게 그대로 유효한 확신과 소망을 주는 말씀인 것이다. 초대 교회의 오순절 체험은 오늘날에도 여전히 유효하며,

모든 믿는 자들이 간구해야 할 권능의 체험인 것이다.

우리 주님은 "오직 성령이 너희에게 임하시면 너희가 권능을 받고, 땅 끝까지 이르러 내 증인이 되리라"(행 1:8)고 말씀하셨다. 오순절의 권능을 받는 체험, 즉 그리스도의 권능있는 복음 증거자가 되는 체험은 오순절주의자들 뿐만이 아니라 모든 그리스도인들이 오늘날에도 여전히 간구하며, 체험하며, 계속해서 확산시켜 나가야 할 신앙인의 필수 체험인 것이다. 그것은 성경의 약속이요, 명령이기 때문이다.

한국 오순절교회는 다시 한번 초대 교회의 생명력을 회복하여 성령의 인도하심과 역사를 통해 전 세계를 변화시키는 오순절 성령운동의 주역으로 활약해야 한다. 세계를 복음화시키며, 사회를 변혁시키기 위해 오순절 성령운동은 이 종말의 시대에 더욱 더 요구되어지고 있으며, 반드시 필요한 필수불가결한 신앙이 되고 있다. 한국 오순절교회는 늦은 비 성령운동의 시대인 21세기에 초대 교회의 생동력있는 신앙을 유지하며, 세계복음화의 사명을 효과적으로 완수하기 위해 오순절 성령운동을 더욱 더 힘차게 추진해 나가야

Epilogue

할 것이다. 이를 통해 주님이 기뻐하시는 많은 결실을 맺고, 풍성한 열매를 추수하게 될 것이며, 교회의 궁극적 목적인 하나님을 영화롭게 하는 교회로서의 역할을 충실히 감당할 수 있게 될 것이다.

한국 교회가 성장 둔화와 침체에 빠져있어 새로운 방향성의 모색이 필요한 현 시대에 우리 오순절주의 신앙인들은 오순절 운동에 대한 올바른 성경적, 역사적, 신학적 이해를 바탕으로 더욱 더 적극적으로, 활기차게, 능력있게, 힘차게, 효과적으로 그리고 성공적으로 오순절 운동을 전개하여 희망찬 21세기를 지속적으로 펼쳐 나가야 할 것이다. 본 저자는 한국 오순절교회가 성공적으로 오순절 성령운동을 펼쳐나가면서 더욱 더 성령의 역사하심 속에서 신앙의 성숙을 이루며, 교회성장을 가속화시키며, 민족과 세계복음화의 사명을 효과적으로, 능력있게, 그리고 성공적으로 완수해 나가기를 진심으로 기대하며, 간절히 기원하는 바이다.

Endnote

1) 국민일보 1997.10.1(수), 제695호, 제21면 기사 참조.

2) Ibid.

3) F.D. Bruner, A Theology of The Holy Spirit (Grand Rapids: Eerdmans pub., 1982), p.22

4) Grand Wacker, 「안과 밖에서 본 오순절 운동의 기원과 전망」 헤롤드 스미스 편, 박정렬 역 (군포: 순신대, 1994), p.17.

5) J. Roswell Flower, "Birth of the Pentecostal Movement" (Pentecostal Evangel, Nov. 26, 1950), p.3.

6) 빈슨 사이넌, 「20세기 성령운동의 현주소」 국제신학원 역 (서울: 도서출판 예인, 1995), p.222.

7) G. Friedrich, ed., Theological Dictionary of the New Testament, vol. VI. (Michigan: Eerdmans pub., 1974), p.45

8) Ibid, p.46.

9) Ibid, p.48.

10) 빈슨 사이넌, 「20세기 성령운동의 현주소」 국제신학원 역 (서울: 도서출판 예인, 1995), p.18.

11) Ibid.

12) 이재범, 「구약이 말하고 있는 성령」 (서울: 임마누엘 출판사, 1988), p.38.

13) E.G. Hinson, The significance of glossolalia in the history of Christianity (Waco: Word Books, 1973), p.61-80.

14) M.T. Kelsey, Tongue Speaking: an experience in spiritual experience (NY: Doubleday, 1964), p.32-68.

15) Williams & Wildvogel, A history of speaking in tongue and related gifts in the charismatic movement (Grands Rapids: Eerdmans, 1975), p.61-113.

16) Kelsey, p.36.

17) Ibid, p.37.

18) Ibid.

19) Justo L. Gonzalez, The Story of Christianity (San Francisco: Harper & Row, 1984), p.76.

20) Williams & Wildvogel, p.80.

21) Kelsey, p.37-38.

22) H.W. Rossouw, Klaarheid en interpretasie (Amsterdam: Van Campen, 1963), p.34-36.

23) Vinson Synan, Aspects of Pentecostal-charismatic origins (Plainfield: Logos, 1975), p.34.

24) Kelsey, p.36.

25) Williams & Wildvogel, p.69.

26) Ibid., p.67.

27) Ibid., p.69.

Endnote

28) Ibid., p.69.

29) Kelsey, p.43.

30) Kelsey, p.40.

31) E.G. Hinson, p.56.

32) Williams & Wildvogel, p.69.

33) Kelsey, p.46.

34) Williams & Wildvogel, p.70.

35) Williams & Wildvogel, p.51.

36) Williams & Wildvogel, p.71.

37) Kelsey, p.67.

38) Williams & Wildvogel, p.72.

39) L. Sweetman, The Gift of the Spirit (Grand Rapids: Baker, 1976), p.273-303.

40) Sweetman, p.291.

41) Williams & Wildvogel, p.73.

42) Williams & Wildvogel, p.26-28.

43) L.D. Hart, "A Critique of American Pentecostal Theology" (Ph.D. Dissertation, Southern Baptist Theological Seminary, Louisville, Kentucky, 1978), p.44.

44) Kelsey, p.55.

45) Williams & Wildvogel, p.75-76.

46) Kelsey, p.53.

47) Kelsey, p.55.

48) Williams & Wildvogel, p.77.

49) A.M. Hills, Fletcher on Perfection (KY: Louisville, Pentecostal Pub., 1961), p.141.

50) Williams & Wildvogel, p.83.

51) T.A. Smail, Reflected glory: the Spirit in Christ and Christians (London: Hodder & Stoughton, 1975), p.73-76.

52) Synan, p.15-37.

53) L. Christenson, A message to the charismatic movement (Minneapolis: Bethany, 1972), p.65.

54) Christenson, p.109.

55) Hart, p.69.

56) Dayton, p.44.

57) Dayton, p.48-49.

58) Hart, p.71.

59) Williams & Wildvogel, p.92.

60) 윙키 프래트니, 「기독교 부흥운동사」 (서울: 나침반사, 1997), p.39.

Endnote

61) Bruner, A Theology of the Holy Spirit (MI: Eerdmans Pub., 1991), p.39.

62) Bruner, p.39.

63) Bruner, p.40.

64) Charles Finney, The Promise of the Spirit (Minneapolis: Bethany Fellowship Inc., 1980), p.262.

65) Finney, Power from on High (London: Victory Press, 1950), p.10.

66) 도날드 데이턴, 「오순절 운동의 신학적 뿌리」, 조종남 역 (서울: 대한 기독교 서회, 1993), p.65-87.

67) 이성주, 「웨슬리 신학」 (서울: 다니엘 출판사, 1991), p.277.

68) 도날드 데이턴, p.68.

69) 도날드 데이턴, p.71.

70) J.K. Grider, Entire Sanctification (MO: Beacon Hill Press, 1980), p.27.

71) 도날드 데이턴, p.98.

72) 도날드 데이턴, p.99.

73) Bruner, p.43.

74) Robert M. Anderson, Vision of the Disinherited (Peabody: Hendrickson Pub., 1992), p.28.

75) Vinson Synan, p.86.

76) 도날드 데이턴, p.110.

77) 도날드 데이턴, p.112.

78) R.A.토레이, 「성령론」, 편집부 역 (서울: 대한 기독교 서회, 1994), p.121.

79) R.A.토레이, p.123.

80) Bruner, p.45.

81) Donald Gee, The Pentecostal Movement (London: Victory Press, 1949), p.4.

82) 로드만 윌리암스, 「오순절 조직신학 III」 (군포: 순신대 출판부, 1994), p.435.

83) 도날드 데이턴, p.155.

84) 도날드 데이턴, p.121.

85) 도날드 데이턴, p.127.

86) Robert Liardon, 「God's Generals」, 박미가 역 (서울: 은혜 출판사, 2003), p.145.

87) Robert Liardon, p.146.

88) Robert Liardon, p.147.

89) Robert Liardon, p.154.

90) Vinson Synan, In the Latter Days (MI: Servant Pub.,

Endnote

1991), p.43.

91) Nichol, p.18.

92) Ibid., p.19.

93) Sarah E. Parham, The Life of Charles F. Parham (MO: 1930), p.53.

94) Vinson Synan, p.48.

95) Nichol, p.32.

96) Nichol, p.33.

97) Bruner, p.49.

98) Bruner, p.49.

99) 크리스챤 뉴스위크 신문사, 「뉴 크리스챤 패밀리」, 1999년 6월호, p.9.

100) Ibid., p.10.

101) Ibid., p.13.

102) S. Rabey, "Brownsville Revival Rolls Onward", Christianity Today, 1998. 2. 9.

103) Ibid.

104) D.B. Barrett & T.M. Johnson, "Global Statistics", The International Dictionary of Pentecostal and Charismatic Movements (MI: Zondervan, 2002), p.284.

105) Vinson Synan, 「20세기 성령운동의 현주소」, 국제신학원 역 (서울: 예인 출판사, 1995), p.141.

106) Menzies, Anointed to serve, p.182-227.

107) Vinson Synan, p.144.

108) Vinson Synan, p.146.

109) Vinson Synan, p.153.

110) D.B. Barrett & T.M. Johnson, "Global Statistics", The International Dictionary of Pentecostal and Charismatic Movements (MI: Zondervan, 2002), p.284-302.

111) D.B. Barrett & T.M. Johnson, "Global Statistics", The International Dictionary of Pentecostal and Charismatic Movements (MI: Zondervan, 2002), p.284-302.

112) C.P. Wagner, Vineyard Christian Fellowship (Grand Rapids: Zondervan, 1988), p.87.

113) John Wimber, Power Evangelism (Ventura: Regal Books, 1990), p.18.

114) 피터 와그너 저, 『사도와 선지자』 임수산 역 (서울: 도서출판 쉐키나, 2008), p.18.2008. 10 쉐키나), 18-30p.

115) Ibid, p.19.

116) Ibid, p.20-23.

117) Ibid, p.24.

Endnote

118) 피터 와그너 저, 『일터교회가 오고있다』 이건호 역 (서울: WLI, 2007), p.42.

119) Ibid, p.42.

120) Ibid, p.43

121) Ibid, p.44.

122) Ibid, p.88.

123) 미 크리스천 뉴스 사이트https://www.charismanews.com/us/42794-prophet-bob-jones-passes-away

124) D.B. Barrett & T.M. Johnson, "Global Statistics", The International Dictionary of Pentecostal and Charismatic Movements (MI: Zondervan, 2002), p.284-302.

125) Don Basham, A Handbook on Holy Spirit Baptism (Springdale: Whitaker, 1969), p.21.

126) McDonnell, Christian initiation and the baptism in the Holy Spirit: evidence from the first eight centuries (Collegeville: The Liturgical Press, 1991), p.39-40.

127) David Parry, This promise is for you (London: Darton, Longman and Todd, 1977), p.57.

128) Christenson, p.37-38.

129) B.A. Pursey, Toward an understanding of baptism in

the Spirit (Unpublished article, 1984), p.6.

130) Emil Brunner, Dogmatics (London: Lutterworth, 1962), p.400.

131) 변종호, 「한국 오순절신앙 운동사」(서울: 신생관, 1972), p.75-76.

132) 변종호, 「한국 기독교회사」(서울: 심우원, 1969), p.63-64.

133) 이성봉, 「말로 못하면 죽음으로」(서울: 생명의 말씀사, 1993), p.17-21.

134) 복음교회 헌법위원회, 복음교회 헌법전문 (대전: 복음교회, 2001), p.113.

135) D.B. Barrett & T.M. Johnson, "Global Statistics", The International Dictionary of Pentecostal and Charismatic Movements (MI: Zondervan, 2002), p.284-302.

136) Ibid.

Bibliography

Basham, Don. A Handbook on Holy Spirit Baptism: 37 questions and answers on the baptism in the Holy Spirit and speaking in tongues. Springdale: Whitaker, 1969

Bennett, Dennis.J. Nine o'clock in the morning. Plainfield: Logos International, 1970

_____. The Holy Spirit and You. Plainfield: Logos International, 1971

Berkhof, H. The Doctrine of the Holy Spirit. Atlanta: John Knox, 1964

Bloesch, Donald G. The Holy Spirit: works & gifts. Downers Grove: InterVarsity Press, 2000

Bruner, F.D. A Theology of the Holy Spirit: the Pentecostal experience and the New Testament witness. London: Hodder & Stoughton, 1970

Burgess, Stanley M. International Dictionary of Pentecostal Charismatic Movements. Grand Rapids: Zondervan, 2002

Calvin, J. Institutes of the Christian Religion, vol. 1, edited by J.T. McNeil, Translated by F.L. Battles. Philadelphia: Westminster, 1960

Christensen, L. A message to the charismatic movement. Minneapolis: Bethany, 1972

_____. Pentecostalism's forgotten forerunner, in Aspects

of Pentecostal-charismatic origins, edited by V. Synan. Plainfield: Logos International, 1975

_____. The charismatic renewal among Lutherans. Minneapolis: LCRS, 1976

_____. Welcome Holy Spirit. Minneapolis: Augsburg, 1987

Clark, S. Baptized in the Spirit and spiritual gifts: the basic explanation of the key concepts and experiences of the charismatic renewal. Ann Arbor: Servant, 1976

Culpepper, R.H. A survey of some tensions emerging in the charismatic movement. Scottish Journal of Theology, 30(no. 5, October):439-452, 1977

_____. Evaluating the charismatic movement: a theological and biblical appraisal. Valley Forge: Judson, 1977

Dayton, D. Theological roots of Pentecostalism. Peabody: Hendrickson, 1987

Dayton, D.W. From Christian Perfection to the baptism of the Holy Ghost, in Aspects of Pentecostal-charismatic origins, edited by V. Synan, Plainfield: Logos International, 1975

Dunn, J.D.G. Baptism in the Holy Spirit: a re-examination of the New Testament teaching on the gift of the Holy Spirit in relation to Pentecostalism today. London: SCM 1970

_____. Baptism in the Holy Spirit. Philadelphia:

Bibliography

Westminster Press, 1979

_____. Jesus and the Spirit: a study of the religious and charismatic experience of Jesus and the first Christians as reflected in the New Testament. London: SCM. 1975

Du Plessis, D.J. The Spirit bade me go: the astounding move of God in the denominational churches. Revised edition. Plainfield: Logos International, 1970

_____. A man called Mr. Pentecost (as told to Bob Slosser). Plainfield: Logos International, 1977

Ervin, H.M. Conversion-Initiation and the Baptism in the Holy Spirit: A Critique of James D.G. Dunn, Baptism in the Holy Spirit. Peabody: Hendrickson, 1984

_____. These are not drunken, as ye suppose. Plainfield: Logos International, 1968

_____. Spirit Baptism: A Biblical Investigation. Peabody: Hendrickson, 1987

Fee, G.D. Hermeneutics and historical precedent: A major problem in Pentecostal hermeneutics, in Perspectives on the new Pentecostalism edited by R.P. Spittler. Grand Rapids: Baker, 1976

_____. The alien "gospel" of prosperity. Pentecostal Evangel, June 24. (Reprinted by Renewal News for Presbyterian and Reformed Churches, July-August 1980: 4-5), 1979

Foster, R.J. Celebration of discipline: the path of spiritual growth. New York: harper & Row, 1978

Gee, Donald. "To our new Pentecostal friends", Pentecost, December-January. (Reprinted by New Covenant, September 1974: 20-21), 1961-1962

Gelpi, D.L. Pentecostalism: A Theological Viewpoint. New York: Paulist, 1971

Ghezzi, B. "The charismatic renewal and church renewal", New Covenant, Sep., 1974

Gonzalez, J.L. The Story of Christianity. vol. I. The Early Church to the Dawn of the Reformation. San Francisco: Harper & Row, 1984

Harper, M. "Are you a gnostic?" Logos Journal 40 (no. 3, May-June), 1972

Harrell, D.E. All things are possible: the healing and charismatic revivals in modern America. Bloomington: Indiana University Press, 1975

Hart, L.D. "A Critique of American Pentecostal Theology". Ph.D. Dissertation, Southern Baptist Theological Seminary, Louisville, Kentucky, 1978

Hinson, E.G. "A brief history of glossolalia", in Glossolalia: tongue speaking in biblical, historical and psychological perspective, by F. Stagg, E.G. Hinson & W.E. Oates.

Bibliography

Nashville: Abingdon, 1967

_____. "The significance of glossolalia in the history of Christianity", in Speaking in tongues: Let's talk about it. edited by W.E. Mills. Waco: Word Books, 1973

Hollenweger, W.J. The Pentecostals. London: SCM, 1972

_____. New wine in old wineskins. Protestant and Catholic Neo-Pentecostalism. Gloucester: Fellowship, 1973

_____. "Creator Spiritus: the challenge of Pentecostal experience to Pentecostal theology". Theology 81 (no. 679, January), 1978

Hummel, C.E. Fire in the fireplace: contemporary charismatic renewal. Downers Grove: Inter-Varsity, 1978

Hunter, H.D. Spirit-baptism. A Pentecostal alternative. Lanham: University Press of America, 1983

Irving, E. The day of Pentecost or the baptism with the Holy Ghost. Edinburgh: John Lindsay Publisher, 1831

St. John of the Cross. St. John of the Cross, His life and poetry, edited by G. Brenan, Cambridge: University Press, 1973

Kantzer, K.S. "The charismatics among us", the Christianity Today Gallup Poll identifies who they are and what they believe. Christianity Today, February, 1980

Kelsey, M.T. Tongue speaking: an experiment in spiritual experience. New York: Double day, 1964

_____. The Christian and the supernatural. Minneapolis: Augsburg, 1967

_____. Encounter with God: a theology of Christian experience. Minneapolis: Bethany, 1972

_____. Healing and Christianity: in ancient thought and modern times. New York: Harper & Row, 1973

_____. God, dreams and revelation: a Christian interpretation of dreams. Minneapolis: Augsburg, 1974

_____. Discernment: a study in ecstasy and evil. New York: Paulist, 1978

Knox, R.A. Enthusiasm: a chapter in the history of religion. Oxford: Clarendon, 1950

Lederle, H.I. Treasures old and new: interpretations of spirit-baptism in the charismatic renewal movement. Peabody: Hendrickson, 1988

MacNutt, F. Healing. Notre Dame: Ave Maria, 1974

_____. The power to heal. Notre Dame: Ave Maria, 1977

_____. Overcome by the Spirit. Grand Rapids: Chosen, 1990

Malines document I: Theological and pastoral orientations on the Catholic charismatic renewal, 1974

Bibliography

Malines document II: Ecumenism and charismatic renewal: theological and pastoral orientations, 1978

McDonnell, K. and G.T. Montague. Christian initiation and the baptism in the Holy Spirit: evidence from the first eight centuries. Collegeville: The Liturgical Press, 1991

_____. The relationship of the charismatic renewal to the established denominations. (Dialog 13, 3:223-229), 1974

_____. The Holy Spirit and power: the Catholic charismatic renewal. Garden City: Doubleday, 1975

_____. Presence, power, praise: documents on the charismatic renewal. Collegeville: The Liturgical Press, 1980

_____. "The determinative doctrine of the Holy Spirit", Theology Today 30 (no. 2, July:142-161), 1982

Menzies, W.W. The non-Wesleyan origins of the Pentecostal movement, in Aspects of Pentecostal-Charismatic origins, edited by V. Synan, Plainfield: Logos International, 1975

Montague, G.T. The Holy Spirit: growth of a biblical tradition. A commentary on the principle text of the Old and New Testaments. New York: Paulist, 1976

Muhlen, H. "The charismatic renewal as experience", in The Holy Spirit and power: the Catholic charismatic renewal, edited by K. McDonnell, Garden City: Doubleday, 1975

O'Connor, E.D. The Pentecostal Movement in the Catholic Church. Notre Dame: Ave Maria, 1971

Parry, D. This promise is for you. Spiritual renewal and the charismatic movement. London: Darton, Longman and Todd, 1977

Purkiser, W.T. The Gifts of the Spirit. Kansas City: Beacon Hill Press, 1975

Pursey, B.A. Toward an understanding of baptism in the Spirit. Unpublished article, 1984

Quebedeaux, R. The new charismatics: the origins, development and significance of Neo-Pentecostalism. New York: Doubleday, 1976

Reed, D. Aspects of the origins of oneness Pentecostalism, in Aspects of Pentecostal-Charismatic origins, edited by V. Synan, Plainfield: Logos International, 1975

Rossouw, H.W. Klaarheid en interpretasie. Amsterdam: Van Campen, 1963

Sherill, J.L. They speak with other tongues. New York: McGraw-Hill, 1964

Smail, T.A. Reflected glory: the Spirit in Christ and Christians. London: Hodder & Stoughton, 1975

_____. "1 Corinthians 12, 13 revisited", Theological Renewal,

Bibliography

9 (June/July:2-6), 1978

Stott, John R. W. The Baptism and Fullness of the Holy Spirit. Downers Grove: Intervarsity Press, 1964

Strachan, G. The Pentecostal Theology of Edward Irving. London: Darton, Longman and Todd, 1973

Suenens, L.J. A New Pentecost? London: Darton, Longman and Todd, 1975

Sullivan, F.A. "Baptism in the Spirit: a Catholic theologian reflects on the central experience of the charismatic renewal", New Covenant (June: 25-28), 1982

_____. Charismas and charismatic renewal: a biblical and theological study. Ann Arbor: Servant, 1982

Sweetman, L. "The gifts of the Spirit: a study of Calvin's comments on 1 Corinthians 12:8-10, 28; Romans 12:6-8; Ephesians 4:11", in Exploring the heritage of John Calvin: essays in honor of John Bratt, edited by D.E. Holwerda, Grand Rapids: Baker, 1976

Synan, Vinson. The Century of the Holy Spirit. Nashville: Thomas Nelson, 2001

_____. The Spirit said 'Grow' : the astounding worldwide expansion of Pentecostal & charismatic churches. Monrovia: MARC, 1992

_____. In the latter days: the outpouring of the Holy Spirit in the Twentieth Century. Ann Arbor: Servant, 1984

_____. Aspects of Pentecostal-charismatic origins. Plainfield: Logos International, 1975

_____. The Holiness-Pentecostal movement in the United States. Grand Rapids: Eerdmans, 1971

Ward, H.S. "The Anti-Pentecostal Argument", in Aspects of Pentecostal-charismatic origins. edited by V. Synan. Plainfield: Logos International, 1975

Warfield, B.B. Counterfeit miracles. London: Banner of Truth Trust, 1972

Willkerson, D. The cross and the switchblade. London: Lakeland, 1964

Williams, E.S. Systematic Theology. 3 Vols. Springfield: Gospel Publishing House, 1953

Williams, G.H. The radical reformation. Philadelphia: Westminster, 1962

Williams, G.H. & Waldvogel, E. A history of speaking in tongues and related gifts in the charismatic movement. edited by M.P. Hamilton. Grand Rapids: Eerdmans, 1975

Williams, J.R. Renewal theology II: salvation, the Holy Spirit and christian living. Grand Rapids: Zondervan, 1990

Bibliography

_____. The gift of the Holy Spirit today: the greatest reality of the twentieth century. Plainfield: Logos International, 1980

도날드 데이턴. 오순절 운동의 신학적 뿌리. 조종남 역. 서울: 대한기독교 서회, 1993

로드만 윌리암스. 오순절 조직신학 III. 군포: 순신대 출판부, 1994

로버트 리아돈. 치유사역의 거장들. 박미가 역. 서울: 은혜 출판사, 2003

변종호. 한국 기독교회사. 서울: 심우원, 1969

_____ 한국 오순절신앙 운동사. 서울: 신생관, 1972

빈슨 사이넌. 20세기 성령 운동의 현주소. 국제신학원 역. 서울: 도서출판 예인, 1995

이성봉. 말로 못하면 죽음으로. 서울: 생명의 말씀사, 1993

이성주. 웨슬리 신학. 서울: 다니엘 출판사, 1991

이재범. 구약이 말하고 있는 성령. 서울: 임마누엘 출판사, 1988

윙키 프래트니. 기독교 부흥운동사. 서울: 나침반사, 1997

토레이. 성령론. 편집부 역. 서울: 대한 기독교 서회, 1994

부록 A ⟨하나님의 성회 16대 신조⟩

1914년 4월에 알칸사 주의 핫 스프링에서 형성된 하나님의 성회는 1916년에 미조리 주의 세인트루이스에서 '**근본진리의 선언**'이라는 16개의 신조를 발표하였다. 오늘날 하나님의 성회의 신조는 1916년에 선언된 16개의 신조와 거의 동일하다. 단지 약간의 용어 수정이 있었을 뿐이다. 영원하고 무오한 하나님의 말씀에 기초한 이 신조는 진리를 수정할 필요가 없었다. 다음에 제시되는 하나님의 성회의 16가지 신조는 신학적 용어보다는 일반적 용어를 사용하여 진술하였다.

1. 성경은 영감을 받아 쓰여 진 책이다.

모든 성경책은 하나님으로부터 축자적 영감을 받아 쓰여졌다. 성경은 단순히 영감받은 것이 아니다. 하나님이 원하시는 말씀을 원 저자들이 하나님의 감동을 받아 기록함으로써 단어의 선택조차도 영감을 받은 것이다. 그러므로 우리는 다음을 믿는다.

(1) 성경은 하나님 자신에 관한 하나님의 계시를 인간에게 나타내신 것이다.

(2) 성경은 무오하다(결코 오류가 없다).

(3) 성경은 우리의 믿음, 신조와 삶의 방식을 위한 신적으로 권위를 지닌 지침서이다. (딤후3:15-17; 살전2:13; 벧후1:21)

2. 삼위일체이신 참 하나님

유일하신 참 하나님은 자신을 존재하게 만드는 외부동인이나 원인자 없이 영원히 자존하시는 하나님이시다(사 43:10). 그 분은 하늘과 땅의 창조주 (창 1:1)이시고, 인류를 죄와 죄의 고통스런 결과로부터 구원하시고, 구속하신 분이시다(사 43:11). 하나님은 삼위(성부, 성자, 성령)로 이루어진 한 인격으로 자신을 계시하신다(신 6:4; 마28:19; 눅3:22). 이 유일하신 하나님 혹은 세 인격의 개념은 삼위일체(Trinity)라고 불린다.

3. 주 예수 그리스도는 참 하나님이시다.

부록 A 〈하나님의 성회 16대 신조〉

하나님의 아들이신 주 예수 그리스도는 영원히 존재하신다. 그 분은 시작도 끝도 없으시다(계 1:8). 그 분은 자신의 지상에서의 구속 사역을 완수하시기 위해 성령으로 잉태하시고(마 1:23; 눅1:31,35), 동정 녀에게서 태어나서 인간이 되셨다. 그분은 절대적으로 죄가 없으신 온전한 생애를 사셨다(히 7:26; 벧전2:22). 그분은 지상에 계실 때, 성령 의 기름부음을 통해 많은 기적을 행하셨다(행 2:22; 10:38). 그분은 타 락한 인류를 회복시키기 위해 십자가상에서 모든 사람의 죄를 위한 대속물로 돌아가셨다(고전15:3; 고후5:21). 그분은 하나님의 초자연적인 능력에 의해 죽음에서 부활하셨다(마 28:6; 눅24:39; 고전6:14; 15:4) 그분은 부활하신 후 승천하셔서 하나님의 우편에 앉아 계신다(행 1:9,11; 2:33; 빌2:9; 히1:3).

4. 인류의 타락

인간은 본래 선하고 바르게 창조되었다. 왜냐하면 하나님께 서 **"우리의 형상을 따라 우리의 모양으로 우리가 사람을 만들고"** 라고 말 씀하셨기 때문이다. 하지만 인간은 의지적 선택에 의해 하나님의 말씀을 무시했고, 선악을 알게 하는 과실을 따 먹었다. 그 결과, 인간은 무죄함과 선함으로부터 타락했고, 육체적 사망뿐만 아니라 영적사망 즉 하나님으로부터의 분리가 찾아왔다(창 1:26,27; 2:17; 3:6; 롬 5:12-19).

5. 인간의 구원 (하나님의 성회 4대 교리중의 하나)

구원은 영적 사망과 죄의 노예상태로부터의 구속이다. 하나님은 그 분의 죄 용서함의 선물을 믿고, 받아들이는 모든 사람에게 구원을 제공하신다. 인간이 타락한 죄의 상태로부터 구속받기 위한 유일한 희망은 하나님의 아들이신 예수 그리스도의 피, 즉 십자가상에서 죽으시며 흘리신 피를 통해 얻게 된다. (마 27장; 막15장; 눅23장; 요19장)

1) 구원의 경험
구원은 각 사람이 (1) 하나님 앞에서 자신의 죄, 죄성 혹은 죄의 성향을 회개함으로서 얻게 된다. 구원은 각 사람이 (2) 예수 그리스

부록 A 〈하나님의 성회 16대 신조〉

도의 죽으심과 부활하심이 자신의 죄를 사하고 죄 용서함을 가져온다는 사실을 믿을 때 얻게 된다. 하나님의 사랑과 값없이 주시는 구원에 믿음으로 응답하는 사람은 중생의 씻음(영적 중생), 성령의 새롭게 하시는 사역을 경험하고, 의롭다고(하나님과의 올바른 관계) 선언된다. 중생, 새롭게 함, 칭의가 구원 시에 일어난 것을 묘사하는 용어이다. 각 사람은 구원 시에 하나님의 약속된 영생의 소망에 대한 상속자가 된다(눅 24:47; 요3:3; 롬10:13-15; 엡2:8; 딛2:11; 3:3-7).

2) 구원의 증거들

구원의 내적 증거는 하나님께서 그를 받아들이셨다는 확신을 주시는 성령의 직접적 증거를 말한다(롬 8:16). 다른 사람들에게 나타나는 외적 증거는 의로움과 참된 성결의 삶이다(엡 4:24; 딛2:12). 즉 그것은 철저히 하나님께 헌신하고, 하나님을 기쁘시게 해 드리는 삶을 사는 것이다.

6. 교회의 의식

어떤 교회들은 의식(ordinance)대신에 성례(sacrament)라는 용어를 사용한다. 하지만, 성례는 많은 사람들에게 성례를 받거나 경험할 때, 영적은사가 그 사람 안에 일어난다는 개념을 갖게 만든다. 하나님의 성회는 그것을 물세례와 성찬식이라고 부르는데, 왜냐하면 그것들은 예수 자신에 의해 시행되고 제정된 종교예식이기 때문이다. 그리스도인들은 이 영적 의무를 실천하기 위해 믿는 자의 마음속에 이미 일어난 중요한 역사를 상기해야 한다.

1) 물세례

물속에 잠기는(물을 뿌리는 것이 아님) 세례의식은 성경의 명령이다(막 16:16). 회개하고 예수 그리스도를 개인적 구주와 주로 믿는 모든 사람은 세례를 받아야 한다. 이 세례행위는 세례받는 자의 옛 죄된 삶과 생활의 모습이 구원받았을 때, 그리스도와 함께 죽는다는 것과 새로운 영적 존재가 새 삶을 살기위해 그리스도와 함께 부활한다는 것을 모든 사람들에게 상징적으로 선포한다(마 28:19; 막16:16; 행10:47-48; 롬6:4).

2) 성찬

주의 만찬 또는 성찬은 떡과 포도열매(포도 주스)로 이루어지고, 그

부록 A 〈하나님의 성회 16대 신조〉

리스도의 고난과 죽으심에 대해 기념하는 것이다(고전11:26). 그리스도의 고난과 죽으심에 관한 상징들을 먹고 마실 때, 신자는 구원을 통해 (1) 그가 하나님과 올바른 관계에 있으며, (2) 우리 주 예수 그리스도를 통해 영생의 신적성품에 참예함을 인식하고 표현하는 것이다(벧후1:4). 성찬은 또한 그리스도의 재림을 기대하는 것인데(고전 11:26), 성찬은 그가 오실 때까지 주의 죽으심을 선포하기 위해 주의를 환기시키는 의식이기 때문이다.

7. 성령세례 (4대 교리중의 하나)

16세기 킹 제임스 번역 성경의 *'ghost'*는 오늘날에도 *'spirit'*을 의미하는 단어이다. 모든 신자들은 성령세례를 받을 수가 있고, 우리 주 예수 그리스도의 명령에 따라 아버지의 약속하신 것을 기대하고 간절히 간구해야 한다. 성령세례는 초대교회 신자들의 일반적 체험이었다. 이 체험을 통해 승리하는 그리스도인의 삶과 열매 맺는 봉사를 위한 능력을 받게 된다. 이 체험은 또한 더 효과적 사역을 하기 위한 특별한 영적 은사들을 신자들에게 공급한다(눅 24:49;

행1:4,8; 고전12:1-31).

성령세례는 구원과는 구별되며 중생의 체험에 뒤따라온다(행 8:12-17;4:8). 하나님을 깊이 경외하게 하며(행 2:43; 히12:28), 하나님께 열심히 헌신하고 그의 사역에 헌신하게 하며(행 2:42), 그리스도와 그의 말씀과 불신자를 더 적극적으로 사랑하게 만든다(막 16:20).

8. 성령세례의 첫 육체적 증거

그리스도인의 성령세례는 성령이 말하게 하심에 따라 다른 방언(배우지 않은 언어) 말함의 첫 육체적(외적) 증거가 수반된다(행 2:4.) 이 방언 말함의 형태는 근본적으로 방언의 은사와 같다(고전12:4-10,28). 차이점은 그 목적과 용도이다. 방언의 나타남은 첫 세례 시에 모든 성령 충만한 신자의 삶에서 발견할 수 있다. 다른 방언 말함은 성령 충만한 신자의 개인기도 생활에 계속해서 사용되어야 한다. 하지만, 방언의 은사는 일반적으로 회중 예배 시에 공적으로 사용된다. 이 은사는 방언통역의 은사가 뒤따라온다. 둘 다 교회안의 신자들에게

부록 A 〈하나님의 성회 16대 신조〉

주어진다. 둘 다 신자 개인과 회중의 영적 유익을 위한 목적을 가지고 있다.

9. 성화

성화는 우리 자신을 악으로부터 분리시키는 행위이며, 선하고, 의롭고, 도덕적으로 순결한 것에 우리를 일치시키는 행위이다. 성화는 그리스도인들이 자신을 하나님께 바칠 때 일어나는 하나의 과정이다(롬 12:1-2; 살전 5:23; 히 13:12). 성경은 하나님께서 거룩하시므로 우리도 거룩해야함을 가르친다(벧전 1:16). *"거룩함이 없이는 아무도 주를 보지 못하기"* 때문이다(히 12:14). 거룩하게 사는 것은 성령의 능력에 의해 가능하다. 그리스도인은 그리스도와 연합하고, 믿음으로 그의 대속 죽음과 승리의 부활을 받아들임으로 거룩하게 된다. 성화는 하나님의 아들 예수를 통해 우리가 하나님과 연합하였음을 매일 고백하는 것이다. 이런 연합이 일어남으로써 그리스도인이 자신의 삶의 모든 부분을 성령의 통제에 맡기는 것이 자연스러워진다(롬 6:1-11,13; 8:1-2,13; 갈 2:20; 빌 2:12-13; 벧전 1:5).

10. 교회와 사명

성경에 기록된 교회는 자신의 죄에 대한 유일한 해결책으로 예수 그리스도를 믿는 모든 사람들로 이루어진다. 교회는 모든 그리스도인들을 포함하고, 나이, 인종, 성 혹은 교단에 대한 구별이 없다. 교회는 그리스도의 몸이고, 성령을 통해 하나님이 거하시는 성소이다. 그분은 교회의 대위임령 완수를 위해 모든 필요를 공급하신다(마 28:19; 막 16:15). 각 그리스도인은 교회의 일원이다. 모든 참 신자들의 이름은 하늘에 기록되어 있다(엡 1:22-23; 2:23; 히 12:23). 인류에 대한 하나님의 목적은 (1) 죄 속에 살고있는 잃은 자들을 찾아 구원하는 것이고(눅 9:10), (2) 모든 사람들이 하나님을 경배하게 하는 것이고(계 9:10; 22:9) (3) 믿음과 지식에서 그의 아들 예수처럼 성숙한 신자들의 통일된 몸을 건설하는 것이다(엡 4:12).

그러므로 교회의 일부로서 하나님의 성회 존재의 주요 이유는:
① 세계 복음화를 위한 하나님의 대행자가 되는 것이다(행 1:8; 마 28:19-20; 막 16:15-16).
② 하나님을 예배하는 연합된 혹은 통일된 몸이 되는 것이다(고

부록 A 〈하나님의 성회 16대 신조〉

전 1:13).

③ 그의 아들의 형상으로 온전케 된 성도들의 몸을 건설하려는 하나님의 목적을 수행하는 대리자가 되는 것이다(엡 4:11-16; 고전 12:28; 14:12)

이 교회의 3중 사명을 완수하기위해 하나님의 성회 구성원들은 신약의 형태에 따라 성령으로 세례 받는 것을 배우고 권장해야 한다. 이 체험을 통해 신자들은: 성령의 능력으로 초자연적 표적이 동반되는 복음을 전파하고(막 16:15-20; 행4:29-31; 히2:3-4); 더 높은 차원에서 하나님을 경배하고(고전2:10-16; 고전12-14장); 그리스도의 몸인 교회를 세우기 위해 신약 시대처럼 열매, 은사들과 직임들을 드러내는 성령의 온전한 사역에 순종해야 한다(고전 12:28; 14:12; 갈 5:22-26; 엡 4:11-12; 골 1:29).

11. 사역

하나님의 부르심에 응답하는 사역 참여는 성경에 명확히 기록되어 있다. 그것은 교회를 인도하는 우리주님의 3중 목적을 이루기 위함이다. 즉 교회는 (1) 세계복음화 (막 16:15-20), (2) 하나님 예배 (요 4:23-24), (3)그리스도의 삶에 부합되는 신자들의 몸을 세우기 위해 사역을 하게 된다.

12. 신유 (4대 교리중의 하나)

하나님의 역사에 의한 신유는 복음의 일부분으로 포함되어있다. 병으로부터의 구속은 대속(우리를 하나님과 화목시키기 위한 그리스도의 고난과 죽음)에 포함되어 있다. 치유는 모든 신자들의 특권이다(사 53:4,5; 마 8:16,17; 약 5:14-16).

13. 복된 소망 (4내 교리중의 허니)

이미 사망한 모든 그리스도인들은 미래의 어느 날에 무덤에서 부활하여 공중에서 주님을 만날 것이다. 살아있는 그리스도인들

부록 A 〈하나님의 성회 16대 신조〉

은 휴거되어 주님과 함께 있게 될 것이다. 그때 모든 세대의 그리스도인들은 하나님과 함께 영원히 살게 될 것이다. 주님의 임박한 재림에 관한 성경의 진리는 **"복된 소망"** 이다(롬 8:23; 고전 15:51,52; 살전 4:16,17; 딛 2:13).

14. 그리스도의 천년왕국 통치

그리스도의 재림은 우리의 복된 소망인 교회의 휴거를 포함하고, 지상에서 천년동안 통치하기 위한 그리스도와 그의 성도들의 가시적 재림이 뒤따라온다(슥 14:5; 마 24:27,30; 계 1:7; 19:11-14; 20:1-6). 이 천년 통치는 한 국가로서 이스라엘의 구원(겔 37:21-27; 습 3:19,20; 롬 11:26,27)과 우주적 평화의 건설을 가져온다(시 72:3-8; 사 11:6-9; 미 4:3,4).

15. 최후의 심판

사악한 사망자들-그리스도의 구원을 받아들이지 않고 죽은 자들-은 부활하여 그들이 살았던 방식에 따라 심판을 받게 될 것이다. 생명책에 이름이 기록되지 않은 자들은 사탄과 그의 천사들, 짐승과 거짓 선지자들과 함께 유황불이 붙는 불 못에서 영원한 형벌을 받게 될 것이다. 이것이 둘째 사망이다(마 25:46; 막 9:43-48; 계 19:20; 20:11-15; 21:18).

16. 새 하늘과 새 땅

"우리는 하나님의 약속대로 의가 거하며 영원히 통치하는 새 하늘과 새 땅을 바라" 본다(벧후3:13; 계 21,22장).

부록 B 〈인명 및 기관 색인〉

얀센 (Cornelius Jansen) / 70

재세례파 (Anabaptists) / 64

조선 오순절 교회시대 / 303

루터 (Martin Luther) / 61~64

웨슬레 (John Wesley) / 47

조용기 목사 / 123, 307~309, 311, 317, 319, 353

한국 오순절 교회시대 / 304

윌리암 시무어 (William J. Seymour) / 116

빈센트 패리어 (Vincent Ferrier) / 59

시커 교도 (Seekers) / 66, 79

쉐이커 교도 (Shakers) / 75, 79, 130

하나님의 교회 / 176

한국 성서 하나님의 교회 / 324

그리스도 하나님의 교회 / 180

한국 하나님의 교회 / 321

예언 하나님의 교회 / 179

한국 복음교회 / 325

국제 사중 복음교회 / 187

한국 사도의 신앙교회 / 314

그리이스 정교회 / 53

성막 오순절 교회 / 185

국제 연합 오순절 교회 / 191

노스캐롤라이나 성결교회 / 184

불세례 성결교회 / 183

국제 오순절 성결교회 / 182

한국 오순절 성결교회 / 304

하나님의 성회 / 166

세계 오순질 성회 / 190

김익두 / 289

에드워드 어빙 (Edward Erving) / 76

부록 B 〈인명 및 기관 색인〉

퀘이커 교도 (Quakers) / 65

랜터 교도 (Ranters) / 66

위그노 교도 (Huguenot) / 67

모라비안 교도 / 71

이용도 / 293

암브로스 (Ambrose) / 51

찰스 파함 (Charles F. Parham) / 113

한국 하나님의 성회 / 315

길선주 / 289

힐데가드 (Hildegard) / 57

버나드 (Bernard) / 56

어거스틴 (Augustine) / 53

파코미어스 (Pachomius) / 50

몬타누스 (Montanus) / 46

이레니우스 (Irenaeus) / 50

이그나티우스 (Ignatius) / 43

도미닉 (Dominic) / 58

노바티언 (Novatian) / 51

나운몽 / 290

저스틴 (Justin) / 45

크리소스톰 (Chrysostom) / 52

힐러리 (Hilary) / 51

폴리캅 (Polycarp) / 44

이성봉 / 296

멜키오르 호프만 (Melchior Hofmann) / 64

조지 팍스 (George Fox) / 65

친구회 (Society of Friends) / 65

윌리엄 멘지스 (William W. Menzies) / 26

하워드 어빈 (Howard Ervin) / 27

피터 와그너 (Peter Wagner) / 147

부록 B 〈인명 및 기관 색인〉

존 윔버 (John Wimber) / 143

빈야드 교회 (Vineyard Church) / 141

토론토공항 빈야드 교회 (Toronto Airport Vineyard Church) / 146

몰튼 캘시 (Morton T. Kelsey) / 42

래리 하트 (Larry D. Hart) / 42

글랜 힌슨 (E. Glenn Hinson) / 42

레덜리 (H.I. Lederle) / 42

데니스 베넷 (Dennis Bennett) / 135

킬리안 맥도넬 (Kilian McDonnell) / 223

토마스 아퀴나스 (Thomas Aquinas) / 58

칼빈 (John Calvin) / 62~64, 68

진젠돌프 / 71

크리스텐슨 (Larry Christensen) / 77, 78, 136, 228, 233

드모스 샤카리안 (Demos Shakarian) / 133

블룸하트 (Fohann Blumhardt) / 79

사도적 신앙 선교회 (Apostolic Faith Mission) / 134

요아킴 (Joachim) / 58, 60

조나단 에드워드 / 80

조지 휘필드 / 70, 80, 130

아사 마한 (Asa Mahan) / 73, 81, 83, 98, 265

윌리암 아서 (William Arthur) / 82

찰스 피니 (Charles Finney) / 81, 83, 93~96, 103, 265

도날드 데이턴 (Donald Dayton) / 82, 83, 207

무디 (D.L. Moody) / 83, 84, 93, 100~104, 160, 185, 265, 274

토레이 (R.T. Torrey) / 83, 84, 98, 101~105, 160, 265

심슨 (A.B. Simpson) / 84, 95, 98, 106~108, 160, 251, 316

고든 (A.J. Gordon) / 85, 98, 106, 108, 160, 251

알렉산더 다위 (Alexander Dowie) / 85, 108, 160, 166, 249

톰린슨 (A.J. Tomlinson) / 86, 177~179

피비 팔머 (Phoebe Palmer) / 73, 98

부록 B 〈인명 및 기관 색인〉

보드만 (W.E. Boardman) / 98, 100, 106

앤드류 머레이 (Andrew Murrey) / 79, 98

찰스 콘 (Charles Conn) / 99

에밀 브루너 (Emil Brunner) / 105, 270

찰스 컬리스 (Charles Cullis) / 107

이반 로버츠 (Evan Robert) / 109, 110

윌리암 브라이언트 (William F. Bryant) / 112

로즈웰 플라워 (Rosewell Flower) / 118, 119

윌리암 더햄 (William D. Durham) / 160~163, 170, 171, 266, 267

마리 브라운 (Marie Brown) / 119

플로렌스 크로포드 (Florence Crawford) / 119, 328

아규 (A.H. Argue) / 119

워드 (A.G. Ward) / 119

오랄 로버츠 (Oral Roberts) / 133, 252, 307

윌리암 브랜햄 (William Branham) / 133, 252

잭 코이 (Jack Coe) / 133

듀 플레시스 (David du Plessis) / 134, 229

스미스 위글워스 (Smith Wigglewortn) / 134

기독교 선교사 연맹 (Christian and Missionary Alliance) / 84

국제 빈야드 사역 (Vineyard Ministries International) / 144

빈야드 교회 연맹 (the Association of Vineyard Churches) / 144

벨 (Eudorus N. Bell) / 167

스펄링 (R.G. Spurling) / 176

크리스챤 유니온 (Christian Union) / 176

벤자민 어윈 (Benjamin Irwin) / 183

니클 홈스 (Nickle J. Holmes) / 185

개스턴 캐쉬웰 (Gaston B. Cashwell) / 185

조셉 플라워 (Joseph R. Flower) / 168

우드워드 에터 (Woodword Etter) / 168

맥커리스터 (R.E. McArister) / 168

부록 B 〈인명 및 기관 색인〉

존 쉐프 (John G. Scheppe) / 164, 169

프레드 보스워스 (Fred Francis Bosworth) / 172

에이미 맥퍼슨 (Aimee Semple Mcpherson) / 187, 325

프레지 (J.J. Frazee) / 190

헤이우드 (G.T. Haywood) / 190

위팅턴 (W.H. Whittington) / 192

월터 홀렌웨거 (Walter Hollenweger) / 201, 346

칵카이넨 (V.M. Karkkainen) / 205

스티븐 랜드 (Steven J. Land) / 205

사이몬 챈 (Simon Chan) / 205

웨인라이트 (Wainwright) / 205

로드만 윌리암스 (Rodman Williams) / 228

수넨스 (Suenens) / 232

알렌 (A.A. Allen) / 252, 256

에섹 캐넌 (Essek Kenyon) / 255

케네스 해긴 (Kenneth E. Hagin) / 255, 256

넬슨 (P.C. Nelson) / 268

윌리암스 (E.S. Williams) / 269

해밀턴 (N.O. Hamilton) / 270

마이어 펄만 (M. Pearlman) / 268

존 다비 (John Nelson Darby) / 274

루이스 쉐퍼 (Lewis S. Chafer) / 274

워필드 (B.B. Warfield) / 276

스탠리 호튼 (Stanley Horton) / 277

가우제 (R. Hollis Gause) / 277

언더우드 (Horace Underwood) / 284

아펜젤러 (Henry Appenzeller) / 284

하디 (R.A. Hardie) / 284

메리 럼시 (Mary Rumsey) / 283, 302

파슨 (T.M. Parson) / 304

부록 B 〈인명 및 기관 색인〉

데이빗 본 (David Vaughn) / 312

엘라웨드 (Ellowed) / 315

아서 체스넛 (Arthur B. Chesnut) / 315

허홍 / 303, 304, 315, 316

한영철 / 321, 324

잭슨 (Jackson) / 321

다니엘 코벳 (Daniel J. Corbett) / 324

김두한 / 324

이블린 탐슨 (Evelyn Tompson) / 324

김신옥 / 325

제임스 캠벨 (James Campbell) / 327

헤롤드 바렛 (Herold Barrett) / 328

윤종학 / 329

한국 오순절 하나님의 성회 / 315

레이 휴즈 (Ray H. Hughes) / 357

레이몬드 칼슨 (G. Laymond Carlson) / 360

데이빗 바렛 (David B. Barrett) / 120, 131, 137, 151, 336